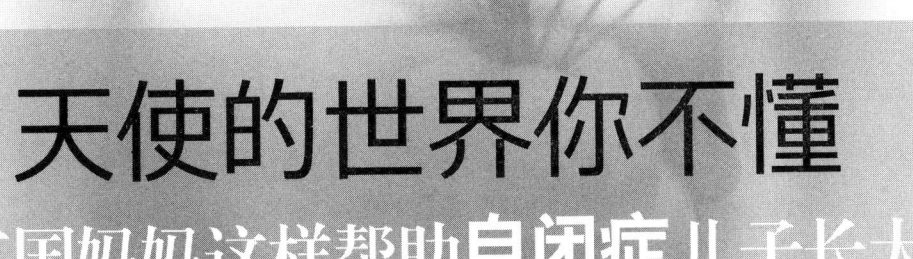

天使的世界你不懂
英国妈妈这样帮助自闭症儿子长大

【英】谢娜·巴顿◎著　郑元会◎译

LIVING
WITH JONATHAN

陕西师范大学出版总社有限公司
西安

图书代号　SK13N1177

LIVING WITH JONATHAN
All Rights Reserved
Design and typography copyright©Watkins Publishing 2012
Text copyright©Sheila Barton 2012
Simplified Chinese rights arranged through CA-LINK International LLC
(www.ca-link.com)
版权登记号：25-2013-001

图书在版编目（CIP）数据

天使的世界你不懂：英国妈妈这样帮助自闭症儿子长大/（英）巴顿著；郑元会译 . —西安：陕西师范大学出版总社有限公司，2014.3

ISBN 978-7-5613-7679-9

Ⅰ.①天… Ⅱ.①巴… ②郑… Ⅲ.①缄默症—特殊教育—家庭教育　Ⅳ.①G760

中国版本图书馆CIP数据核字(2014)第011626号

天使的世界你不懂

——英国妈妈这样帮助自闭症儿子长大

[英]谢娜·巴顿　著　郑元会　译

责任编辑	许嘉璇
特约编辑	钟虔虔
责任校对	王奉文
出版发行	陕西师范大学出版总社有限公司
	（西安市长安南路199号　邮编 710062）
网　　址	http://www.snupg.com
印　　刷	西安建科印务有限责任公司
开　　本	720mm×1020mm　1/16
印　　张	14.5
字　　数	225千
版　　次	2014年3月第1版
印　　次	2014年3月第1次印刷
书　　号	ISBN 978-7-5613-7679-9
定　　价	38.00元

读者购书、书店添货或发现印刷装订问题，请与本公司营销部联系、调换。
电话：（029）85307864　85303629　传真：（029）85303879

带着赞美与爱，献给我的儿子乔纳森。

也献给我的丈夫威尔，在他的支持下，这本书才得以完成。

编者的话

编辑这本书的时候，我想起老家楼上有个男孩，现在大概十七八岁了，每天早上他会拖着很长的声音数数："1——1——1——2——2——2——"莫非他也是自闭症患者吗？我妈妈抱怨说，每天晚上十一点多钟她正要入睡时，楼上的孩子就开始跺脚，大概跺二十八到三十下。他要求家人给他买固定的某种报纸，不可以是别的，然后撕成碎碎的纸条。如果不小心让他一个人跑进卫生间，他会把门锁上，把水放得到处都是……

通过纪录片《遥远星球的孩子》我了解到，每一百五十个人中就有一个泛自闭症患者，发病率还在继续升高。而所谓"自闭症患者都是天才"的说法不过是媒体炒作，自闭症群体中其实只有不到百分之十的人有特殊天赋。也许曾几何时，这样的人不知不觉出现在我们身边，他们的"无理取闹"让我们苦不堪言，他们的怪异让我们大跌眼镜。令人遗憾的是他们也并非电影中震撼人心的"白痴天才"。于是我们只能摇摇头走开，暗自庆幸自己的家庭不曾遭遇这样的不幸，然后有意无意地忘掉他们给我们带来的不快，屏蔽他们对我们生活的骚扰，也忘掉他们父母的心酸和痛楚。毕竟，我们又能怎么样呢？

而在角落里黯然神伤的父母们，或许一直难以接受这样的现实，或许始终不肯放弃希望，盼着孩子有一天能恢复"正常"。他们在孩子发病摔东西时大声数落他们，以致他们变本加厉。他们不知道语言的刺激可能只会加添孩子的不安，而他们发脾气正是不安的表现，正如这本书中所说的。

　　这本书给我打开了新的视野。这个世界上除了"正常",还有一种东西叫"差异"。差异让我们不安,所以我们选择要么忽视它,要么强迫对方改变。但差异始终存在,不会被消除,正如自闭症目前是无法治愈的。我们必须作出选择,是接纳他们的疾病以及疾病带来的麻烦,智慧地降低他们对自己、对他人可能造成的伤害;还是强迫他们变得和自己一样,增添他们的痛苦;或者作为旁观者视而不见,让他们独自在角落里挣扎。

　　但我们不视而不见又能怎么样呢?在书中,乔纳森从八岁开始就上了寄宿学校,十九岁从学校毕业后又住进一家专门安置自闭症患者的机构,因此他的母亲不必一生被他拖累,万一哪天他至亲的人去世了,他也不至于忽然没有人照顾。残疾人的福祉总是与整个社会对他们的接纳程度紧密相关。要让他们在社会上占有一席之地,我们就要为他们和他们的亲人着想,促使政府或社会团体为他们建立更多的教育和安置机构,并在各项公共设施建设中都为他们着想。

　　说到底,也许每个人都有不同程度的"残疾",或许是身体上的弱点,或许是心理上、精神上的症结。也许在某些方面,我们也不希望别人用"正常"的标准要求我们,而希望他们能包容、接纳、体谅。"愿意别人怎样待你就要怎样待人",也许在善待残疾人的时候,我们才学会善待自己。

特约编辑　钟虔虔

于德国萨尔布吕肯

推荐序一

震撼心灵启示良多的佳作

在庆祝我国第一个民政部门注册的、以服务孤独症群体及其家人为宗旨的北京市孤独症儿童康复协会成立二十周年之际，陕西师范大学出版总社的策划编辑许嘉璇君邀我为即将问世的《天使的世界你不懂》中译本写序，使我有幸成为继译者和编辑团队之后的第一个读者。

作为孤独症人士的亲属，作为康复协会创始人杨晓玲教授最早的追随者之一，作为孤独症在中国从鲜为人知到具有社会普遍意识整个进程的见证者和奋斗者之一，读罢谢娜·巴顿娓娓道来的一个又一个关于乔纳森的故事，我感同身受，心潮逐浪高。

每一个故事，都让我的心灵为之震撼，给我众多启示。"乔尼的脚趾甲嵌到肉里了，准备到多尔赛特的医院里做手术"，本是一个小小的常规手术，作者却以将近四千字的篇幅详细描述前前后后的那一番折腾，而这正是几乎每一个孤独症家庭曾经经历、曾经面对过的"平常事"。

世界各国的孤独症儿童家长，不分地域、国家和种族，他们的心都是相通的，他们的心路历程，可以激励着后来人不断与命运抗争。

作者谢娜陪伴儿子乔纳森一路同行，犹如火浴三次、水浴三次、血浴三次的成长历程再一次诠释了英国孤独症领域顶级专家洛娜·温的论断：

"回顾过去……人们永远不能忘记的是,在这些进展背后最为重要的驱动力,是孤独症儿童的家长们(包括祖父母们)表现出的坚强决心——推动旨在帮助孤独症患者的科学研究的进程,推动服务设施的供应。"

普通读者可以从看似平淡的叙述中明白,对于孤独症孩子我们要做的,不是改变他们,他们也很难被改变,而是用他们能够适应的方式去爱他们。

苦苦挣扎的孤独症儿童的父母可以从中获得勇气、力量和启示,明白"要想帮助他,让他过得幸福、有尊严,关键在于接受自闭症这个事实","千万不要试图强迫他成为另外一个人",从而为孩子"有权按照自己的方式过高质量的生活","有权享受家庭的温馨,有权被倾听、被爱"而不遗余力。

对从事教育的专业人员和媒体朋友们来说,我相信可以从这本书中获得启示并净化心灵,感恩那些"帮助我们理解或者教育患病的孩子""兢兢业业地钻研这种病症,力图找出最佳途径去关怀受其影响的人"的人和事,警惕那些"不负责任地绕过科学实验方法,利用孩子的苦难为自己的事业铺路"的人和事;明白"白痴天才,这是凤毛麟角的事情……这也许是你听到过最让人伤心的事情"。

而制定和执行政策、为孤独症这个特别脆弱的群体架设社会保障体系的各级相关部门的公务员们,可以从这本书中明白,什么才是孤独症群体真正的需求。我们不可能指望一蹴而就,但期盼他们尊重孤独症人士与生俱来的各项权利:"有权参与各种活动甚至被人瞩目,有权要求别人尊重他们的愿望,有权过很好的生活",从而通力协作,最大限度利用有限的现有资源,雪中送炭,圆一茬又一茬孤独症儿童家长的梦。

改革开放以来,华夏大地发生了巨大的变化。随着经济发展和社会进步,家长和专业人员多年来的奔走,国家已经陆续出台了惠泽包括孤独症群体在内的一系列政策。全媒体蓬勃发展,我们不再孤军奋战。愿越来越多的孤独症儿童和成年人,得到全社会更多的理解、关怀、帮助和尊重,共享和谐社会和改

革开放的成果。

二〇〇六年,《中国残疾人事业"十一五"发展纲要》首次把孤独症正式列入精神残疾;二〇一〇年卫生部专门制定《儿童孤独症诊疗康复指南》并以文件形式下发各级所属单位;二〇一三年已启动"儿童孤独症诊断标准与防治技术研究",国家将投资三千余万元。愿"临床医学家、心理学和教育学家们勤于思考,勇于探索,脚踏实地,实事求是地对孤独症及相关疾病在临床诊断、康复训练、发病原因等方面总结出我们自己的经验、特点、理论,并找到方法来进一步指导实践,服务于广大孤独症儿童、成年人士及其家庭!这不仅会造福于我国的孤独症患者,也对世界科学进步作出贡献!"(杨晓玲为新版《孤独症谱系障碍:家长及专业人员指南》所写的中译本序)

"我们已经走了很长的路,也还有很长的路要走。"

是为序。

孙敦科

于辽宁师范大学

中国精神残疾人及亲友协会孤独症委员会顾问

北京市孤独症儿童康复协会顾问、终身荣誉会员

推荐序二

这是一个与"问题孩子"一同生活的故事,作者的笔触真实坦诚,读来让人欲罢不能。乔尼(乔纳森的昵称)自幼患有自闭症,尽管他的世界对我们来说很陌生,但你越是深入了解别人和自己的家庭就越能体会到,世界上很少有父母不曾为孩子某种程度的"另类"感到挫败、挣扎——至少在孩子成长的某些阶段是如此。

自闭的乔尼是另类中的典型。《天使的世界你不懂》这个动人的故事之所以难能可贵,是因为他们一家,尤其是母亲谢娜,深入洞悉了乔尼怪诞却不失精彩的自闭世界。

如激流般飞泻直下贯穿全书的,是乔尼的守护者如何为自闭的他倾注全部心神,哪怕自己精疲力竭。乔尼没有消停的时候,谢娜也只能陪着他连轴转。早晨,丈夫还在熟睡,她已经爬起来煮咖啡,好振作精神去对付乔尼尿湿的床,还有他让人无可奈何的旺盛精力。就算她要上卫生间,也得先让乔尼的姐妹替她唱儿歌哄着他。

让谢娜感到慰藉的是她的另外两个孩子完全正常,而且能够跟乔尼和平共处,即使他不断惹麻烦。这两个孩子比一般孩子懂事得多,乔尼的嚎叫、纠缠、无理要求等等非但没有给他们的成长带来负面影响,反而让他们变得坚强而成熟。我们都应该读一读这本书。虽然它未必能帮助我们了解自身,却可以拓宽我们的视野,帮助我们认识另一个群体的处境,而这个群体目前正在迅速增长。

或许我们还会发现，有很多与我们一起工作、生活，同我们交往的人，他们的处境和乔尼有某种相似之处。

乔尼的故事渐渐展开，他与外界的交流逐渐形成固定的模式。令我惊叹的是，乔尼的妈妈谢娜，也就是本书的作者，并未因长期照顾乔尼而精神崩溃。

"小猫咪，掉井里……"她轻声唱着。数不清在几分钟里她唱了多少儿歌。在歌声中，乔尼渐渐放松下来。但只要儿歌一停，他立刻狂躁不安——尖叫，尿湿裤子。于是新一轮语言与行动上的安抚工作又开始了，这样周而复始。

这是一个难能可贵的故事，配以非同寻常的文笔。我深信，这本书对谢娜而言是一次心灵的净化，而对读者来说也不例外。

乔恩·斯诺

二〇一一年十月

目 录

引 言 …………………………………………… 1
第一章 与自闭症孩子生活的一天 …………… 3
第二章 晴天霹雳 ……………………………… 10
第三章 乔尼的出生 …………………………… 25
第四章 乔尼的上学生涯 ……………………… 33
第五章 乔尼和兄弟姐妹 ……………………… 101
第六章 尝试过的治疗 ………………………… 144
第七章 带乔尼一起去度假 …………………… 155
第八章 乔尼的强迫行为 ……………………… 178
第九章 身为妈妈的难言之痛 ………………… 190
第十章 换一种方式爱乔尼 …………………… 200
第十一章 乔尼的第一次拥抱 ………………… 208

后 记 …………………………………………… 213
译者的话 ………………………………………… 215

引　言

　　儿子被确诊为自闭症时，我根本不相信。关于自闭症我知道一些——自闭症儿童都感情冷漠，无法与别人交流。他们的问题大多是母亲过于好胜、逼着孩子成为佼佼者所致。他们在婴儿期就对外界刺激反应冷漠，喂奶也很困难；到蹒跚学步时，他们不学说话，不玩"角色扮演"的游戏。我儿子可不是这样。他一生下来就不肯让我离开半步，还是婴儿的时候总是"咯咯"笑个不停，吃奶总是吃不够，每天都可以安静地坐在那里盯着书看，或者推着转盘上的玩具小人玩；稍大一点儿以后，他的脸上成天挂着微笑，说话比其他孩子要早，十八个月就认得各种颜色，还会唱歌、背诵儿歌。

　　这些都是他曾经的表现。后来他就常常坐着，盯着眼前画有食物的书页发呆，变得不爱说话，只在必要时才重复一些只言片语，还加入一些从别人那里照搬过来的话，显得古怪而不合时宜。后来我才知道，这在医学上称为"言语模仿征"（echolalia）。渐渐地我们还发现，在一些事情上他的反应相当迟缓：从不问问题，从不发脾气，不乐意爬，更不乐意走路——不是因为他不会，而是觉得麻烦。

他哥哥小时候似乎被一股不可遏制的劲头驱赶着东奔西跑抓东西，而乔尼却对周围的事物感到兴味索然。

乔尼患自闭症的过程不太常见。大多数自闭症儿童到了一定年龄还学不会说话，照管他们、给他们喂奶都很费劲。许多孩子就是因为说不了话而被确诊为自闭症，而我的孩子则是因为丧失了说话能力，加之问题行为和强迫症越来越严重。自闭症的诊断相当及时，因为他三岁时就有保健护士提醒我们，孩子的健康状况需要关注。然而我一开始的想法并没有错——我儿子并非感情冷漠，我也不是强势的母亲，我们从过去到现在一直都很亲密。尽管如今人们大都不再听信那些胡言乱语，说什么"自闭症"这个摧毁性的消息会让母亲和孩子关系疏远——这实在是把人想得太过冷漠无情了——但除此之外仍然有许多对自闭症的误解广泛流传。

自闭症是一种严酷的考验，对患者对家人都是如此，但它并未改变孩子在我们心中的可爱形象。我们会为他们而战，而更多的时候是与他们并肩作战。他们是和其他人一样的个体，是家庭的一部分，与亲人十指连心。尽管表达方式不同，他们的感觉、他们的情绪却与我们无异，有些感情甚至强烈到让他们不知所措。

乔尼现在二十多岁了，这本书就是我们的故事。

第一章
与自闭症孩子生活的一天

天亮了。屋里忽然传来一声闷响——有什么东西撞到了墙上,紧接是一声惨叫,仿佛受伤动物的哀嚎。我抢在其他人被吵醒以先赶到乔尼跟前。"一件一件做。"我祈祷说,"先解决眼前这件。"

他正用头撞墙,胸前有托马斯火车头图案的羽绒被(《托马斯和他的朋友们》是英国经典儿童动画片)一晃一晃,金发脑袋随时准备发起下一轮自虐性进攻。屋里尿臭味刺鼻。也许你以为我最好把他从尿湿的床上抱开,搂在怀里安慰一番,那就大错特错了。他的世界对一般人而言是一个语言和风俗迥异的国度,所以我最好一言不发,因为说话只会徒然增加他的恐惧和困惑,哪怕出于善意,也可能让局面失控,一发不可收拾——要知道九岁的他已经打碎过窗户。要是现在能喝杯咖啡就好了。刚才我小心翼翼绕过熟睡的丈夫从床上爬起来,也不知道把咖啡机打开了没有。他们睡得真香!乔尼被恐惧撕扯着,此刻只有我和他一起面对。

我没有碰他,不说一句话,甚至不看他一眼。尽管气味难闻,我还是坐在

床上他够不着的地方,对着墙壁唱起《大洋彼岸的邦妮》。唱过两遍以后,他偷偷瞥了我几眼,不过还是继续用头撞墙。我继续唱《铃儿响叮当》《有个老太婆》《小宝宝安静点》。有一会儿这个全城最漂亮的小宝贝盯着我看了一两秒钟,我以为就要大功告成了,不料他又开始撞头。我接着唱《小男孩布鲁》《橘子和柠檬》,然后又是《大洋彼岸的邦妮》。终于他不再撞墙,而是开始叫喊。这回总算告一段落。

我还是不看他一眼,只是递给他卫生纸,他接过去把脸上的鼻涕抹掉。我又递给他一块饼干,然后起身去放洗澡水。最后他不喊了,我的心也不再翻腾,却像惯常一样仍隐隐作痛。我曾经以为最糟糕的情况就是他用那排整齐的牙齿咬我的胳膊,谁知他的大喊大叫对我来说是更厉害的折磨。我跑进自己的卧室,打开咖啡机,咖啡在杯子里泛起泡沫,它的香气此刻足以让我平复。

他待在自己的房间里,用手掌遮着脸,透过指缝观察清晨的阳光。我给他脱掉衣服,丢掉湿漉漉的尿布。

"宝贝,"我说,"我们洗澡啦。"

"洗澡澡,洗澡澡!"他高兴地尖叫起来,我松了一口气。

十分钟后他坐在塑料澡盆里,肆无忌惮地往外泼水。地板上的水花连成一片,仿佛小型的湖泊,但我顾不上这些了。咖啡因令我精神焕发,我迅速撤掉床上的铺盖,只留下加厚的塑料垫。在他掀翻澡盆跑出来之前,我必须把该洗的洗了,该换的换上。那些自称能一心多用的人肯定没照顾过自闭症患者,因为自闭症患者根本不允许你转移半点儿注意力。

八点半,我陪他吃了早餐,喝了麦片,看了会儿视频,第一关就这么过去了。尽管生活有时乱作一团,但日子还是得继续。丈夫起床出门了,另外两个孩子则似醒未醒。今天孩子们不用上学,我必须把一天的活动安排得多姿多彩才行。我正给乔尼读第二本童谣,读到一半的时候,大儿子本出现在房门口。他穿得整整齐齐,正准备出门,却犹豫不决地往房间里看了一眼,既想走又放不下心。

他不在的时候家里会不会出乱子呢？他正处在青春期边缘，浓密的头发愈来愈黑亮，说话声调高低起伏，即将迈入成年的门槛却仍未脱稚气，因此更容易忧心忡忡。他丢下我们跑出去玩，能否确保家里平安无事，需要他抱乔尼的时候该怎么办？当哥哥的他知道乔尼有多沉。

"同伴要骑车到林子里去，我能去吗？"

"当然可以。你吃早饭了吗？"

他看了看手里那包炸土豆片。

"行，去吧。我们可能会出门。你带上钥匙。"

本愣了一两秒。听见我俩的交谈，乔尼变得惴惴不安，有点不高兴，因为没有童谣可听。他不顾我们正在说话，不停嘟囔着，声音越来越大。

"他这是在催我们。"

"对，他还想听童谣。你能不能给他念两首？妈妈得去趟卫生间。"

本小心翼翼地走到我俩中间，接过我的书，说："来，乔尼，我们念《有个老太婆》。"

看到哥哥坐下来给他念书，乔尼脸上闪过一丝不易察觉的微笑，连我都有点拿不准他笑了没有，但我又确实看到他笑了。我走进卫生间，心里半是低落，半是自豪。

我劝本出去玩，跟他保证家里一切正常。这时最小的孩子也起床了。五岁的女儿汉娜穿着我的旧T恤衫，更显得娇小。她揉着眼睛冲我笑，瀑布般的卷发垂在脸颊两侧。我一看到她就满心欢喜。

汉娜马马虎虎地穿好衣服，吃着麦片。我在想这一天要怎么安排。在睡不好觉、无精打采的时候思考问题实在不容易。他俩都爱做什么，我怎样才能既安抚好这一个，又不让那一个太无聊？乔尼喜欢各种形态的水，包括下滴时折射光线的水珠，从浴缸流到地板的水帘，从茶壶倒进杯子、又从杯子溢到桌上

的小水柱。他也喜欢清风拂面的感觉。他还喜欢好吃的，喜欢高高的建筑物，喜欢树叶，喜欢宽敞的空间。他爱他的妹妹、哥哥和爸爸。他也爱我，就是当他把头撞到我脸上时，我也对此坚信不移。他喜欢让光线反射到斜面上并且上下移动。他跟我们一样，喜欢舒适安全的地方，亲切熟悉的地方，有亲人面孔的地方。

我打算带他们徒步穿过树林，到小河边去玩。我得带上胶鞋、水壶、玩具小人，还要带些吃的一会儿野餐。这一路要考虑的问题还真不少：这趟路不好走，我们能不能顺利到达；我们有没有把握顺利回家，回程会不会遇到麻烦，会不会有人走不动；现在准备野餐，时间会不会太紧？我决定冒个险，让乔尼暂时到园子里去。

他上了园子里的攀爬架，在上面不停地跳啊跳。两年来他一直重复这个动作，架子上有个地方的杆子经常被他抓得变形。我把杆子扳正，直到它们彻底坏掉才换上新的。杆子有撑不住的时候，他却从来不知疲倦，反而越来越兴致勃勃。这时汉娜站在凳子上，胡乱搭配的衣服被包进一个大围裙里。她正在准备野餐要吃的东西，一边说话，一边把大块大块的黄油抹在我递给她的面包片上。

"妈妈，我们能不能来点小香肠？赛迪和塔米爱吃小香肠，因为她们还小。奶酪她们肯定不爱吃。哎呀，奶酪会被我们糟蹋掉的！"

我们把香肠打包好，我还趁她不注意的时候往里塞了些奶酪。目前一切基本正常，但我想起我应该对乔尼留个心眼。上次有邻居来敲门，说有个穿绿色汗衫的孩子爬上他们家屋子的斜顶，不知道是不是我家的孩子——他们不是来告状的，只是担心孩子有危险。不过我能想到最坏的情况，是他在攀爬架最高的杆子上走平衡木。我赶紧跑过去看，谁知园子里已经不见他的踪影。我心里立即七上八下，赶紧冲出门去找他。这时我眼前忽然飞过一块香蕉皮，在空中画出一道圆弧，鸡蛋壳和茶包紧随其后，这些生物垃圾都不偏不倚，正好落在邻居家的车库顶上，而乔尼正开心地尖叫着。我赶紧用巧克力哄他动身。

  一路上我们走得很慢。汉娜用不着我牵她,自己一手拎着玩具娃娃。她们是她的小伙伴,她正跟她们说话说得起劲呢。

  "赛迪,我们现在去林子里野餐,你得乖乖听话。我跟你说过了,这回没有冰激凌,因为它们在路上会化掉的。好了,别赌气了,不然我可不带你去。塔米向来都可乖了,今天不要让我失望哦。"两个娃娃瞪着用油性笔画过眼线的眼睛,伸着变形的长腿,一脸茫然地望着她,像两头悲伤的长颈鹿。

  乔尼也不要我牵他,否则他就会握紧拳头,抽抽搭搭地哭起来。我不想惹他不高兴。尽管我们也尝试用一些行为疗法去矫正他,但无法改变的是,他的人生、他的童年必定和别人不一样,需要特殊的关照。我以为他会跑开,就留神看着他,可他却在专心致志拍打手中的树叶,还用一根手指塞住耳朵,以防有什么声音忽然炸响。在他看来,声音是个老奸巨猾的家伙,来无影去无踪,让人猝不及防,所以有备才能无患。

  "滴答,滴答……"他喃喃念着,像一颗定时炸弹。

  太阳喷薄而出,驱散了天空中最后几缕昏暗的颜色。正值初夏时节,风景亦诗亦画,碧空万顷,不染纤云。房屋和树木巍然挺立,一派勃勃生机。万事万物各司其职,各得其所,一片祥和。孩子们很快就会因为什么事而开怀大笑。这些天我对笑声充满矛盾,我听笑声就像一个密码破解员。汉娜的笑声宛如晴空灿烂的阳光、夜晚绚丽的焰火;有时乔尼的笑声也是如此,无邪的欢乐如春风拂发,狂喜像洒在脸上的甘霖。比如坐疯狂摩天轮的时候,我紧抓扶手,如临悬崖峭壁般头晕目眩,他却感到其乐无穷。但是欢乐不过是一层薄薄的表皮,用手指一戳,可能一切就变了。记得乔尼小时候坐在童车里,我推着他在超市排队,或者在操场的滑梯边上休息,这时他会莫名其妙地笑起来,而周围的人看到这个漂亮的小家伙为他的小心思笑得"咯咯"响,一开始也都忍不住微笑颔首。哪知他笑得毫无节制,笑到打嗝作呕,这时其他人的微笑就僵住了,我不得不赶紧推着他走开。那时我才知道笑就像哭一样,过犹不及。

第一章　与自闭症孩子生活的一天

　　我们穿过马路,慢吞吞地走进林子。我总算不用再担心孩子们会撞到汽车了。我们在林子里走走停停。这里静谧安详,能清楚听见树叶在风中窃窃私语,树枝被我们踩在脚下"嘎吱"作响。鸟儿的歌声、虫鸣声此起彼伏,阳光透过树缝,在脚下的小水坑里照出斑驳的光影,草地上四处点缀着乌头草和报春花。全世界好像只有我们了。我们小心翼翼地前进,赛迪和塔米还在抱怨没有冰激凌,她们真是难缠呢。我们走下坡路穿过树林,这里有的是树叶和羊齿草,乔尼想怎么拍打都行,拍断了就换一片。孩子们可以在这里随心所欲地丢石子,不必担心伤到邻居。这里还有很多可以塞进嘴里的东西。当然这只是个玩笑,我知道没有人会真的把它们吃下去,所以只是这么一想,没有当真提醒他们。忽然汉娜急了。

　　"乔尼,快吐出来,不能吃的,傻小子!"比起那两个洋娃娃,天真的乔尼更适合被这个小妈妈照管。

　　此时有一棵大树横在小径上,挡住了去路,显然是四月里在风暴中倒下的。羊齿草被压在树干下面,许多小虫子在树皮的缝隙中忙碌不息。苔藓还没来得及蔓延到树干上,所以要爬上去很容易。乔尼爬上去了,汉娜坐着休息,用小树枝拨弄树皮缝隙里的虫子。我坐在她身边,看着乔尼一遍又一遍爬上树干又往下跳。最后他坐了下来。

　　"不,砰。"

　　"不对,乔尼,"汉娜拍拍树干说,"光光的怎么会不平?"

　　"不,砰。"他拉了拉我的手。

　　"我明白了,他是要我给他唱童谣。"我把他抱在腿上,开始唱,"砰砰跳,砰砰跳,我的战马嗷嗷叫;砰砰跳,砰砰跳,像印第安的小王公多自豪。"

　　平时我总是唱着这首歌哄他下楼梯。他笑个不停,我则注意到他裤子前面湿了一小片,赶紧拉下他的裤子,让他上身往前倾。"乔尼,快尿尿。"我们还有备用的裤子,但我想留着一会儿再用。帮他重新穿好裤子后,他啜泣了一

小会儿。我拉过他的手,催他俩往前走。

到了小河边,我撂下重重的背包,掏出他俩的胶鞋,又递了一把铲子给乔尼,一盒玩具小人给汉娜,然后坐下来看他们玩耍。我的另一个孩子此刻也许正在这片林子里没命地骑车,或者在树上毛毛躁躁系了根绳子就荡起秋千。我祈祷他能安然无恙回到家,也抓紧这一秒的时间闭目养神。这两个小家伙正玩得起劲,一个铲起河水洒向空中,另一个则在河边搭建她的小人国。偶尔会有路人停下来冲我们微笑,从挂在脖子上的塑料包里取出地图,仔细研究路线。我拉住乔尼,不让他把水泼到行人身上,还故作镇定地跟路人聊天,谈起树林里幽静的小路和稀有的兰花草,心里却希望他们别待太久。

我们在河边野餐,汉娜给脖子长长的洋娃娃们也摆了小餐具。我给乔尼换好衣服,和女儿交流起照顾这些小娃娃的心得。我们一致认为,要把她们带大太不容易了,她们永远弓着脚,胸部也长得很古怪。我把汉娜抱在腿上,和她一起观察乔尼玩耍。我不再像往常一样,一闲下来就开始琢磨——汉娜和她的大哥到底觉得跟乔尼一起生活是好是坏。我只是搂着汉娜,为她,为我的三个孩子,也为他们在浩瀚宇宙中拥有的微不足道的一切满心喜悦。

回家的路就不是那么好走了,因为是上坡,我们都累得气喘吁吁。最后,我只好让他们玩"各就位——预备——跑"。虽然跑跑停停,一路上还有很多胖墩墩的小孩加入,但这游戏很管用。不久我们就快到家了。我筋疲力尽,真想就地躺下,永远沉入梦乡。若得酣眠似美酒,但愿长醉不复醒。

"妈妈,你看。"汉娜抓住我的胳膊,小手往上一指。

碧蓝的天空下,一树白花沉甸甸地压弯了枝头,色泽朴素却耀眼夺目,仿佛在喧嚷欢唱。树枝摇曳在微风中,花儿尽显绰约风姿,又仿佛与我逗趣。我忍不住伸出手,让花的芳香落满掌心。还有什么能比这更美呢?汉娜张开双臂,于是我把她抱起来,让她能够得着。她把脸凑到花朵跟前,"咻咻"地笑了。花儿的芬芳绚丽让我俩如痴如醉。她亲亲我的脸说:"妈妈,我们该回家了吧?"

第二章
晴天霹雳

那一天,我的世界黯然失色。我至今觉得,当洛马克斯大夫为了能对症治疗,领我们去另一诊室做详细检查的时候,上天应当先给我某种不祥的先兆,比如让树枝不耐烦地敲打窗户。可是当时什么也没发生。外面静悄悄的,虽是隆冬时节,天气却并不太冷。大夫神色黯淡,流露出怜悯之情,却欲言又止。我几乎有点同情她。我敢打赌她宁愿从未接手这个病例。但除了慢慢习惯,她还能怎么样呢?毕竟对医护人员来说,这样的情形是屡见不鲜的。

乔尼没理会大夫递给他的积木,宁可一直拍打他的玩具小船,又把它举到眼前仔细端详。诊室里悄无声息,只有挂在小船侧面的蓝色塑料小鱼轻轻拍打着船舷——"啪、啪、啪"。屋子很大,我们都坐在角落里的童椅上。洛马克斯大夫正在做记录,我想她这么高的个子,坐童椅上写字肯定很别扭。我坐着倒挺舒服,只是心不在焉。

"不好意思,您可以再说一遍吗?"

她又耐心给我解释了一遍,还把要点写下来。

在头一个诊室里,她经过仔细询问和观察,对乔尼的病况也深感困惑:这位太太的儿子到底出了什么问题,为什么他和家人住在同一屋檐下,和他们却有微妙的区别?他会走路,会说话,坐在妈妈腿上不吵也不闹,但总有什么地方不大对劲,而且问题的严重程度不容小觑。她今天只是临时代班,所以想让一位上了年纪的儿科大夫解答她的困惑。

儿科大夫让助手再倒杯咖啡,助手以为是给我的,便微笑着问我要不要加糖和牛奶,态度十分和气。

"这不是给她的,是给洛马克斯大夫的。她也要参加会诊。"咖啡一上,会诊就开始了。

我一让乔尼坐到小桌前,他就开始抽泣。大夫让他把桌上的洋娃娃和泰迪熊挪过来挪过去,还要他让这个给那个递东西,这对他来说实在是索然无味。大夫问他玩具是在桌上还是地上,可这跟他有什么关系?他只想拍打他的小船。还有,凭什么让他把四块积木摆成"火车"的形状?火车显然不是这样的呀。他喜欢火车,每天都要从窗户里看它们呼啸而过;他经常摆弄玩具火车,还让别人给他念有关火车的书,也喜欢有火车的照片;就连他的生日蛋糕也是城际列车或托马斯火车头形状。这位太太问他这些毫无意义的问题让他烦不胜烦。大夫拿起图片让他辨认,他也拒绝跟人家合作,打定主意一声不吭,尽管他的语言能力并未丧失殆尽。他只想和我回家,摆火车,或把书翻到有食物图片的那一页,摊在凳子上,自己坐在旁边。他想让我用童车推着他沿河堤漫步,时不时停下来把他的面包分给河里的鸭子。他想去学校门口等他满头卷发、热情洋溢的哥哥,等他从里面飞奔出来,然后一起回家看电视,喝橘子汁,等着吃茶点、洗澡、上床睡觉。生活最好就这样按部就班,一成不变。

会诊一结束,洛马克斯大夫就把我们带进另一个房间。我们依旧坐在儿童椅上,我的小男孩依旧"啪、啪"地拍打小船,但他已经被贴上"自闭症"的标签,之前各种问题终于有了一个解释。大夫告诉我接下来乔尼病情会如何发展,此时我心里布满阴霾。等她说完,我们就穿上外套离开了。我把乔尼抱上车,

放进儿童安全座椅，系好安全带，给他播放童谣磁带，然后启动车子。他的大眼睛依旧湛蓝湛蓝的，金色的卷发还是那么讨人喜欢，胖乎乎的小手仍然紧紧抓着玩具小船。我们的世界看似一切照旧，实则天翻地覆。早上来医院以前，"自闭症"一词不过是个遥远而陌生的概念，此刻它已经潜入了我们的生活。从今天起它将与我们如影随形，将我们引向一个未知的领域，决定我们的生活轨道，成为我们的风向标。

医院提出的治疗方案即将付诸实施，接下来的几个月，我们全家都要调整生活方式配合治疗。不过现在其他的人，包括乔尼的哥哥和爸爸，都还对此一无所知，我们还有几个小时的时间可以保守秘密。我就像捧了一枚定时炸弹那般小心翼翼，因为它一旦爆炸，就会让一切分崩离析，它在我们生命中留下的伤痕将无法复原。对为人父母者而言，噩梦才刚刚开始，我将要花一辈子时间，没完没了地跟人解释乔尼的病症。而现在乔尼正笑嘻嘻听着童谣，我们的车子随车流缓缓朝回家的方向驶去。

"铃儿响叮当，猫咪井里藏……"

"我们要回家了，宝贝。"

"回家，宝贝。"他"啪、啪、啪"打着玩具船。我恨不得时间能在炸弹爆炸之前凝固。

真希望有人能告诉我，他是什么时候开始得病的。事情不该如此。过去教乔尼说话、给他喂奶都很顺利，他也不会脾气暴躁地大哭大闹。他原本是世上最阳光的孩子，爱说爱笑，爱跟人亲热，虽然不怎么走路，也不问问题。我要备课不能陪他玩时他也不闹，而是高兴地坐在一边看着他的书，或者从玩具车库里顺着斜坡推出小汽车，再用起重机把车运回高处，发出"砰、砰、砰"的响声。他似乎不太乐意在地上爬，也不乐意走路，宁愿坐着婴儿车四处游逛。给他换尿布时，他会坐在垫子上笑盈盈地抬头看我，唱我以前给他唱过的歌。我们以为他会成为一名学者，一名胖乎乎的教授，喜欢静坐不动，酷爱读书；

或者成为一名音乐家,因为他唱歌音调极准,听过的节奏、旋律过耳不忘,这在同龄孩子中并不多见。

但他后来为什么莫名其妙地不说话,连歌也不唱了?我曾经带着他看书,看得乐此不疲,为什么现在这些书永远停在有食物的那几页?我感觉好像有一股陌生、骇人的力量推着我们往后退。我也这么安慰过自己:不是有好多孩子刚出生时不能呼吸,到了一定时间还不会爬、不会走路吗?乔尼总有一天会迎头赶上的。你听他讲话多么绘声绘色!你看他总是泡在书堆里!他不可能有智力障碍,只是需要时间罢了。连医生都说,虽然他刚出生时不能呼吸,但问题持续的时间很短,不会有什么大碍。他两岁生日的时候还完全不会走路,一位生性乐观的骨科专家为此特地把他仔细检查了一番,然后对我笑了笑,说:"尽管放心好了!他只是有些超重,而且是平足。有苗不愁长。他的智力显然没有任何问题,是个聪明的小男孩。"

但他的变化越来越明显,也越来越不可思议。他原本会说句子,后来开始乱用代词,最后只会说单个的字;他原本会在看书和唱歌时开怀大笑,现在却总是把玩具小车摆成一成不变的线条,不许别人挪动。有一次,一位保健护士来访,她在喝咖啡时见乔尼爬上了桌子,忽然轻声对我说:"谢娜,这孩子不大对劲。我帮你跟大夫约个时间吧。他的样子不太寻常。"

晚上我告诉家人,乔尼得了自闭症。不久亲戚们也都会知道。我婆婆倒吸了口凉气,紧紧抓着我的手说:"天哪,这不可能!"

她指望我能宽慰她几句,但我做不到,我脑子里也是一片空白。接下来我们还得告诉朋友,然后整个世界都会知道乔尼得了病。我感到精疲力竭。几天后我们找了个人照看孩子,好让全家一起出去吃个饭。虽然穿着考究的衣服,吃着可口的饭菜,但我们都一言不发。我们无法真正理解目前的处境,对面临的不幸也感到难以置信。乔尼是个多么讨人喜欢的孩子啊!那个晚上家里笼罩着一片愁云惨雾,但希望还未完全破灭。总会有办法阻止病情恶化的,不是吗?

第二章 晴天霹雳

随着时光一日日、一月月、一年年地流逝,我们才明白,在不幸面前,我们的力量微乎其微。

那时我心里有多难过自不必说,可是几天后,一句无心的话却给我的心又蒙上一层阴影。在接下来的几年时间,它一直像梦魇一般跟我纠缠不清。当时我正要下楼,碰上丈夫鲍勃刚下班回家,他随口说了一句:"琼今天问我,乔尼心理上是否受过什么伤害。"

"什么?"

"她说,小孩得自闭症是因为心理受过伤害,或者在成长过程中得不到关爱。她还给我推荐了几本书。"

就像乔尼在泰迪熊房间里被确诊的时候一样,这句话对我来说无异于晴天霹雳。他缺乏关爱,他有心理创伤?我瘫坐在楼梯上,心里是一种众叛亲离的痛楚。原来我不仅要照顾自闭症儿子,不仅要为他日渐退化的语言能力和日益严重的社交障碍忧心,不仅要为了他一辈子看人脸色,低声下气;我还有一个孩子,不久又会有第三个,我不仅要为了乔尼牺牲照顾他们的时间,不仅会心疼地看着他们努力爱一个常常无理尖叫,不小心被碰一下就用头撞人的兄弟——这些都罢了——最残忍的,是人们还会指着我说,她儿子有自闭症,这都是当母亲的错。

我读了凯纳、贝特尔海姆、丁伯根等人的专著。我们这一代许多受过教育的母亲都深受环境理论影响,认为精神疾病并非由先天性或化学性肌理失衡所致,而是生活环境、亲子关系共同作用的结果。这套武断理论当时正大行其道。我费力地啃完各种真真假假的理论和病例描述,从中了解到自闭症的"起因"和母亲对它的影响。按照这些理论,我应该是一个冷酷无情的母亲,总是给孩子施加压力,不容妥协,至少对家中某一个孩子是如此,并且拿他当其他孩子的替罪羊。这种说法真是让人难以置信!我向来对我的孩子宠爱有加,总是搂着他们,跟他们说话,和他们一起玩耍,唱歌,开怀大笑,他们的快乐和安康对我来说至关重要。日子一天天过去了,乔尼还是老样子,依旧有点古怪,依

旧感情丰富，依旧胖乎乎的，依旧讨人喜欢。但我们的生活再也不会恢复原状了。每天清晨我刚醒来的时候，我都会以为什么也没发生——这是一天中我最恋恋不舍的时刻。但记忆很快苏醒了，噩梦又重新开始。

我从凯纳的专著里了解到，"自闭症"一词源于希腊语"αὐτός"，意为"自我"，凯纳用它为这种病症命名。患自闭症的孩子会将自己封锁起来，无法与他人接触，完全沉溺在自己的世界里。他们缺乏社交能力，大多数患者有语言障碍，而几乎所有患者都有交流障碍，不能够或不愿意像常人一样了解他人的想法和感受。这听起来就像有人使了调包计，神不知鬼不觉地把这么一个孩子留在一个正常的家庭，为的是埋下祸根，把家里搞得天翻地覆。还有什么比一个孩子没有感情更加不幸？我想，就算家里有孩子得了唐氏综合征或脑瘫，也比自闭症好得多。

后来有一天，我们进了一家玩具店，乔尼兴致勃勃地推着轨道上的一辆木头火车，这时我看到一位年轻漂亮的妈妈从轮椅上抱起她的漂亮儿子，好让他够得到玩具。我忽然意识到她那单薄的身子不消几年就会被累垮的。这事改变了我之前的想法。可是我到底对儿子做了什么？我一度感到无地自容，但又有些不服气：凭什么是我家的孩子，凭什么我这么好的母亲却遇上这样的事？这没道理啊！

我想，常规的干预或许对他有帮助，于是和当地一家托儿所的负责人约时间见面。我想先让乔尼进托儿所，然后试着鼓励他与人交往，做一些他原本不想做的事，比如画画、做模型、搭积木。负责人在其他孩子都离开以后接待了我们。这家托儿所的布置看上去很令人愉快：墙上挂满一幅幅图画，角落里堆着橡皮泥和一盒盒积木。这也增添了我的信心，相信在这里，孩子的状况一定会有起色，还可以重新学说话。

负责人诚恳地笑了笑，说："对不起，让你们久等了。"她看了看乔尼，他穿了一条蓝色背带裤，表情冷淡，可是相当漂亮，正坐在婴儿车里拍打他的

第二章 晴天霹雳

玩具小船。

"坦率地讲,我觉得这里不适合他。我们可能还没有这个能力。实在对不起!我的意思是,也许有更适合他的地方,您觉得呢?"

回家的路上,我们停在河边喂鸭子,乔尼在吃面包,而我则盯着河面发呆。

在儿童游乐场的情况稍微好一些。社会服务机构出资聘请专员照看这样的孩子,所以乔尼每周有三个上午可以待在这里。他总是安静地坐在那里对着书看,或者偎依在看护身边听唱歌、听故事。他几乎不再说话,却愈加频繁地拍打东西。我给他读书,跟他说话,也抽时间陪另一个儿子。一闲下来,我内心就备受煎熬。难道他生病是因为我原先很想要一个女孩,以致他在出生那一刻就觉察到我的失望?但我回想他出生的时刻,唯一能记得的,是经过分娩那一番苦苦挣扎后重见天日、如释重负的感觉:疼痛成为过去,奇迹悄然诞生,孩子安然无恙,而且小模样多么惹人怜爱!在之前撕心裂肺的剧痛中,我对性别的苛求早已变得无足轻重,甚至早已在这番煎熬中化为灰烬,我只求我俩都能渡过难关。难道是忽然断奶的原因?记得那个夏天特别热,孩子跟饿疯了似的,没日没夜地吃奶。他越长越胖,喂奶时我俩都大汗淋漓,他却照吃不误。我没办法做家务,只好一连几个小时漫无目的地看电视,做饭也要一手抱着他,让他抵着我的髋部吃奶。我的大儿子打定主意跟我打游击,我一把弟弟给他,他就嚷着要上厕所。后来胖乎乎的乔尼开始胃不舒服,一吃奶就吐,难受得"哇哇"直哭,这也为断奶提供了绝佳的理由。我一整天没给他喂奶,乳房胀得硬邦邦的,我咬牙忍着痛。从那以后他就断奶了。他对此似乎也毫不在意,吃麦片粥同样吃得津津有味。

在我面前,人们似乎不愿提及乔尼的病。他们也大可不必过问太多,毕竟这不是丧子之痛。但他们跟我说话还是疑虑重重,担心我忽然扯到他们不想谈的话题上。难道他们都读了凯纳的书,看穿了我的铁石心肠?后来我才明白不是那么回事。他们不安,是因为他们也想不通我为什么遇到这样的不幸——这事看起来毫无理由。他们都是谨慎的人,会下意识地保护自己和家人远离灾病。

为了防癌，他们不抽烟、合理膳食；他们不让孩子吃含人工色素的食物，他们买脱脂牛奶。我也是他们中的一员，是一个好母亲，有责任感，细心体贴；我也像他们一样，和孩子一起玩橡皮泥，做纸板模型，给他们唱歌、读故事书。作为中产阶级，我们虽然思想开明，潜意识里却认为这个圈子里不应该有不幸的孩子。而我可爱的小男孩不乐意走路，总是在他的小车里尖叫、拍打东西，这就成了我们中间的不安定因素。既然他们看不出我有什么问题，那么我的不幸有一天也有可能发生在他们身上。

自从乔尼在那个阴沉安静的冬日被确诊之后，治疗计划就立即启动了。有语言教师一周三次上门帮助我们。从那时开始，乔尼年复一年练习词语搭配和分类，而每年我们都被告知他尚未达到初级水平，直到他十九岁从学校毕业。这位语言教师当时之所以重返工作岗位，是因为她丈夫为情人抛弃了她，她不得不赚钱养活自己。来我家的时候，她仍然对这突如其来的变故感到难以接受。上课时乔尼在她的指点下搭积木、辨认图片。等乔尼爬到一边玩火车，我就得听她把自己离婚的事讲了一遍又一遍。我对她的帮助不无感激。做母亲的，不都应该满怀感激和希望，大胆尝试，不懈努力吗？但有的时候，我打心底里希望其他人都走开，留下我们单独待一会儿。

乔尼开始接受语言治疗的那天阳光明媚，我信心十足。他乐呵呵的，我也打定主意保持乐观。虽然他从生下来到现在从不问任何问题，但过去并非不会说话，谁敢说他的能力再也无法恢复呢？我们是在一家诊所里接受治疗的。这家诊所有些年头了，我带孩子们来这里化过验，打过针，我自己也来领过避孕药，已经熟门熟路了。治疗师是个日本人，穿着黄色的衣服，笑容可掬，热情洋溢，讨人喜欢。

"你好，乔尼，真高兴你能来！你过来看，我这儿有好多好玩的东西呢。"

乔尼爱搭不理，只顾拍打他的小船。治疗师拿出泰迪熊和洋娃娃，不停地问他，玩具是在桌子上还是桌子底下，然而乔尼对它们的处境无动于衷。当玩

具"问"他要吃的时,他才稍微有了点反应,嘟嘟囔囔地答几句,声音微弱模糊,我们得竖起耳朵仔细听才行。可是在辨认图片的时候,我们忽然听见他口齿清晰地说:"消防车。"

但图片上明明是个皮球!我瘫坐在凳子上,刚开始支撑着我的那股壮志豪情瞬间轰然倒塌。

治疗师却说:"不对,你听!"我听到了远处消防车的警报声。

回家的路上,整个城市的美景仿佛尽收眼底。金色的太阳光芒万丈,地平线上树木拔地而起,并肩挺立;站在城市中央,我能看见天边有羊群正在田野里悠闲地吃草。乔尼手里紧紧攥着一辆绿白相间的玩具巴士。巴士很好看,是我们在法国买的。每回我拿走他的小船,都把这个玩具车塞给他。在外面我总想给人一种假象:现在不过是妈妈带着一个手拿玩具巴士、刚刚蹒跚学步的漂亮儿子出门。我一边推着乔尼,一边试图去捕捉那些平时我根本注意不到的声音。通常为了思考,为了与人交谈,我对它们充耳不闻。现在它们嘈杂着以排山倒海之势淹没了我。尽管声音互不相同,对我的感官冲击却难分彼此。乔尼的声音世界也是如此吗,还是他不过碰巧听到自己感兴趣的声音,就说出来了?语言治疗师已经建议我如何训练他,但一想到这些我就心烦意乱。我知道乔尼会说话,但他不肯说,或者说了一次就不愿再说了。谁说得准呢?我推着他拐入我们住的那条街,盼着我俩可以靠在一起看二十分钟儿童节目,把烦心事都忘掉。我给他解开婴儿车的安全带,忽然发现他的玩具巴士不见了,而玩具掉的时候他竟然一声不吭。我一下子感到受不了了,坐在地上哭起来,而他一脸茫然。

乔尼的情形每况愈下,每个月都出现新症状。病情发展太迅速,让我除了震惊就是束手无策,不再幻想能扭转局面。有一回我们排队结账,我一边慢慢往前挪,一边看着队伍尽头摆在收银处的几排色泽鲜亮的糖果,它们正好在孩子够得着的地方。乔尼原本一直安安静静地坐在婴儿车里,这时突然大笑起来,人们也微笑地看他。

"这小男孩真好看!"

"什么事这么开心呀?"

队伍继续往前挪,他没完没了地笑,用古怪的表情盯着别处,这时其他人发现并没有什么值得笑的东西。忽然他因为笑得过火,开始打嗝作呕。刚才还对他微笑的人都尴尬地转过身去,我们赶紧结账离开。回家的路上他还是笑个不停,笑到自己都难受。

但我们很快领教到乔尼痛苦、暴怒时的表现,与之相比,之前的小问题不足挂齿。他原本一直是个温顺、快乐、随和的孩子。可是有一天早上,就因为有些孩子在我们家留宿了一晚,乔尼不高兴了,而且是不高兴透顶。我还以为他肚子或嗓子疼,可是他不告诉我,我怎么知道?这些天很少见他开口。他什么都不说,只是不停地尖叫;他还打我、咬我,东奔西窜。几个小时后我终于忍无可忍,只好给大夫打电话。

"对不起,我已经束手无策了。"

"我听到他的声音了。我马上过去。"

楼上不断传来"砰砰砰"的声响,孩子们在玩"男子汉和斯盖里特"的游戏。我希望孩子们的吵闹声可以盖过乔尼的哭号,免得让他哥哥丢面子。大夫的出现让我倍感宽慰。他了解有缺陷的孩子,对接下来的情况远比我要心中有数。他给了我一些镇定药,我得设法喂乔尼吃。但后来一连几个月药都被我搁在柜子里,始终没有派上用场,它们都要怨我了。因为我试了一次,乔尼不肯吃,我也就放弃了。有一段时间我们发现开车带他出去兜风更有效,有一次竟然兜了五个小时。后来他再大一点,这个办法也不管用了,我们只得尽自己所能安抚他。

渐渐地,我们家开始呈现自闭症孩子家庭的特征:方块糖被扔到门外;早餐甩在墙上,粘在那里慢慢变硬;洗澡时到处是水,连天花板上都溅得水渍斑斑;值钱的东西留不住,另外两个孩子给我买的花瓶和碗都摔碎了,项链也被他从脖子上硬扯下来。我们身上也留下自闭症孩子的烙印:胳膊被他咬过,脸被他抓过，他以痛苦和暴怒不断试探我们的极限。

过去我安抚孩子时，通常会搂抱、抚摸他们，在他们耳边轻声细语，现在这些方法不但无济于事，还会适得其反。我意识到我应该反其道而行之。他难受的时候我不去碰他，否则他必定暴跳如雷；我只有不得已时才对他说话，否则是火上浇油。总之，我要尽可能避免跟他正面接触，试着把他引到安全的地方，在他够不着我的地方守着，耐心地等他平静下来。这样做真的很难。此外我试着去读懂他的想法。我发现书上说的根本不对，可到底什么才是对的，我也无从知晓。我得进入他的世界去了解他才行。

复诊的时候，我们又见到那两位儿科大夫，她们表示已经尽力了。我很快意识到，如果药物或物理治疗都没有效果，医院方面很快就会放弃治疗。我心灰意冷，以为她们会让我们打道回府，幸好她们没有。病情无可逆转，但我需要有人给我支持，指导我如何帮助儿子。当然，这不是医院的职责，不过大夫还是建议我们去做一些检查。于是我们去做脑电图。技术人员是位中年妇女，穿着白大褂，她冲低声抽泣的乔尼笑了笑，温和地说：

"宝贝别怕，不疼的。"

又对我说："把这些东西贴在他头上，然后让他躺下。"

"他不喜欢头上有东西。"我犹豫了一下，说。

"他喜欢'聪明豆'（一种名牌巧克力豆）吗？"

"喜欢。"

"我去给他拿一点，也许他就不会闹了。"

仪器屏幕上显示一切正常，后来我才知道自闭症用脑电图是检测不出来的。

"乔尼，生日快乐！"

乔尼过三岁生日那天，他穿着带火车图案的睡衣躺在床上，盖着带"托马斯火车头"的羽绒被。他的墙上也贴满火车，大多数是他哥哥画的。他咧嘴一笑，

胖嘟嘟的脸上睡意蒙眬,一头金发凌乱不堪。他的眼睛依旧又大又蓝。

"来穿衣服,然后去看你的生日礼物。"

我取下他的尿布,帮他擦了擦身子,给他穿上裤子和一件新买的"托马斯"套头衫,然后我们唱着"砰砰跳"下了楼,他坐在我的膝上"咯咯"直笑。他的生日礼物都在楼下。他哥哥耐心地把礼物和贺卡一一打开,拿给他看,把玩具车递给他,给他读书。我们也"挥霍"了一把,给他买了价格不菲的塑料小汽车,他整个人都可以坐进去。之前在玩具店他就对这辆车恋恋不舍。看见小汽车,他并未如我们想象一般手舞足蹈,但也钻进车子里去了。本的一个朋友当时也在场,他俩一起推着乔尼四处跑。他们真让我欣慰。

"怎么样,乔尼,好玩吗,开心吗?"接下来几周里,乔尼有了一个新习惯——在这辆小汽车里一坐就坐很久,甚至早晨还没来得及穿好衣服,就一边拿着杯子喝果汁,一边迫不及待往车里钻。他并不推着它玩,但至少他喜欢待在里面。

下午是乔尼的生日聚会,桌上摆满果冻、饼干、薯条,还有"托马斯火车头"形状的蛋糕。硕大的蓝色火车头停在无数甘草糖铺成的轨道上。为做这个蛋糕我颇费了一番功夫。

我敢说乔尼会喜欢的。小伙伴们来了,我们一起做游戏、跳舞,又收了新的礼物。我牵着乔尼,伴着他最喜欢的音乐跳起舞,但我知道他宁愿我停下来。他和其他人一起吃薯条、饼干,大家有说有笑。他适时吹灭了蜡烛,又赶紧跑去吃果冻。本和他的朋友轮流钻进乔尼的小汽车玩。最后大家各带一块蛋糕回家。我给乔尼洗澡,哄他睡觉。回到餐厅收拾东西时,我看见本两手抓着甘草糖,嘴上全是奶油,夸张地冲我做了个鬼脸。

我下定决心不向自闭症屈服,至少要教会我儿子一点东西。我先让他玩最简单的拼图,就是把小木片放到相同形状的空槽里;又让他练习把各种餐具整理好,放进各自的餐具盒里;我不断给他念书,还让他把我说的句子补充完整;我让他在我设置的场景中扮演角色;我为他绞尽脑汁,而且横下心全盘拒绝别

第二章 晴天霹雳

人下的结论;我常搂着他,观察他感情上的每个反应,并为之欢欣鼓舞;我教他数数,让他学习在白天大小便自理。我渐渐意识到,医院的诊断并没有错,然而关于自闭症的那一整套理论根本不足为信。自闭症不是由于受到心理创伤或缺乏关爱造成的,不是感情冷暴力引发的精神疾病。自闭症患者的大脑是检查不出损伤的,但他们又确实是残疾了。是的,我儿子是残疾,而非精神失常。一段时间后,我读到一些较为科学合理的专著,从而了解到人类智力方面的理论。这时我才知道,我儿子始终无法理解一点,就是其他人头脑中的认知与观点与他是截然不同的。

我忽然明白他为什么垂头丧气,为什么他有需要却不告诉我,连肚子疼都不吭一声——原来他以为我都知道了。他大概觉得我实在太笨了,连他想要什么都不知道。我还读到"感官超负荷""处理感官信息能力失灵"方面的内容,对于他为什么不让我碰他,为什么他时不时把手指塞进耳朵里,也终于恍然大悟。书里还说,有的人无法从过去的事情中总结经验,也无法对未来作出预测。这也是为什么他尖叫的时候,我几乎能感觉到他心跳在加速。我终于明白他有多么惶恐不安。

有一天我忽然意识到问题的核心在哪儿。我们屋后有一条运河,当时我们正坐在河边看小船穿过水闸。乔尼和平时一样坐在婴儿车里。河水流到低洼处,形成一个小湖,再流经马路底部进入其他的水闸。闸门开启的时候,乔尼一见水流直泻而下,就兴奋不已。他拍打玩具船的速度加快了,四肢微微颤抖,目不转睛地盯着湖面,直至闸门关闭,他兴趣也随之消失。我的目光却仍在湖面流连,那里有一座白色的铁桥直通湖后面的佐治亚露台酒店,午后的阳光把石头染成金色,又撒在波光粼粼的水面上。眼前的美景令我赞叹不迭。

"他缺乏想象力。"我这么想着,心里忽然豁然开朗,所有困惑都找到了答案。正是缺乏想象力导致他无法预测事件发展,对变化惊慌失措,喜欢一成不变,不能与人交往。原来日常生活要求我们每天无数次运用想象力,对事情作出评估和预测，否则我们对尚未发生的事就会手足无措。我开始认识到，如果我能减少他世界里的不确定因素，他也就不会那么恐惧了。我开始努力填补儿子想象力的空白，把即将发生的事告诉他，为他描绘那些他脑子里没有的画面，让他不致焦虑难耐。

那是一个夏天的傍晚，正门一侧孩子们的房间让夕阳余晖涂上了一层金色。七点半的时候我们已经累得够呛，总算把孩子都送上床，可以坐下来安静地吃点东西。面向花园的窗户敞开着，清风习习，花草树木映入眼帘，远处天色未暗，窗外不时飘进烟草花的香气。饭吃到一半，门铃响了，一位邻居出现在台阶上，我十分意外。她住在马路对面，经营一间家庭旅馆。她神色尴尬地看着我。

"很抱歉……打扰了。"

我不解地看着她。

"你得留心你的小儿子。"

"怎么回事？"

"你还不知道吗？他正坐在窗台上，我不敢去叫他。可是万一他掉下来，后果不堪设想。"

我冲上楼，尽可能轻手轻脚地打开房门。乔尼房间里的窗帘正随风飘起。之前我嫌天气太热，就把窗户打开了。我以为他睡着了，原来他根本没睡。他坐在高高的窗台上，往外探着身子，乐不可支。我悄无声息地站着想办法。我既不能喊他，也不能冲上去，总之绝不能让他受到任何惊吓。

"乔尼？"我几乎是在耳语，他毫不理会。

"没事的，宝贝。"我边说边蹑手蹑脚地走过去，等走到他跟前，再一把抓住他，跟他一起扑倒在床上。我紧紧地抱住他，他还笑个不停。而窗帘在落日的余晖中轻轻飘动。

窗户是我打开的，一连几天我都自责自己是怎么当母亲的。乔尼倒很开心，虽说这几天的他不像当时坐在窗台上那么高兴，但这件事对他没有任何影响。

他喜欢爬高，一直到二十五岁左右都是如此，而且从小到大，他爬高的方式也层出不穷：刚开始爬到攀爬架顶端，后来上到峭壁边缘或山顶，乐此不疲。我往往试图从后面抓住他的T恤衫或外套，但总是被他甩掉。要是碰上大风或雨雪天气，他更是兴趣倍增。他毫无危险意识，所幸的是平衡感绝佳，从未跌下来过。

还有一天，为了给即将出生的老三准备一间卧室，我们找人扩建了厨房，调整了阁楼的布局。下午四五点钟，施工将近尾声，屋里一片狼藉，灰尘飞扬，敲打声迭起，地板上什么也没铺，管道都裸露在外。我们只好坐在花园的椅子上。没多久工人师傅就完工了，周围突然归于安静。和他们道别后，我又躺到帆布椅上，怀孕让我睡意甚浓。大夫说胎儿目前一切正常，不会患"唐氏综合征"或"脊柱裂"。当然自闭症在产前是查不出来的，但反正我能做的都做了。而且我知道是个女孩，这样一来得自闭症的概率大大降低。乔尼原本坐在地板上玩耍，看到我，就丢下玩具车跑过来，爬到我腿上，靠在我隆起的肚子上。我用双臂搂着他，给他唱歌。他长长的睫毛忽闪了一会儿就合上了，我也合上眼睡了。他的身子靠着我，柔软又温暖。足有半个小时，我们的世界一片静谧。

第三章
乔尼的出生

　　生乔尼那天，我并不急着去医院。我计算着每次宫缩的时间，判断宫口是否已经张开。我也不像身边那些妈妈坚持要在家里分娩。她们信不过医院的技术设备，但我认为它们相当可靠。我打算等到非去医院不可的时候再动身。当发现宫缩变得强烈、有规律后，我们就驱车出发了，有点手忙脚乱。当时昼长夜短，数小时内已经有相当多产妇分娩。医院环境崭新明亮，非常现代化。我进产房后，只能躺在床上听天由命。分娩的过程如同穿过一条幽深的隧道，你被剧痛包围，不知何时才能重见天日，直到新生儿"呱呱"坠地。当时医院里的大肚子孕妇比助产士还多。一位护士跑进来给我做检查，发现宫口开了七厘米。

　　"詹姆斯太太，您这次是生第三胎。"

　　"不对，不对。"我连声否认。

　　"对不起，实在抱歉，病历拿错了。我再去拿，您别担心。"

　　我怎能不担心呢？

　　我被推进了产房，两腿叉开，身旁围着几个人。这时阵痛跟原先不一样了，

我知道快熬出头了。

"快出来了。表现不错,谢娜!吸气——对了!先别太使劲,放松、放松,就这样,别太使劲。好了,是个男孩,瞧他多可爱!"

但我即使在忍耐剧痛、气氛凝重的时刻,仍能听见他们在嘀嘀咕咕。我困惑不解地竖起耳朵细听,想知道出什么事了。原来孩子的脐带缠到了脖子上,所以在他完全脱离母腹之前,脐带就被剪断了。宝贝终于安然坠地,被放在我肚子上——如今都主张人性化对待婴儿,让他一出生就跟着母亲。他身上还带着一层胎脂,皮肤白嫩,无声无息。

"他还活着吗?"我放不下心。

"是的。"助产士答道。但孩子还是被匆匆抱走了。

他们清除了堵在他鼻腔里的黏液让他呼吸顺畅,然后把他交还给我。我把他抱到胸前给他喂奶,他吮吸了几口,我高兴极了。但他的气管又堵住了,还咳嗽了几声,为了恢复呼吸他又一次被抱走。据我所知,所有新生儿都有蓝眼睛,这本来不足为奇,但他的眼睛特别大,还长着长长的睫毛。

"跟他哥哥一模一样。"我想,"很快就没事了。"

但事情没那么简单。他们一直议论纷纷。

"他全身冰凉。"助产士说,我没明白她的意思,"他休克了。"

我以为他会被放进保温箱,可是不然。这是一年中夜晚最短的时候,想不到今晚还有那么多产妇分娩。我忧心如焚,但助产士和护士看上去工作顺利。我洗了个澡,这时护士告诉我,新生儿发生气管堵塞和脐带绕颈都很常见,不过他们会留意观察的。他们那么胸有成竹,我也就稍稍放心了。回病房后,孩子被放在我旁边的婴儿床里。他们调整了小床的倾斜度,让他低着头,这样黏液更容易流出来。他的头发颜色较深,额头光光的,小拳头紧紧攥着。

"你尽量睡会儿吧。"护士对我说。

我心想,这怎么睡得着呢。

无论如何,妇产医院的病房是睡不成觉的,哪怕是在这样的四人间里也不

例外。整个后半夜,对面床上的孩子一直哭个不停。

快给他喂奶啊,我心想。

可是这位年轻妈妈给孩子换了尿布,拍着他的后背安慰他,能做的都做了,就是不给他喂奶,虽然孩子明显是饿了。看来她的乳头已经皲裂,一碰就疼痛钻心,让她对喂奶心有余悸。

我要了一个塑料管给我的孩子吸出黏液,然后默默地看着他。为了确保他体温正常,护士给他戴了一顶小帽、穿了一双毛绒袜。他显然不好受,过段时间就呼吸不畅,我得随时给他清理黏液。后来一位助产士进来坐到我旁边的床上。我这才意识到刚才他们一直在讨论孩子的状况。

"我们得观察他一晚上,你不介意吧?这样你也可以睡一会儿。"

征得我同意后,他们把孩子推走了。但我睡不着,于是出去找他。孩子躺在有机玻璃床里,被放在护士身边的桌子上,侧着头睡着了,呼吸均匀。他身穿我带来的旧睡衣,裹着柔软的蓝色毛绒毯和蓝色卡通被。小床旁边还开着一台暖风扇。我不知说什么好,最终也没有开口。这台暖风扇到底是怎么回事,他不是应该去特殊病房吗?可是我当时已经昏昏沉沉,筋疲力尽,有想法却不知如何表达。我想他们这么做总有他们的道理。后来我就去睡了。第二天早晨,孩子抱回来了。

"他的体温现在很正常,一切都没问题了。"

邻床的孩子得了新生儿黄疸,一整天大夫都围着那位年轻妈妈团团转,时不时有人过来给她新的建议,说法不一。最后她崩溃了,大哭起来。

探视时间到了,我仔细听外面的动静。大儿子还没到病房,我就听见他欢天喜地地跑过走道,同时喋喋不休。可是一踏进病房,他就忽然不说话了,好像害怕打破病房的宁静。他满头金发,手里抱着一个小泰迪熊。我和乔尼已经收拾妥当,乔尼裹着一件干净的外套,脚穿一双毛绒袜,我则穿着一件粉色条纹睡衣,抱着他坐在窗边一把大扶手椅上。

第三章 乔尼的出生

"过来,亲爱的,来看你刚出生的小弟弟。"

他腼腆地走过来,不像刚才那么兴高采烈,但看上去满怀敬畏之情,还举起手里的泰迪熊。

"宝宝,我给你带了礼物。"

乔尼沐浴在阳光里,好像不为所动,本把泰迪熊塞到他胳膊下。我把小儿子递给他爸爸,然后把三岁的大儿子抱在膝上。

"妈妈,你什么时候回家?"

"明天,亲爱的。"

"带着宝宝?"

"当然了。他是我们的宝宝,你的小弟弟。我跟你说过的,你还记得吗?"

"记得。"本偎依在我的怀里。一会儿他们该走了,本看上去闷闷不乐。

"明天见!"我说,他又高兴起来了。

"再见,妈妈!再见,乔纳森宝宝!"

回家第二天,我和本一起看电视剧《幼儿园》,边看边用原先装冰箱的纸箱做一辆大卡车。本又剪又粘,还给"车子"涂上颜色,我则用回形针把硬纸板做的刮雨器固定在车头。本很开心,因为妈妈回家了,她还是老样子,每天陪他一起看《幼儿园》,一起做手工。虽然我在艺术方面毫无灵感,我的大儿子却天赋出众。我当过小学老师,水彩画、素描、做模型都会一点;在培养儿子的时候,这些技能都派上了用场。

开始几天乔尼显然对家里的环境十分满意。他躺在特制的篮子里,被我们从一个房间拎到另一个房间,是个让人省心的孩子。就在这一天,我们把纸板车搬到屋外一棵满是花蕾的苹果树下,本钻进车里玩。花园中水仙花正在绽放,白天越来越长,而我正处在产后亢奋期。

怀孕的九个月里我生病不断,总是六神无主,焦虑不安,回想起来简直就像一场噩梦!令人欣慰的是我终于熬过来了。生病的时候我总担心会殃及胎儿,但很多人告诉我，女性在怀孕期间即使历尽各种磨难，甚至遭遇战争和饥荒，她们的孩子落地时还是可以和别人一样健康强壮。有一天清晨，我一边陪本看电视，一边哈欠连连，这时我发现了异常状况。怀孕早期的呕吐反应已经过去，我总是休息不足，每天都睡意蒙眬。本有一搭没一搭地看着动画片，他用积木搭的大船即将完工。这是星期天早晨六点半，鲍勃还在睡觉。本的船做得很出色，每天早晨他搭积木的时候，我都为他精巧的构思、专注的神情和华丽的成果所折服。而最令我自叹不如的是，他总在第二天早晨漫不经心地将积木拆掉重新搭新的。我不停地挠着胳膊，低头发现皮肤上有一处已经发红、脱皮。到了晚上，我发现身上出现大面积类似的红斑。大夫告诉我，这种皮肤病需要六周时间才能消退。这期间我体弱乏力，心里也很难受。幸好当红斑快要扩散到脸上时，六周的期限快到了。

红斑逐渐消退以后，我又开始打喷嚏，体温越来越高，但我说什么也不肯吃止痛片，怕对胎儿不好。夜里我发高烧，神志不清，醒来时分不清东南西北。我们给家庭医生打电话，却来了一位临时代班的大夫。

"你得了流感。多休息、多喝水就好了。还有别的异常状况吗？"

"我血压高。"

"唉，你得流感卧床一周，血压高是正常的。"

得流感期间我头痛欲裂，鼻子出血，后来连续几周一直咳嗽。一天早晨，鲍勃上班之前跟我道别，把还没起床的本丢给我。

"你别走呀。"我有气无力地说。

"你会好的，"他答道，"让我妈妈来帮你吧。"

我跌跌撞撞地下床，发烧让我头晕目眩，又重重倒在床上。我躺在那里，屋里一阵天旋地转。最终我还是以一种大无畏的牺牲精神强迫自己起床，熬过了一天。

家庭医生认为我可能得了百日咳。每一天对我来说都是折磨：起床时浑身无力，就寝时精疲力竭，几乎要失去知觉。怀孕八个月的时候，有一天我醒来清了清嗓子，结果咳出大量黄色黏痰，想必是受了感染。我几乎起不了床。后来我带儿子去了一趟镇里，我们从一家玩具店出来的时候，我觉得我快撑不下去了。于是我去找大夫，他做完检查后温和地说：

"我给你开些抗生素。"

"不行，我怀着孩子呢，不能吃抗生素。"

"你得了胸膜炎。"

"那会怎么样？"

"如果你两周内不痊愈就会得肺炎，到时你生孩子会很危险。"

我让步了，吃了药，身体很快就康复了。

生完小儿子我又回到了家，陪着蹦蹦跳跳的大儿子和我的新生儿，生活又步入正轨。我相信接下来不会有什么过不去的坎。怀孕期间我一直生病，乔尼出生时磨难重重，但他似乎都挺过来了，没受到什么影响。有一天，我开车把本送到游戏场，停好车，拉着他的手送他进去，怀里的小宝宝则伏在我肩头。游戏场在一间旧教堂里，里面光线昏暗，眼睛得慢慢适应。教堂的主厅里摆着攀爬架和大型玩具，蹒跚学步的孩子们坐在玩具小汽车和玩具火车里，绕着布道坛行驶。另一侧用柱墙隔开，里面杂乱地放着画架，桌子上堆着橡皮泥或装有各类玩具的箱子，还有一些地方铺了地毯，放着书和一箱一箱的玩具。这是给孩子们安静看书、做手工的地方。游戏场的妈妈们都过来看我怀里的小宝宝。

"孩子还好吗？看他长得多可爱！"

"好着呢。他跟他哥哥就像一个模子里印出来似的！我们家又多了一个小宝贝。"

日子一天天过去，我把乔尼出生的那个夏夜逐渐淡忘了。

我坐在餐桌旁备课。原先我在学校兼职代课，后来学校要求我全时间工作，我就辞职了。但眼下我们生活比较拮据，所以一得知鲍勃所在的学院有工作机

会——每周上一天音乐课——我就毫不犹豫地去了。我一天给六个班上课,一遍又一遍复述同样的内容。我意识到如果每周都这样讲我会发疯。第三节课上到一半,我已经不记得自己讲了什么,哪些还没讲。为了改善生活,我努力工作、备课。乔尼老老实实坐在地板上摆弄一筐子的书,自娱自乐。窗外淅淅沥沥地下着雨,光秃秃的树枝随风摇摆。乔尼已经不再像他哥哥了,在我不知不觉中,他悄然变化着。他沉静、乖巧,一个人玩也能心满意足。他一直没有要爬的迹象,八个月大时,他要坐还得倚着靠枕。见他一个人在那儿"读书",我深感内疚。我本来应该陪他一起玩,给他念书、唱歌,激发他各方面的兴趣。幸好他也能自得其乐。相对于运动能力的滞后,他的语言能力发展得很快,也很完整。我听人说,刚出生时不会呼吸的孩子都很晚才会爬会走。既然乔尼在某些方面表现突出,其他方面的问题应该也不大。别人告诉我他会迎头赶上的,像他这么大的孩子还有的是时间发育。他过得很快乐,我也花了很多时间陪他。所以,工作我还是继续干着。

有天清早,乔尼躺在垫子上,我正给他换尿布。他冲我笑,高兴得手舞足蹈。他的小脸圆圆的,腿上肉乎乎的。我想,他确实到了应该四处走动的年龄。他还是那么讨人喜欢,眼睛更蓝了,一头浓密的金色卷发取代了渐渐脱落的黑发,和他哥哥一个样。他之所以手舞足蹈,是因为我正在一遍一遍练习唱歌,以便教给学生。考虑到班上学生的多元文化背景,我也在自学一些以前不太熟悉的加勒比歌曲。

"向前跑,小伙子。"我唱着,"向前跑,小伙子。"

我胖乎乎的宝贝抬起头,用一双湛蓝而清澈的眼睛望着我,随我唱道:"向前跑,小伙子。向前跑,小伙子。"

他的歌词和音调都准确无误,这对这么小的孩子来说真是不可思议!我心想:"兴许他还不会爬,但说不定我们家会出一个音乐天才!"

第三章 乔尼的出生

  转眼到了圣诞节圣诞老人给孩子们送礼物的时候了。起床后孩子们首先检查了长筒袜里的宝贝,然后我们就穿好衣服下楼。我拉开窗帘,早晨的空气清爽、干冷,远处淡蓝色的天空微微发亮。今天外面是另一番景象,但并不影响我们的计划。起居室弥漫着松脂的香味,圣诞彩灯在昏暗中闪烁着,充满梦幻气息。圣诞树下礼物堆成小山,等着给我们惊喜。我把乔尼放在长沙发一角。他九个月大了,但还是要有东西支撑才能坐起来。他喜滋滋地半伸着舌头,因为最近正在长牙,所以总是这副样子。我给他穿了条深蓝色的棉绒背带裤,还有一件蓝黄条纹的套头衫。他看着真惹人疼,而且笑个不停。刚才他在长筒袜里掏出一个铃铛,现在兴致勃勃地一直摇。他收到的很多礼物都和音乐有关。本迫不及待打开各样礼物的包装,把新玩具一一展示给弟弟看。这时一个木琴出现了。

  "乔尼,快看,这是圣诞老公公给你的礼物!"

  我让他坐在地板上,把靠垫放在他背后。他举起两个小木槌,伸开腿,边敲木琴,边重复别人对他过说的话。他哥哥则拿起另一对小木槌和他一起敲,两人开怀大笑。

  我们把所有的礼物都拆开了,包装纸遍地都是,地上还堆满积木、小汽车、玩具衣服,以及各种叮当作响、用来敲敲打打的小东西。该吃饭了,乔尼马上就会坐进他的高椅,津津有味地吃火鸡、土豆泥、肉汁和胡萝卜。两个孩子都玩得意犹未尽。乔尼坐在一堆乱七八糟的圣诞礼物中间,嘴里叼着一个塑料玩具小酒桶。他是我心爱的宝贝,他爱他的哥哥,喜欢他的礼物。他不会爬又怎么样?在我们眼里他完美无缺。

第四章
乔尼的上学生涯

我最担心的是乔尼能不能走到操场对面。在没有儿童推车的情况下,他还从来没走过这么长距离。他四岁大了,连这点路都走不了,我怕学校会不要他。这是城里唯一一面向自闭症孩子的教育机构。我很清楚,尽管时下风气强调要吸纳不同群体,但乔尼在主流学校里非但跟不上教学进度,也无法得到恰当的帮助。这家面向自闭症和语障儿童的教育机构隶属本地一所小学。机构里的人告诉我,他们必须要确定乔尼可以跟得上其他孩子的步调,然后再接收他入学。我拉着乔尼的手,心里默默祈愿他能成功,又笑着跟负责运营这家机构的两位女士谈起他的状况:"他被诊断为自闭症,但我对此不是很确定。他过去讲话讲得很好,现在也还能说一点。我的意思是,有些话我们以为他早就忘了,但有时他又突然脱口而出,很出乎我们意料。"

我看了鲍勃一眼,想让他证实我的话。他点了点头。

"我们猜想,他并没有真正丧失语言能力。他会好多天不开口,忽然间又说出一个长句,而且用一些我们意想不到的词。我们以为他已经把这些词忘了。"

"这完全有可能,说不定在我们的帮助下他会重新开始讲话。请问是谁做的诊断?"

听了我的回答,她和另外一位老师交换了下眼神。

"那位大夫说他不具备学习能力,可我已经教会他拼图、整理东西,还教他从一数到十了。"

她们笑着点点头。

这一天天空又是灰蒙蒙的,正值早春时分,天气温和但天色阴暗。尽管乔尼走得很慢,他最终还是走到了操场对面。我们进了学校,我和他爸爸都稍微松了口气。这里一共有两间教室,一个小班和一个大班,教室里很多设备都不错。我们坐在两间教室之间的小休息室里。他们给乔尼几本书让他看。

"拖拉机。"他口齿异常清晰地说。我真想亲他一下:"多好看的拖拉机。"

"他在我们这里会有进步的,"班主任老师说,"我们会跟他一起努力。"

有位助手从办公室里出来,给我们倒上咖啡。所有人都那么友好,那么善解人意。连我对诊断结果提出的质疑,她们也报以理解。

到了休息时间,她们邀请我们留下来观摩。大班的孩子们都穿着校服,和不穿校服的小班学生坐到一起,围成一圈,我们也坐在他们中间。乔尼在拍打他的玩具船,这时我看到两位老师又交换了下眼神。这里一共有四个女孩,十个男孩,里面有一对双胞胎,长得一模一样。助教给孩子们端来牛奶咖啡,她见到我就热情地冲我一笑。孩子们都很听话地接过咖啡。那对双胞胎不说话,眼睛盯着天花板。后来他们悄悄溜出座位,但很快被拉了回来。

"理查德,罗伯特,这可不行。我们都知道,要好好坐着,等大家喝完咖啡,是不是?"

他俩一副坐不住的样子,但还是勉强待着。大班的一个女孩开始给大家发饼干,她可能有九岁,长得很漂亮。她小心翼翼地跟其他孩子说话:"卡尔,这是你的饼干,请拿好!"有一瞬间我很奇怪她为什么会在这里,尽管她看上

也挺紧张，语气有些不自然。发完饼干，她还在那里站了一会儿，胳膊肘朝上，双手僵硬地叉着腰。

"坐下吧，萨丽。谢谢你！"

她迟疑片刻，看了看老师，然后才坐下来。

茶点之后孩子们又开始活动。一些大班的孩子继续读书，小班孩子有的继续给大幅图画上色。助教坐在双胞胎身边，一边说话，一边轻轻举起他们的手指着相应的图片，但他俩的目光都在别处游离。我们动身离开的时候，值班老师把我们送到车前。学校外面是一个小操场，有篱笆把它和总校的操场隔开。操场铺了价格昂贵但相对安全的塑胶地面，还设置了很好的攀爬架。

"看上去相当不错。"我说。

"是的，本地的游乐场每年为我们举行一次盛会，费用他们出。我们结识了很多朋友。"

她还告诉我们，另外一家慈善机构也给他们提供资助，让孩子们每周玩一次充气城堡，孩子们很喜欢，这对他们也很有好处。

"我们从不向自闭症低头。有些父母怕孩子得了病会在家里惹麻烦，就拿那对双胞胎的父母来说吧，他们家的屋子空空如也，怕孩子打碎东西，或者爬到家具上去。"

"天哪。"

我觉得她跟我说这些，对我几乎是一种奉承。

"我能看出你不是这样的母亲。"

"当然不是，我只是觉得这样对乔尼不妥。"

几周后，学校又让我们过去。我故意把乔尼的玩具船留在家里，结果他拿了一个玩具拖拉机在嘴里啃。我怕他手里没了东西会大喊大叫，就没把拖拉机拿走。这天天气温暖，阳光灿烂，一路上我们看到两边的水仙花都盛开了，树上也花团锦簇。学校全体成员以及一些孩子的家长都坐在外边的草坪上，他们高兴地接待了我们。

"他可以坐这儿。"带小班的女老师说。

她紧紧牵过乔尼的手，他还没反应过来，就已经和其他人一起坐在草地上了。我默默祈祷，让他好生待着，出乎我意料的是他果然很乖。学校正在给孩子们颁发游泳证书和纪念品。真不敢相信这些孩子能游这么长距离，实在太令人佩服了。大家都在拼命鼓掌，有的孩子咧嘴笑了。那对双胞胎对颁奖仪式无动于衷，但有人拉他们起来，牵他们的手去领证书。我暗自纳闷，他们到底是怎么教会这两个孩子游泳的！后来，乔尼被带进教室，我则跟一个孩子的母亲攀谈起来。

"这里对他们而言真是再合适不过。卡尔的进步很明显，简直让人难以置信。医院大夫让我们别期待过高，但现在他逐渐好转了。我们琢磨着他明年就能进正常学校上大班了。我们从来没想过老师能把他哄下水。他过去怕水怕得不得了！"她把儿子的二十五米游泳证书紧紧攥在手里。

"那可真棒！"我说。

"你的孩子是什么时候被确诊的？"

聊天中她告诉我，这里的教师有朋友在大学工作，所以可以借用那里的游泳池。过了一会儿老师们还告诉我，等乔尼的哥哥因学校教师集训不用上课的时候，可以随时跟乔尼他们去游泳。事实上，他平时只要有空都可以到学校来。她们这么说让我特别欣慰。

"他们俩都很喜欢游泳，"我说，"尽管乔尼手臂上还得绑救生带。"

"他很快就能游泳了，您放心等着吧。"

每天早上一醒来，我就盼着今天能有消息。几周后我们接到电话，学校决定在复活节后接收乔尼，只要他满四岁就行。

学校每天派出租车来接乔尼上学，还有助教陪同，助教人挺好的。开始的

几个上午我也跟着去。但在老师的强烈要求下,乔尼全天由学校接管,我不再插手。这个过渡阶段和他哥哥相比要短得多,但校方这么做想必有他们的道理。他们介绍了很多他们在自闭症孩子身上取得的成果。他们说乔尼不是彻头彻尾的自闭症患者,他有这个倾向,仅此而已。他们会帮助他恢复正常。于是我开始幻想他几年后可以上主流学校。这里的环境对他来说显然再合适不过。他们表示不希望孩子旷课,即使乔尼状态欠佳也不行,而且学校的生活不会让他太难过。

我们开始了钟摆式按部就班的生活。每天早上我叫两个孩子起床,让乔尼穿上衣服。他晚上睡觉还要用尿布。要让他自己提起裤子、套上鞋子很不容易,他总是慢吞吞的。至于让他自己拉拉链、系鞋带、扣扣子甚至按扣子,那是想都不用想的。学校的老师很不赞成我什么都替他包办,而我也明白应该让孩子学会独立生活。我带他去卫生间,把尿布拿掉,把屁股洗干净。刚起床的他头发凌乱,睡眼惺忪。

"宝贝,把裤子提起来。出租车马上就来接你了。"

你肯定以为他不会理我。但现在如果做个测试,你百分之百会发现他照我说的做了。他盯着远处,拍打着他的玩具船。学校里绝对不允许他带这样的玩具船,所以要把船拿走又是一番心理上的较量。每天早晨,我都得轻轻把小船从他的手里抽开,递给他一块糖果。来接他的助教帮我哄他。她也明白,要是他把玩具船带到学校就麻烦了。

他每天离家的时候都很开心,但他的自闭倾向却不见好转,反而日益严重。他说话越来越少,甚至连语言模仿也不常见了。他的脾气也越来越难以捉摸,和之前那个安静听话的宝贝彻底判若两人。起床后让他自己做什么事情都是一场较量,我要顶着压力在出租车来之前让他准备妥当。他在晚上的表现也没有改善,尽管一般情况下他还是很惹人怜爱。他会持续拍打着他的玩具船,"嗷嗷"叫。他很喜欢看睡前故事,在换衣服的时候也能乖乖听话,但他做这些事的时候都毫无角色意识。我现在怀着第三个孩子，身心疲惫。学校的老师希望我能遏制他自闭症行为的发展。他们要我主动出击，争取让孩子早日摆脱病症，但我心有余而力不足。

在一个风和日丽的周六，是本的学校举办夏季盛会的日子。这次活动的主题是电视剧人物展示，我们费了好大功夫给他准备了化装服。本要装扮成埃德娜的模样，戴着菖蒲花和鲍勃用硬纸板做的花饰，纸板上了色，粘在一副眼镜上。我们在院子里给他试穿的时候，隔壁有学生出来围观，一看到他都笑了，羡慕不已。他最喜欢的一位电视剧演员将莅临本地剧院，特地抽出几个小时给优胜者颁奖。本一想到自己可能胜出就兴奋不已。我正在孕晚期，穿着宽松的孕妇装。乔尼则穿着小短裤和带黄色条纹的T恤衫。他一定会喜欢旋转木马和充气城堡的，我想。这样的日子总是让人振奋，何况今天天气这么好。我们肯定会碰到很多朋友，还能买到冰激凌、游戏用具和鲜花。孩子们可以在学校操场上疯跑，不必担心会出事。我不再用婴儿车推着乔尼，打算让他练习走路。我不再把他当小婴儿一样娇惯着了。

一切都很顺利。本如愿地获胜了，两个孩子都吃了冰激凌，我买了一些花。乔尼骑旋转木马的时候一直放声大笑。整个下午校园都沐浴在灿烂的阳光里，抬头可以看见地平线上绿树林立。我们和朋友攀谈着，向他们报告我怀孕和乔尼上学的情况。乔尼跑去玩充气城堡了，刚好有人跟我说话，我稍微转过身。这时我感觉有人在我手臂上扯了一把。

"抱歉打扰一下，请问那是你的孩子吗？"

我转身一看，见孩子们在气垫上随着音乐蹦蹦跳跳，兴奋地大笑、尖叫，手拉着手，试图在下落的时候一沉到底，然后再跳起来。

"你看他——我的意思是，他可能会受伤，孩子们活蹦乱跳的时候踩到什么都不知道。"

在一群乱哄哄、上蹿下跳的孩子中间，有个小男孩躺在塑料垫上，当其他孩子又跑又跳的时候，他的身子也上下颠簸着。他把玩具船举在手里仔细端详，不顾自己的脑袋随时会被其他人踩到。船舷上挂着的蓝色小鱼随着孩子们的蹦跳和音乐的节拍在他的脸上晃过去、晃过来……

门铃响了，我开了门。乔尼被助教牵着，出现在门口台阶上。看样子今天状况不好，助教的脸色很难看。

"今天出了点状况，你可能要给他换衣服。"

乔尼轻声抽泣，这是他晚上难受、发火的先兆。他哥哥见状躲得远远的，这情有可原，可我还是禁不住悲从中来。虽然知道不明智，我还是把他抱起来。我本不应该再拿他当婴儿看待，更不应该在孕晚期还抱这么沉的孩子，何况他一闹起来很可能拳打脚踢。我只是想在他发作前把他抱进门，让他安静下来。我在他卧室里给他换衣服，发现他大腿内侧红得发肿。他身上还有股味道，于是我给他洗了澡，敷上保湿霜。我猜他今天肯定是尿裤子了，但一般不会肿成这样。我拿了些饼干给他，读故事给他听，最后他终于平静下来了。今天真是逃过一劫，要知道我们并不总是这么走运。

在一个凉爽的夏天傍晚，我一个人和孩子在家过夜。鲍勃去伦敦的一所大学出差，明天凌晨才能回来。我出生没几周的小女儿在客厅的婴儿车里睡着了，那里几乎漆黑一片。尽管她时不时发出声响，我还是希望她在下次喂奶前能安静睡上一觉。两个小子在楼上，乔尼听了几个故事就打瞌睡了，本在听磁带。我也累了，刚刚洗完餐具，倒了杯葡萄酒想静静地坐一会儿，享受片刻的安宁。谁知刚喝到一半，我就听见乔尼在房间里轻声呜咽，一下子我就有大难临头的感觉。每到这时候我总是指望他慢慢恢复平静，但他往往不可避免地闹将起来。他的抽泣声越来越大，并且伴随着东西碰撞的声音，他开始吼叫。我知道他又要在屋子里四处乱窜。我站在楼梯底端听着，希望他能安静下来，虽然明知这

不可能。忽然女儿"哇哇"哭起来，该给她喂奶了。刚开始她只是轻声啼哭，接着就扯起嗓子大哭，显然是饿坏了。楼上嚎叫声和东西碰撞的声音越来越大，也越来越频繁，本将录音机调到最大音量。我孤立无援地站在楼梯口，眼看一个小宝宝哭着要吃奶，一个自闭的孩子在痛苦中煎熬，拿不定主意可以让哪一个先哭一会儿……

今天对我们来说就跟过节似的，因为有一家社会机构为我们提供暂托服务。我们去那边参观过好几次了，还有几次让乔尼独自待在那里。这家机构有一所很大的房子，坐落在乡间小路尽头，还带着很大的院子，里面有攀爬架和蹦床。有些到这里来的孩子用不着这些设施，他们躺在毛毯上，把玩具互相扔过来扔过去，有时候胳膊挥舞着没来得及接，玩具就打到脸上了；有的孩子被绑在轮椅上以免摔下来。工作人员对孩子很有爱心，跟他们说话时声音轻柔而不失风趣。为了搞清楚乔尼喜欢什么、不喜欢什么，了解他的生活习惯，工作人员颇费了一番心思。他们来我们家看他住的地方，和我们还有他哥哥聊天，也花时间和他待在一起，陪他玩，给他读书，取得他的信任；他们也去他的学校向老师了解情况；他们还了解到他爱听什么音乐，爱喝什么饮料。现在乔尼要去暂托中心过夜了。我跟他说明要去的地方，给他整理好行装，把他的泰迪熊、玩具船和最喜欢的书都打包进去。按照计划，他早上照常上学，放学后直接被送到暂托中心，第二天早上再由校方把他接走。为此，鲍勃买了牛排来庆祝，我们还准备了瓶葡萄酒，盼着这天晚上可以轻松自在、不受干扰，睡个安稳觉。

晚上八点钟，汉娜睡着了，本在床上看书。我们在桌子上点了蜡烛，放了爵士乐。到目前为止没有人给我们打电话，所以应该一切正常。家里平和安静，几乎有一点冷清。鲍勃还在做饭，我打扫完卫生，把乔尼的衣服和玩具统统收起来。乔尼的房间里静悄悄的，最后一丝晚霞落在他的托马斯火车头鸭绒被上，也落在他的枕套、火车图片、玩具车上。书架是我给他整理的，上面摆满了玩

具拖拉机和挖掘机,衣帽钩上的裤子和夹克在夕阳的余晖中拉长了影子。我闭着眼睛在床上坐了半晌,心想着乔尼现在是否平安无事,不知不觉就满眼是泪,哭得不能自已,我想念我漂亮的小宝贝,希望他一切安好,希望他从未离开过家。

第二天早上九点多快到十点的时候,家里电话响了,是暂托中心的琳达打来的。琳达是位年轻女士,是乔尼最主要的看护,昨晚上肯定是她给乔尼盖的被子,还给他读故事书,在睡前拥抱他。电话里她的声音显得焦虑不安,我马上警觉起来。在听乔尼的消息之前我通常有这种感觉。

"我想告诉你们昨天的情况。不必担心,一切都正常。他表现很好,一点也没有不开心,已经高高兴兴地去上学了。"

"没有问题为什么还打电话呢?"我暗自思忖,"如果仅仅是为了免得我挂念,那她考虑得真是周到。"可是直觉告诉我,一定出了什么事。

"我们打开他的包,发现玩具船不在里面。"

"是吗?"我想象不出这是怎么回事。我记得很清楚,玩具船是在包里的,"我已经放进去了,我很确定。"

"我知道。我当时就想着你肯定给他带了,所以给学校打了电话。"她压抑着怒气,声音很生硬。我一头雾水,忧心忡忡。

"原来玩具船在学校。"

"你说什么?"

"他们检查了他包里的东西,把玩具船拿出来了。"

"什么?"

"于是我们去把小船拿回来了。"

后来学校再没动过他的东西。每周一个晚上,外加每月一个周末,乔尼都会去暂托中心过夜,这已经成为惯例。去中心对他来说像一次又一次的小型旅行,到了那里还能玩攀爬架,似乎他也很乐意待在那里。中心准备了大量失禁护垫,也乐于给孩子更换。他们还制定了周到的看护计划,能及时发现哪些事情会成

第四章 乔尼的上学生涯

为孩子难过、哭闹的导火线,并尽可能加以避免。乔尼和同岁的欧安共住一屋。第一次见到欧安的时候,我还纳闷他为什么要去暂托中心,但后来每见一次,都觉得他有所变化:他的脸变胖了,说话也不清楚了。他和乔尼会在一起"咯咯"地笑,直到深夜。有一回他们把粪便抹到墙上。中心的人告诉我,他俩都觉得这样十分滑稽。我还见过欧安的妈妈,人很好,但看上去郁郁不乐的。

转眼乔尼的五岁生日到了,我们准备给他和他学校的小朋友提姆一起办一个生日联欢会,因为提姆的生日也快到了。我做了一个泰迪熊生日蛋糕,提姆的妈妈做了一个火车蛋糕,上面涂有"提姆和乔尼"字样的糖衣。提姆个子很小,不怎么说话,他的爸爸、妈妈还有哥哥陪着他一起到我家来。院子里开满了水仙花,但有冷风,所以我们都待在屋里。我们吃了果冻和冰激凌。我点燃生日蜡烛,大家一起把两个男孩扶到凳子上站着。

我说:"孩子们,现在吹蜡烛。"

他们犹豫了一会儿,提姆的妈妈又说了一遍:

"来吧,孩子们,把蜡烛吹灭。"

我们唱起生日歌,他俩吹了蜡烛,却不看蛋糕一眼。两个哥哥一个妹妹为了让他们的兄弟能参与进来,都在聚会上极力表现。他们打开生日礼物,兴高采烈地叫着;他们递过包裹,拉起乔尼和提姆的手,在音乐终止的时候帮他们拆开礼物包装;他们摆弄着玩具,可爱得让人心疼。为了让这两个孩子开心,我们都竭尽全力。

一般来讲学校也会给孩子过生日,有聚会也有蛋糕。

"你们不一定非得办聚会,如果你们不想。"两位老师告诉我们,"他可以在这里过生日。"

但我们还是年复一年给自己的孩子举办生日聚会,烤蛋糕,点蜡烛。有几次也和其他同学合办,一次是在城郊农场,本还表演了魔术。还有一次在别人

家里，萨丽领着孩子们从斜坡上跑下来，紧紧拉着他们的手喊道："加油！别跟娃娃似的！"

听她说话这么有板有眼，我们几个当妈妈的不由会心地交换眼神。后来，孩子们在吃茶点，我们也一起喝咖啡。这时萨丽的妈妈对我说，她认为我的状况不及她困难。我目瞪口呆。

"什么？"我差点叫起来，心想她说这话什么意思。萨利说话、穿衣、阅读都没问题，多有出息啊。

"可是萨丽永远无法独立生活——她怎么做得到呢？她的生活不至于不能自理，但她会一直依赖我们。她很清楚自己和别人不一样，已经开始问，为什么她不能和其他孩子一起搭伴上学。她也意识到她不明白别人说话的意思，意识到自己总是把事情搞错。"我看着乔尼用勺子吃果冻，很多果冻都滴到衣服上了，但他还是笑嘻嘻的，吃得全神贯注。也许萨丽妈妈是对的。

大夫建议我们接受家庭援助服务，我对此非常抗拒。我不想给我们家贴上"问题家庭"的标签。可是我确实需要帮助。我已经筋疲力尽，分身乏术，而且沮丧透顶，没想到抚养孩子对我来说成了一场硬战。我决定试一试。有一位女士和我联系，向我保证跟她会面是明智之举，她也不会给我们贴任何标签，因为她知道自闭症孩子有多难带。我后来才知道，她曾经在伦敦和一位著名的心理学家一起完成一个有关自闭症儿童家庭的研究项目。她有爱尔兰血统，人很好，很聪明，和我有共同语言。她首先观察我们整个家庭，接着去学校探望乔尼。很快，她决定先从我着手，提出每周来看我一次，跟我聊聊乔尼的表现，也可以聊任何我感兴趣的话题。

"我管他管得太细，包办了太多事情。"

"学校里的人似乎也这么想。但我认为你做得非常出色。"

"是吗，他们是怎么说的？"

"一旦乔尼有什么事做不成,他们就一直盯着我看,好像在暗示这是你的责任。"

"他晚上睡觉还要裹尿布。"

"他才五岁,还得了自闭症。"

"你确定吗?"

"当然。你能让他白天不尿裤子已经很了不起了。你最后一次睡安稳觉是什么时候?"

"大概三年前吧。可他原来是会说话的,而自闭症儿童一般一生下来就不会说话。"

"天哪,三年!你是怎么做到的?"

"我也不知道,我只是该做什么就做什么。可他到底为什么是自闭症?"

"我有一篇关于后天性自闭症的文章,你可以读一下。"

她来家里拜访我,我们坐在起居室里"嘎吱"作响的沙发上,孩子们在旁边玩,周围摆满了玩具。本和汉娜时不时过来向她展示自己的书和玩具模型、洋娃娃和泰迪熊;他俩还把我们坐着谈话的样子画下来送给她,她郑重其事地说了声"谢谢"。乔尼躺在他的帆布游戏房里,拍打着玩具船,显然在学校一天很累了。

"你的玩具真不少。"她说。本给她讲了一个笑话,她笑了起来。

我开始和她每周约谈一次,谈乔尼也谈我自己。想到再过几天又能见到她,我也有了动力去处理生活中林林总总的大小事情。

每一年,乔尼学校那两位教师都要带孩子们去爱克斯摩国家公园野营。学校里展示了很多野营的照片,其中有一个孩子站在峭壁下,周围浪花四溅,孩子欣喜若狂。我想让乔尼也去。

"我们不能带那些还裹着尿布的孩子。"

"那只是在夜里,白天没问题的。"

"我们不打算给孩子换尿布,他要是去的话必须单独住,我们这里不是托儿所。"

严格来讲,他用的不能算尿布,不过是残疾儿童的失禁护垫。每月我都要去本地医院的失禁服务中心,运回一车护垫。他们非常友好,也乐意帮忙。有几次我试着晚上睡觉前不给他裹护垫,结果夜里只能频频起身,不停换洗衣物和被褥,这让我心灰意冷,疲惫不堪。可是,为了不让他掉队,我必须再试一次。

我跟负责人说明乔尼的状况,他不以为然地盯着窗外。于是我答应每天晚上把乔尼叫醒,带他去厕所。有时我做到了,但有时叫醒他以后,他要尖叫哭闹几个小时,让我不知所措。他还是一如既往地尿床,我一天晚上要换四五次床单。乔尼筋疲力尽,怒气一触即发,像一颗定时炸弹。有时我能让他安静下来,有时却只能看着他发作。他的被褥被我洗了又换,换了又洗。后来乔尼着凉咳嗽,一连咳了好几周。有一天,他咳得停不下来了,我看他病得太厉害不能上学,就告诉来接他的助教,我打算让他在家里休息。一小时后,电话响了。

"乔尼怎么没来?"打电话的是值班教师。

"他今天上午身体确实不舒服,我让他在家里休息。"

"我们说过的,这种情况我们对付得了。"

"我怕孩子受不了。"

"你在惯着他。"

"对不起,但我觉得他病得不轻。"

"明天送他来上学吧。不然他会以为,他只要吸吸鼻子说自己感冒了,就可以旷课。"这时乔尼又咳起来了。

家庭治疗师帮我联系了失禁服务中心,于是一名顾问跟我见了面,提了一些问题,我跟她说明了情况。她沉默了一会儿,问我:

"你儿子五岁了?"

"快六岁了。"

"他有自闭症?"

"是的。"

"能说话吗?"

"不太说。"

"自己能穿衣服吗?"

"需要别人帮着。系鞋带、扣纽扣之类的事情都不行。"

"白天他不尿裤子吧?"

"是的。"

"那晚上尿床有什么关系呢?你能让他白天不尿裤子已经很了不起了。"

我给她解释了野营的事情。

"他可以不去啊。"

"可我不想让他掉队。"

她很温和地说:"我认为你晚上还是给他用护垫吧。你们俩这样下去会累垮的。把自己搞得筋疲力尽,有什么意义呢?他有其他更严重的问题,用护垫不过是小事。"第二天晚上,我从地板上清除了一滩粪便。第三天晚上我又给他裹了护垫,夜里我们都好好睡了一觉。

我联系了一位教育心理学家,他安排了时间约见我和乔尼学校的老师,以及总校校长。我第一次见到这位女士,她还不知道乔尼是谁。乔尼学校的老师自认为,她们很恰到好处地让"自己的"孩子和总校的孩子保持一定距离。心理学家把所有人介绍了一遍,然后请我说明来由。

"我想让乔尼和其他人一起去野营。"

"我们不能带还裹着尿布的孩子去。"

"不是尿布,是失禁护垫。医院的人建议我晚上继续给他用这个。"

"那他就不能去野营。"这时校长警觉地观察事态发展,什么也没说。

"这样对他不公平。其他孩子都可以去。"

他们互相对视了一下:"我们可以让他去,但不会给他换尿布。"

"好吧。"我说。心里想:"你们看着办吧。"

乔尼离开我们五天了,周五他回来的时候我们都去接他。一想起又要见到他,我就心潮澎湃。我多么希望他玩得开心,能见到大浪。我想象着水花溅到他身上,他纵声大笑的样子,想象他因为看见一望无垠的大海,手臂和双腿激动得发抖。

"既然他们能让怕水的孩子学会游泳,兴许也能让他晚上不尿床。"我心想。我们到了学校,孩子们在另一个屋子里,一个一个地出来被家长领走。乔尼出来的时候我吃了一惊,他冲我跑过来,看上去精疲力竭。

"他过得怎么样?"

"很好。"

他们随即转过身,热情地问候其他家长。本给了弟弟一个拥抱,我们接过他的包一起上了车。出校门的时候,我转身把玩具船给他,他紧紧抱在怀里。我们转到回家的路上时,他开口说:"家。"

那天晚上他把床尿湿了五次。第二天晚上我们又用上了护垫。

接下来的每个晚上,我总在刚迷迷糊糊进入梦乡的时候,就被他的抽泣声弄醒,晚上的一番折腾又开始了,我完全束手无策。每天晚上连续几个小时,我儿子都处在恐惧、痛苦和愤怒之中,甚至自虐自残。每次我都试图缓和局面,试图让他停下来,好让我俩都睡一觉,可是无济于事。他还在呜咽的时候我就到他屋里去,希望不要把本吵醒。他屋里的灯光被调得很暗,显得很恐怖。他在床上打着滚。

"乔尼,乔尼,我的宝贝。"

我用尽可能冷静的声调低声叫唤他,但他没有理会。他的哭声越来越大,而且开始变调,从呜咽变为尖叫。他不再半睡半醒,而是从床上坐起来,把头往墙上撞,手指拼命挠着肚子。我试图抓住他,让他平静下来,他就咬我胳膊,摔倒在地上,用脚踢我,纵声尖叫。每天晚上,我那六岁大、金发碧眼的小宝

贝都仿佛在地狱里走了一遭，我也只能奉陪到底，而且我一靠近，他就用头撞我，把我挠伤。我无奈地闭上眼睛，知道总会等到风平浪静那一刻，就像前天、大前天、以前的任何一天一样。但此刻，痛苦似乎遥遥无期。我爱这个痛不欲生的孩子，他在我想帮他的时候攻击我，我也还是爱他。但我帮不了他，甚至无法靠近他。

风暴终于平息了。他的哭嚷声越来越弱，渐渐停下来，他开始抽泣。头几个晚上，我总在这时把他抱在怀里。很快我发现这样会导致他再次发作。他要气急败坏地哭上一段时间，这时我如果去碰他，哪怕只是跟他说话，都是火上浇油。我必须让他独自面对狂风巨浪，等他哭完之后安静下来，我再把他抱上床去。有时我给他读故事书，直到他入睡；有时就静静地坐在旁边陪着，也不碰他，直到他呼吸平稳。我拖着疲惫的身子回到卧室，至于刚才我在他旁边是否真起了作用，我一点把握也没有。我躺在床上辗转难眠，胸口一阵阵发疼，心灰意冷。有一天早上我醒来，发现我们竟安稳地睡了一个晚上，简直受宠若惊。我帮他做好上学的准备，下定决心再也不让他跟学校的人去野营了。

本去过乔尼的学校好几次。我想他在学校停课的时候能去游泳真是幸运，而且乔尼能有哥哥在身边肯定也很开心。乔尼很快就学会游泳了，我真不知道他们是如何做到的。他很喜欢水，可我从来没能说服他拿掉手臂救生带。这天本不用上学，我以为他会想去游泳，可是当我早上跟他提起来的时候，他却有点不太积极。见我把游泳衣和卫生纸放到塑料口袋里，他低着头嘟嘟囔囔地说："我不想去。"

他看上去和平时判若两人，让我困惑不解。大概他觉得难为情吧，这也是迟早的事。

"好吧。你真的不去吗？"

他点点头。

"你有朋友要出去玩吗？如果他们约了你你就去好了，不必非得陪着乔尼。"

他摇摇头。乔尼被出租车接走了,本没精打采地搭着积木。这次他用很小的积木块搭宇宙飞船,船上还配有小型的灯和操控室。我冲了杯咖啡,坐下来看了他一会儿。

"你为什么不想去?是不是觉得难为情?这也很正常,你不必非得陪着乔尼。"

"他们把我扔进深水区。我讨厌这样。"他头也不抬地盯着手里的模型,"他们说如果我会游泳,就没有理由害怕深水区。"

我俩都沉默了一两分钟。

"他们对别的孩子也这样吗?"

"对,他们就是这么教会他们游泳的。"他停下来组装一个很复杂的部位,"而且我讨厌跟他们一起吃午饭。"

"不好吃吗?"

"反正我不喜欢。"

我不说话了,内心很矛盾,既想听他说下去,又害怕知道。

"如果孩子不正确使用刀叉,他们就用勺子打孩子的手。"

"岂有此理。"

"是的。我要去看电视了。"

我站在厨房里,对着外面的院子发呆。

我们去看孩子们圣诞节的演出——《杰克和豆茎》。孩子们已经排练了几个礼拜了。会说话的孩子都演得很棒。工作人员也费了很大工夫准备了服装道具。乔尼演了一个钱袋子,表现得相当不错,在恰当的时候出场,站到了该站的地方。他穿着麻布做的戏服,上面缝有绿色的钱币图案,帽子也是同样材质的,带着同样的图案。

我纳闷他们是怎么说服乔尼把这些东西戴在头上的,而且他们肯定训练了他很长时间，才让他一动不动在那里站这么久。他和另外一个"钱袋"手拉着手，我觉得他真是漂亮极了：眼睛又大又蓝，头发金黄，小脸纯真无邪，而且他已经一点都不胖了。他抬头看见了我，微微挥了一下手，而旁边的"钱袋"又把他紧紧拉住，直到演完他们那部分。我悄悄地对他招手。外面阳光灿烂。

节目演完以后，我们家长都在吃馅饼，喝饮料，孩子们去了另一个房间。我真想拥抱一下我的"钱袋"，尽管这样做可能让他很难为情，他也不喜欢。学校里有个男孩刚来不久，长着一头黑黑的卷发，能说会道。他妈妈过来跟我们问好，她看起来像个老嬉皮士，衣着艳丽，有一头漂亮的红发。她有五个孩子，我很喜欢她。

"杰克是怎么做到的，他刚才演得真好，你说是吗？"

"嗯。"她看起来很不以为意，"演得好也不出奇，他们排练了好几个星期了。校方还打算明天让总校的孩子来看他们演出。"

"杰克说话说得很好，对吧？乔尼现在几乎不说话。"

"他讲话的确不错，但他还是有自闭症。他的强迫症很明显，头脑常常不清楚。"

她这么脱口而出提到自闭症让我很吃惊。这里大多数人都很忌讳"自闭症"这个字眼，尽管有个别人看不惯。

"乔尼还好吧？"

"你指哪一方面？"

"他不讨厌上学，或者对别的什么事情很反感？"

"还可以。"我实在不想再继续这个话题了。

"你对他在这里的状况不担心吗？"

"不担心。我的意思是，他们有时做得挺滑稽，但看起来确实对孩子有帮助。"

她撇了撇嘴说："我不认为这里会对杰克有帮助，他讨厌这所学校。我正在给他找好一点的学校。"

她走开去拿肉馅饼,我还站在这里。这时校长走过来站在我旁边。

"杰克妈妈看问题很偏激。"她说。

我什么也没说。

"如果家长不配合,我们没办法管好孩子。"

她说这话时,脸上还带着笑容,但我心里一阵发冷。

放假的时候,负责接送孩子的助教请我们去她家吃午饭。乔尼很喜欢她,所以我也欣然赴约。她给乔尼准备了他喜欢的玩具,饭菜也很可口。我们坐在院子里,看着乔尼用水壶和碗玩水。他全神贯注地把水倒来倒去,乐此不疲,阳光洒在他金色的卷发上。这天天气晴朗,院子周围种着一排高大的柏树,树枝在清风的吹拂下轻轻摆动。但我在来之前就打定主意,要把事情搞清楚。想到要打破这片刻的宁静,我内心也很尴尬,但我不想再粉饰太平了。有些问题不得不问。

"请问,在学校里……"

"你说。"

忽然间我意识到她也在等我问问题——这正是她请我们吃饭的原因。她的处境也很为难,可是她不想瞒着我。

"她们是不是……我是想说……她们是不是打过孩子?"

"是的。"

她并不闪烁其词,而是直言不讳。我心里一沉。

"在吃午饭的时候?"

"如果孩子不能正确使用刀叉,她们就用勺子打孩子的手。"

原来本说的是真的。"还有呢?"

"如果孩子尿裤子了,她们就让他湿一整天,给他一个教训。"

怪不得那一回乔尼的大腿又红又肿。

第四章 乔尼的上学生涯

"实际上，她们带孩子外出时要隔相当长时间才让他们上厕所。她们总是自顾自赶路。"

"是的，我知道。"

"她们还不允许孩子中途上厕所。乔尼还好，他不管这一套，自己跑到一棵树旁边解决了。"

感谢上帝，他真是个了不起的孩子。

"但是萨丽就惨了，她憋得脸色惨白，回来的路上一直强忍着。"

"她们不喜欢你，是不是？"

"是的，她们刁难我，想赶我走。但我也没打算逢迎她们。"

第二天，我把乔尼送到暂托中心。我问欧安还来不来，他们告诉我，他已经死了。

杰克的妈妈打来电话问我："能去你那儿坐坐吗？"

我心里忐忑不安，但还是答应了。她看起来忧心忡忡。学校又组织了一次野营，这次真的让他们住帐篷，只带大班的孩子去，杰克也参加了。我有种不祥的预感，杰克妈妈就是为这事找我的。我给她倒了一杯菊花茶，然后坐下谈话。

"你当过老师，对吧？"

"是的。"

"你知道怎么投诉吗？"

"投诉谁？"

"就是那所该死的学校，那些该死的女人。"

"那你得去教育局。"

"他们会把事情掩盖起来的。"

"掩盖什么？"我有点不耐烦。

她掏出了一摞照片。

于是我牵头，让另外两位家长和来自教育局的一位女士在我家会面。我把两位妈妈留在在家里等教育局的人，自己先送本去上学，回到家里时已经忙得上气不接下气。杰克的妈妈——那个老嬉皮士，衣着艳丽，举止放任，倒显得很悠闲。她已经让杰克待在家里，直到有华德福学校空出名额接受他入学（以华德福教育理念为根本，对儿童的身、心、灵、精神进行整体平衡教育。目前国内北京、上海等地都有这样的民办学校。——编者注）。另一位家长是斯蒂芬的妈妈，她坚持每周去教堂做礼拜，年龄稍大，头发整齐地盘在脑后，身着整洁的裙子和针织套衫。我坐在她俩中间。教育局来的这位女士并不打算劝服某一方，而是准备从不同角度了解事实真相。

我喘了口气，给大家倒上咖啡，开始讲我所了解的情况。我讲了野营，讲了尿布的问题，以及他们用勺子打孩子，把他们扔进深水区，还提到乔尼红肿的大腿。教育局的女士一度听得脸色发白，但我能看出她并不完全相信我的话。轮到斯蒂芬妈妈的时候，她拿出了证据。她把孩子哭着求她，别送自己去上学的声音录下来了："不，不要斯密斯老师，不要斯密斯老师。求你了妈妈，求你了妈妈，在家，在家，求你了，在家。"斯蒂芬妈妈说话轻声细语，她向来不喜欢小题大做，也不爱闹事，为人非常低调。今天她依然没有大声嚷嚷，却怒不可遏。

作为我们的核心，杰克妈妈最后发言。毕竟杰克是会说话的，他能告诉父母，别人都对他做了什么，现在他妈妈要把他遇到的情况统统反映给教育局的这位女士。学校老师让孩子走很长的路，当时杰克穿着最喜欢的胶靴，靴子前头还有鸭子脑袋的图案。斯密斯老师说："杰克，这是小娃娃才穿的靴子。大家快看，杰克穿了小娃娃的靴子。"杰克气得跳脚，又哭了一通，脱下靴子扔进灌木丛里，再没捡回来。杰克肯定是穿着长筒袜一路走回来的，他痛得"哇哇"大哭，脚上全是伤口和水泡。教育局的女士听得半信半疑，显然通过学校，她对我们已经有所耳闻。

第四章　乔尼的上学生涯

"杰克有时候说的话也不可靠,是不是?我的意思是,他有自闭症,这也在所难免,但这些事情……"

杰克的妈妈毫不退让,继续说起他们的篝火晚会。当时杰克不小心摔倒在篝火边上,还被烧伤了。

我们默默打量这位来自教育局的女士。她应该是个好人,因为很喜欢孩子、关心儿童福祉才从事教育工作。她得知有家长为孩子忧心如焚,就为我们破了例,特地赶到我家。现在我们终于有机会面对面把事情说清楚,我们也能看出她对听到的情况深感不安,意识到学校的说法并不属实。我们看起来都不是占有欲强的母亲,不像学校说的那样,对孩子不肯放手,妨碍孩子成长。何况给这么小的孩子举办篝火晚会!学校到底是怎么想的?

杰克妈妈乘胜追击,一口气把后来发生的事都讲了一遍。杰克被烧伤以后,学校没有通知家长,而是自己带孩子去急诊室。给他包扎完伤口,老师随即带他回营地,他在那里又待了一整天。她是在第二天接孩子的时候才知道杰克受伤了。杰克当时已经被伤口折磨得苦不堪言,简直让人难以置信。从那以后他就再没去过学校。听完杰克妈妈一番话,教育局的人显然深感震惊。我们和她都明白,只要去急诊室就可以查到相关记录。我们半晌都不做声了。

"也许学校会矢口否认。"斯蒂芬妈妈扬了扬手中的录音带,杰克妈妈则掏出了照片。

那些教师被勒令提前退休。其实她们受到什么处分对我们来说都无关紧要,只要她们从此远离我们和其他人的孩子就谢天谢地了。其他家长压根就不认同我们的立场,相反,我们每次去学校都能感觉到一股深深的敌意。那些教师曾经承诺要帮他们的孩子摆脱自闭症,而我们却冒天下之大不韪,直接导致他们的救星、奇迹的创造者统统被撤换。有天晚上,我在剧院里的观众席里看到了这些"救星",便扭过头去。中场休息时,我坐得很低,怕跟她们打照面。几年后，我在超市碰到其中某位前教师，能做的就是狠狠瞪她一眼。学校里很快换了新的教师，她们心地善良，深谙特殊教育的核心。学校不再创造奇迹了，但孩子们也不必再受残酷的管教。杰克再没回这所学校，他妈妈让他待在家里，直到她看中的华德福学校有名额可以接收他。斯蒂芬妈妈和我也开始为孩子寻找别的学校。

我不记得那个玩具船后来到底怎么样了，也许被我们弄丢了。说不定后来上面的小鱼松动了，掉进了下水道或者凳子背后的缝隙里，或是乔尼把那条将鱼和船连在一起的小链子咬下来了。总之没有了小鱼，拍打起来就不再有意思了。不管小船后来怎么样，我们带他去新学校的时候，它已经不在了。而这时他对拍打的东西也不再挑剔：在外面可以拍树叶、树枝，而且取之不尽；在屋里，他大部分时间会拍打那些"机灵鬼"，过去和现在都是如此。这是一种带着彩色塑料小人的弹簧玩具，可以让它自己跳下楼梯。这种玩具拍打起来弹簧很容易绞在一起，但只要手里还有新的，他也就无所谓。我教过乔尼怎么让"机灵鬼"下楼梯，但他从没这么玩过；他更喜欢把弹簧小人摁住再让它弹开，或者让别人拉住一端，他拉着另一端让它弹回去。如果弹簧绞到一起，他就把小人给我，说"修理"。全家人如今都很擅长在市场或一元店里给他淘可以拍打着玩的小东西。

当我们驱车前往乔尼的新学校时，他正坐在后排，听着磁带，手里拍打着什么东西。这是一所面向自闭症孩子的周寄宿学校。现在的乔尼的的确确是个漂亮的孩子，过去的肥胖已经不见踪影，双腿和其他八岁孩子一样又细又长；头发变成了淡棕色，卷成一个一个大波浪；深蓝色的眼睛还是那么大，眼睫毛长长的；他斜视的问题已经明显好转，体型也渐趋匀称。置身自闭症群体中，我们常常谈起"外人"对我们的一些观点，比如为什么所有自闭症孩子都那么漂亮。我们自己明白，这是因为他们总是看着远处，所以给人神色安详的感觉，

而缺乏表情则让他们显得纯真无邪。他们是我们的至善天使，虽然躯壳与我们同在，灵魂却迷失在圣洁的幻梦与高深莫测的沉思之中。乔尼的旅行手提箱里装着他一周要用的所有东西。在此之前，乔尼也曾离家超过一周，不过那是去暂托中心，因为我们带着另外两个孩子外出度假。现在的情境跟当时非常相似。尽管八岁的乔尼几乎不会说话，对任何变化都极度反感，我们却要把他送到寄宿学校去，从周一到周五他都要在那里生活，一学期接着一学期，他的未来已经可以预见。

我们是经过慎重考虑才决定让乔尼上寄宿学校的。他已经耗尽了我的心力，另外两个孩子却因此长期受到忽视，倍感压抑。何况不管发生什么，乔尼早晚有一天要由其他人来照顾。如果他习惯于依赖我，一旦我体力不支或者病倒，对于他来说就是一场突如其来的变故；即便我的身体能一直撑下去，等我年老体弱或者哪天不在人世了，他也还是要由别人接管；如果事情来得太突然，就可能会措手不及，照顾他的人可能不合适他，或者缺乏经验。所以我决定现在就着手准备，一步一步让他慢慢地学会离开我们生活。而且如果现在就着手，我还能在一定程度上决定由什么人照顾他，让他接受什么教育。乔尼在后座上高兴地拍打着手里的东西，他喜欢乘车出行，直到现在都是如此。我则呆呆地望着车窗外，黯然神伤。

我们看过不少学校，这一所算是最好的了。孩子在这里不可能会受到严酷的管教，也没有人迷信只要意志坚定就能摆脱自闭症的理念。这里不会强迫孩子把尿湿的裤子一直穿在身上，也不会因为孩子闹脾气把鞋子扔掉就让他们光脚走路。斯蒂芬已经来上学了，还有几个原来学校里的孩子也一起转学过来。他们每周一坐出租车上学，周五下午再坐出租车回家，学校放假期间就待在家里。乔尼可以和他们一起坐车，也有老师接送孩子上学，她看上去人挺好。我们做了所有例行准备工作，比如送孩子到学校去几次，慢慢带他参观，反复跟他讲新学校的事，还带他的哥哥、妹妹去看他的新环境。对他们三个来说，这个九

月意义重大——汉娜上学了,本开始上初中,而乔尼也上了周托学校。我最近四年来很少单独出门,总得把孩子带在身边。工作辞了,读书、唱歌、拜访朋友、回娘家等统统放弃,"母亲"成了我唯一的身份。现在,我也找到了一份兼职工作,它的好处是学校放假的时候可以不用上班。

我们原本以为转学会非常简单。既然本郡没有适合乔尼这类孩子的教育机构,就由政府出资让他们去外地上学。大家都这么说,一般情况下也确实如此。他们首先会对要转学的孩子进行评估,然后转学到周托学校的申请会很快通过审批,资金自然也随之到位。当地政府下属的人口流动理事会每周举行一次例会,审批所有由专业人士建议的转学方案。法律规定,政府必须满足未成年人受教育的需求,如果他们靠自身条件无法满足,就必须为孩子另谋出路。可是近来局势的发展却对我们这样的家庭非常不利。这段时间新闻媒体常常抨击政府机构人浮于事、铺张浪费的现象,呼吁政府严格削减财政支出。媒体认为,我们的地产税被地方政府恣意挥霍,用于医疗的税收也打了水漂。这是一场争取权益的战争,社会期待精英分子来力挽狂澜,事实上这样的精英分子并不存在,我们必须为自己而战。

本来我所联系的教育心理学专家已经将建议书呈给政府,建议书中指出,本郡不能满足乔纳森的教育需求,政府应当出资让其转学,进入专家所指定、面向自闭症儿童的学校就读。和当时其他孩子的转学申请一样,这份建议书被否决了。这是闻所未闻的。

我们决定发动更多的人,共同解决这个问题。鲍勃向一个压力团体寻求帮助,这个团体专门协助父母驳回类似决议,他们给我们提供了很多有用的信息。从行动一开始我们就共同进退。我告诉教育心理学专家,乔尼经过教育局认证的特殊教育需求评估表在很多方面都存在严重问题,他的许多需求评估表中都未提及,并引述了教育指导部门的文件作为例证。从第二天起我们就重新起草

这份评估表，跟能想到的每一个人搜集相关记录，将其汇总到评估表中。其结论是不容置疑的：乔纳森需要转入一所面向自闭症儿童的周寄宿学校，同时需要政府在交通和语言治疗方面予以支持。当地政府给我们推荐了本地许多特殊教育学校，它们都接收有严重学习障碍的儿童，我们必须逐家走访，每到一处，都问："请问有没有自闭症孩子在这里上学？"

"没有。"

"请问这里有没有受过专业培训、可以带自闭症孩子的老师？"

"没有。"

在一个阴沉的下午，我们带乔尼走访了其中一所学校。这所学校是新成立的，政府大力推荐，而且学生人数还未招满。我们去见了校长。当时我牵着乔尼的手想让他坐下，他却局促不安地扭着身子。我毫不在意，甚至还心存感激，因为这样可以让校长看到他最真实的一面。我告诉校长，乔尼有行为上的障碍，校长善意地对我们一笑。

"我们对大脑损伤了解得并不多，对吧？"他很温和地说，"我经常在想，我们学校的孩子是否为此而忍受痛苦。"

他是个善良的人，但面对孩子的不幸他也无可奈何。他知道学校不会接收乔尼，但他的拒绝就是对我们的支持。

我们进了一间崭新的教室，里面光线很好，又通风，氛围安静而温暖，还放着舒缓的音乐。教室地面上铺着垫子和毛毯，孩子们都坐在上面。有些孩子很安静，有些则吵吵嚷嚷。一个小男孩在哭，年轻的女老师温柔地摸着他的头安慰他，他看上去有四岁。乔尼跑到窗户跟前，他的脚差点踢到这个男孩的头，让人捏了一把冷汗。

"对不起，"我说，"他有时意识不到还有其他人，动作也不协调。"

"没事的。"

我决定尽量紧紧拉住他。

"你们接收这么小的孩子?"我打量着这个小男孩。他的头很大,两腿弯曲,脖子上戴着围嘴,哭的时候流着口水。

"大卫十二岁了。"

乔尼忽然叫了起来。由于他现在很少说话,往往很长时间都沉默不语,有时我几乎忘了他会这么吵。在这里他看上去个头特别大,声音也很响亮,超过了任何时候。他看起来非常健壮,实际上也是如此。

"我觉得他要是来这儿上学的话,可能伤害到其他孩子。"

"如果他来我们这里,我们肯定会想办法管好他的。但是他可能需要更专业的帮助。"

"是的,"我说,"你说得一点没错。"当然,在能提供专业帮助的学校里都是和他处境相同的人,这些人可能会让他愈加烦躁不安。他们怒嚎、哭喊、打人、尖叫,可能还会忽然用头撞他、咬他。害怕受惊吓的人对他们都避之不及,而乔尼终其一生要与他们为伍。

我们的行动越来越紧锣密鼓,就要到一决胜负的时候了。最终我们和政府代表见了面。我在之前递交的一份大纲中条分缕析地说明,为什么他们推荐的学校不适合乔尼,并且援引了教育指导部门的文件。和他们见面时大家围坐在一起,每个人都彬彬有礼,心平气和。我用低沉的声音把评估表又从头到尾讲了一遍,表情和悦,措辞中肯,只有我能感觉到自己的心在"怦怦"跳个不停。我告诉代表们,我不知道我还能坚持多久。乔尼是我的孩子,但他的需求我满足不了,不仅如此,为了他我对另外两个孩子也有失照顾。教育部门的官员听了我的陈述,也看了我写的书面材料,其中一名官员表示认可我们的诉求。的确,他们无法满足乔尼的需求,所以乔尼可以去我们指定的学校上学。他说话的时候笑得很亲切。

"我个人对这件事非常关注。我正在敦促人员流动委员会把经费批下来,

这样您的儿子就可以转到您指定的学校上学了。"

他真是帮了我们一个大忙，而且在我们来和他们见面之前，事情就已经定下来了。但这对我来说无关紧要，重要的是，我们终于赢了。

我们抵达新学校的时候太阳已经出来了，正是晴朗温和的金秋时节。乔尼和另外三个同学共住一屋。我们打开他的手提箱，里面他所有的东西，包括洗脸毛巾都缝了带有他名字的标签。我们把泰迪熊放到他床上，把每样东西拿给他看，而他只顾盯着窗外或天花板，或者全神贯注拍打东西，很难说他到底听明白了没有。等我们走到一个可以玩水的缸子跟前，他忽然就来了精神，兴冲冲地泼了一阵水。接着，我们又看了教室、游戏场和户外的场地。学校给了我们一个本子，上面介绍了学生的日程安排，他每周五要把本子带回家，因为他一周来的表现都会记在本子上，而我们则要填写他周末在家里的情况。接下来我们又看了烹饪教室，他会在这里学做饭；看了室内游戏场，他可以在这里做按摩或听轻音乐。学校还展出了学生参加健步走、划船等体育活动的照片，以及活动中心的照片，在那里可以玩室内攀岩或蹦床。

"你看，乔尼，"我反复告诉他，"你在这里可以游泳，可以划船。还可以学做饭。"

"他喜欢做饭，"我告诉这里的老师，"我们一起做过生日蛋糕。不过做完蛋糕必须先藏起来。有一次，他把奶奶生日蛋糕上的糖衣都吃掉了。"

除了乔尼，我们所有人都笑了。校长是一位中年女士，面容姣好，头发金黄，化妆得体，衣着考究又不失干练，看上去精力旺盛又和蔼可亲，说话带着北方口音，显得平易近人。最后，她看着我们平静地说："我知道让留他在这里不容易，但这一刻早晚要来。"

我意识到我们得走了。我必须离开乔尼，回家去照顾另外两个孩子。在路上，我昏昏沉沉地睡着了。

  一个周五下午,天气温暖,阳光灿烂。乔尼已经在新学校上学九个月了,今天是他坐出租车回家的日子。周一早晨他是最后一个上车的,而周五下午出租车会首先把他送回家。我一直留神看着门前的小路,以免出租车到的时候让他们久等。我们现在住在一栋小别墅里,有些地方很旧,但很宽敞。房子在山谷里,独门独户,带一个很大的院子,地方不是很好找。刚搬进来的时候,我们花了一千多英镑在四周围了栅栏,栅栏门上还上了很沉的锁,这样乔尼就不会跑出去了,因为栅栏都很高,不容易翻越。我们拜访了周围的邻居,告诉他们我们围栅栏并非为了提防他们,而是因为家里有特殊情况。现在再也没有邻居的孩子趴在墙头取笑乔尼了,早晨也不会有女邻居把车停在乔尼的出租车前面。当时她的车经常没有地方可停,就直接停在路中央,还开着发动机,而其他路过的出租车和救护车都要从那条路经过。那条路的尽头有一所特殊教育学校,专门接收有严重学习障碍以及身体残疾的孩子。我们也走访过这所学校,这是后话。每回出租车过不去,我一抬头都会发现是这位女士的车挡住了去路。她绷着脸摇下车窗玻璃跟我说话。

  "对不起,"我说,"出租车开不进来,我儿子上不了车。"

  "他为什么要乘出租车呢?你们每天早晨都在这里挡路。"

  "他坐出租车去上学。你能否往后倒一点?等他们过去就没有人挡你的路了。多谢。"

  她依旧让车子彻底堵在马路中间,自己则从车里出来,"砰"地一声把车门关上,说:"这条路尽头就有一所给他这种孩子准备的学校。你们和你们的出租车真是让我烦透了。我得去看看我女儿了。"

  她二十分钟后才出来,乔尼终于可以去上学了。

  现在乔尼的出租车再不会被挡住去路了。这条路很窄,而我们家刚好就在路的尽头,地点非常隐蔽。我看到出租车来了,就出门迎上去。负责接送孩子

第四章 乔尼的上学生涯

的老师打开了车门。

"他又睡着了。"

我们对此已经习以为常。可怜的乔尼,每周都要坐车往返。周五下午他已经累得够呛,躺在车上沉沉睡去,醒来时已经到了另一个地方。我们轻声唤醒他。

"醒醒,宝贝。到家了,妈妈带你进去。你可以喝饮料,吃饼干。快去看妹妹去,她已经放学回家了。"

他甩掉我的手又沉入梦乡,车里面其他两个孩子开始不耐烦了,他们还要坐一个小时的车才到家。我把他抱下车,他终于醒了。出租车开走的时候他在我怀里开始尖声喊叫。他打我,想要挣脱我的怀抱,而我的力气现在已经不如他了。他挥动双臂,朝我猛击,我只好放开他,他躺在地上,拳打脚踢,大喊大叫,喊声在夏日午后的空气中回荡。我尽力安抚他,把他一点点往家门口挪,他对我又抓又咬,时不时还冒出一些他也不明白的只言片语:

"面条,帘子,帘子拉上了,夹克衫,喝水。"

"要喝水没问题,宝贝,进了家门就能喝水了。"

他继续吐着词语,尖声叫着,声音越来越大,越来越口齿不清。

"出租车,果冻,饼干,安全带系上,面包,水。"

我好不容易拖着他往家门方向走,他却不断耍性子又躺在地上,就这样折腾了一个小时。最后我终于把他抱进家门,到了门前的垫子上他又躺下来,开始了新一轮的折腾,继续尖叫着,我坐在厨房的餐桌前哭,女儿焦急地站在我身边。这时有人敲门,我们的邻居出现在门口。

"你们没事吧,我们能帮忙吗?"

我赶紧把眼泪擦掉。其实在这种情况下谁也帮不了我。他忧心忡忡地看着我,不知所措。

"不用不用,你别担心,一会儿就没事了,真的。"我笑着说,"真的没事,他不过是累了,很快就会平静下来的。"

丈夫和大儿子到家的时候,乔尼正坐在桌子旁,笑嘻嘻地吃着茶点。

周末的天气很暖和。周六下午我拿出浇地的水管让他们喷水玩,因为这样很安全,而且在院子里玩再合适不过。从我家院子到梯田上、树林里,漫山遍野流溢着绿色,草坪无边无际,上面点缀着菊花。院子大门锁着,孩子们高兴地叫着、喊着,穿着游泳衣、举着雨伞四处跑,互相喷水。

"该你了,乔尼。"他们把水管递到他手里。乔尼拿着水管来回喷水,高兴地尖声叫个不停。他把水喷到攀爬架上,喷到滑梯上、小房子上,也喷到他哥哥和妹妹身上。他一边挥动着水管,一边用手拍打着水流。即使他们从他手里把水管拿走了,他还是高兴地拍着手,在水花里跑来跑去,放声大笑。

星期一早上,我们到外面去等出租车。我们的大院子是乔尼理想的游戏场所,不会打扰任何人。里面有一个攀爬架,一个跳床,可以放得下一个充气水池,过生日的时候还可以玩充气城堡。院子周围有很多树木,一条小径蜿蜒到乡间小路上。导航工具不太容易定位到我们家,所以我们走到大马路上去等出租车,这样他们也比较省事。一路上我跟迎面走过的人打着招呼,乔尼则一边喊叫一边拍打着东西。九年来,我一直努力摆脱尴尬,坦荡荡地带着儿子出现在公共场合。我带他去游泳、逛公园和游乐场、观看焰火、坐火车、乘公交,我们向世人表明,自闭的乔尼也是这世界的一分子,他们必须正视这个现实。而对于不可避免的打量、侧目、评论和责难,我也渐渐有了应对的策略。患自闭症的是乔尼,但为了他,我常常要避免与人四目对视。

乔尼上周寄宿学校有三年了。他每次上学和回家总是很折腾,周末和节假日对我们也是一大考验。这是一种奇特的生活,周末比周间更累,没有喘息和休憩的机会。我想这就好比一位母亲刚生完一个小孩,又接着生下一个,如此终其一生。在学校里乔尼游泳、划船、攀岩、玩蹦床,还可以做足部按摩,或

是躺在多感官治疗室里,里面有很多光导纤维、坐垫,放着轻音乐,还可以擦精华油。他的病情发展渐趋平稳,语言和行为障碍都不再恶化,我们对他的状况也不再手足无措。学校把他照顾得很好,他也不那么容易暴躁了。他有大量机会练习如何与他人交往,也学到了一些生存技能,这正是他所需要的。他出去买东西,等着人给他找钱;他还去咖啡馆,学会了怎么等服务员,并以正确的姿势坐着吃东西;他练习过马路、学习做饭,也学了一些手语。在别人的敦促下他也能自己穿衣服了,但至今不会系鞋带;他仍然不用牙刷刷牙,而是把它咬在嘴里,也几乎不会用绒布毛巾擦脸。我教过他数数,但再往下他就不会了,不过数数对他来说又有什么用呢?

十二月我们去看他们的圣诞节演出。那天天气有雾,开车不方便,但这不能阻挠我们看表演的决心。在乔尼上学期间,我们从未缺席他任何的活动,总是尽我们所能大力支持,试图回报学校对乔尼的关怀。演出非常隆重,是一出哑剧,其中有许多不同的场景,配有音乐和滑稽剧。有一位教师也上场了,穿着古怪的戏服,演得非常入戏,几乎不顾及所谓的尊严和形象。我在想:他们会让乔尼演什么呢?肯定不会像上次那样强行让他穿着袋子服装,一动不动地站在那里。最后,他终于出场了,和一群小丑在一起,穿着很漂亮的戏服,妆容也很出色。没有人强迫他在头上戴什么东西。小丑们小跑着入场,乔尼和其他人手牵着手,我不十分确定他是否真的乐意参加演出。随着马戏团的音乐,他们把硕大的皮球抛来抛去,然后跌倒在地。

接着我见老师拿出了一个小蹦床,就知道接下去要表演什么了。这真是明智之举,让孩子们大受鼓舞。乔尼喜欢弹跳运动,他玩蹦床的时候最开心不过了。他现在正随着音乐上蹦下跳,穿着漂亮的小丑服装,乐不可支。在演出的最后,孩子们和参加表演的教师都在舞台上挤作一团。有些孩子知道节目演完了,有些还不知道。这时乔尼在想什么呢?这次演出对他而言是否只是一次奇怪的经历,而他一生中这样的经历已经数不胜数？今天晚上,在圣诞演出和圣诞颂歌中,他充分展示了他的能力和他的缺陷。工作人员看上去累得够呛。当我们在薄雾中慢慢地驱车回家时,乔尼在后排酣然入梦,盖着他的托马斯火车头鸭绒被。

接着又到了圣诞节,家里一如既往地热闹非凡。到中午吃饭的时候,地上已经满是玩具、纸片,孩子们兴奋到极点。汉娜已经忙不过来了,她得了一个鲜红色的立体声随身听和一个硕大的洋娃娃,既想试这个又想玩那个,这时电视上还放着电影《神秘博士》,声音很响。本一边看着电影,一边摆弄着手里的魔方。乔尼静静地坐着,身边全是礼物,因为他的礼物总是特别多。我手把手帮他拆开礼物,汉娜和本在一旁心急地观察他的反应。"他喜欢不喜欢这个礼物,妈咪,他喜不喜欢？"因为他们发现我代乔尼拆礼物时,他心不在焉地盯着别处。

"是的,宝贝,他很喜欢,只是礼物太多有点不知所措了。过后他会慢慢玩的,别担心。"

接着他又偷偷溜过去吃圣诞树上的巧克力装饰,只留下锡纸,同时笑嘻嘻地转动红色的多面球。要是这时有阳光照进来,屋里就会有很多细长的红色光线也随之跳跃,特别好玩。等他吃完晚饭,另外两个孩子一边慢条斯理吃着饭,一边等着上甜点的时候,我拿出了特地给他准备的礼物——一张《幻想曲》影碟,因为我希望有一些东西能让他集中注意力看上一段时间。或许这也是知其不可为而为之吧。

"影片里一定不能有说话声,"我想,"但必须有音乐、色彩、动态画面、光影变化和旋转效果。"可是谁知道我的良苦用心会不会反而把乔尼激怒呢。

那两个孩子在客厅里看午后电影剧场,算是休息一下,等一会儿继续玩。奶奶和他俩坐在一起,三个人的头上满是彩包爆竹的碎片。圣诞树下空荡荡的,礼物都被拿光了,剩一堆松树叶子。我们则在厨房收拾餐具。刚才我在后房打

开了视频，留下乔尼自己在那儿。我想，乔尼很讨厌别人吩咐他做这做那，所以我最好装作漫不经心，不要表现出任何企图，也不要跟他多说什么。我时不时朝房间里看一眼，确保一切正常，也说服了其他人不要打扰他。只见他手里拿着本旧书，翻开封面拍打着书页。他头上什么也没有。等清理完厨房，我又朝房间里瞄了一眼，心想他可能很快会觉得无聊，还是让他干点别的吧。我对他本来也没指望太多，只当他一直在拍打书本。没想到，他居然跪在电视剧跟前，手里拿着书一动不动。在音乐声中，屏幕上的色彩、光影、动态画面和旋转效果随之变幻。乔尼看得入了迷，显然很享受我送给他的礼物。

乔尼即将离开学校的时候，有很多人给他送别，场面很感人，也有人流露出莫名的难过与遗憾，觉得他们对乔尼的帮助与他们的预期还有些差距。这让我感到不自在，尽管我也很难解释为什么。乔尼是自闭症，他的病将与他如影随形，这是无可改变的事实。而当人们同情他、为他感到难过的时候，我也往往会被他们的情绪感染。他们希望他能改变，希望漂亮的乔尼可以摆脱自闭症。有时乔尼的表现也会点燃他们的信心，比如他有时会用一种特别的眼神看着你；比如他说话做事有时会出人意料，尽管同样的情况后来再没出现过；比如他有时会紧紧挨着你；他大笑和自娱自乐的方式，还有很多别的表现都会让人以为在他身上会发生质的变化，但结果总是让人大失所望。

很快乔尼就要转入学期寄宿学校了。之前他周末回家的时间让我们越来越不堪重负，因为他总是苦不堪言，无所适从，得等到要回学校时才能平静下来。我常整晚整晚在他房间里陪他，对他的情绪已经能够应付自如，也能最大限度减少他的痛苦，而不被他伤着。他现在十一岁了，很快就会比我高，我要确保他的举动不致太过凶暴，不致伤害到他的哥哥和妹妹。大多数情况下他们也都对乔尼的无理取闹处之泰然，还表现出让人惊羡的同情心和幽默感。我一直和他们谈论乔尼，满以为他们有一天会觉得难为情，不想让乔尼出现在自己的朋友面前。我想让他们知道这是无可厚非的，也不会让乔尼难过。但我并没有等到这一天。他们告诉我，乔尼是他们的兄弟，如果他们的朋友不能接受这一点，就算不上朋友。而他们的朋友也出奇懂事，对此似乎心领神会。两个孩子都告诉我，他们不会羞于让乔尼见到其他人，他们真正担心的是他会伤着我。

乔尼已经和他的老师同学一起参观过新学校，他们还为他制作了一个相册。我们去参观的那天也拍了照片。我们渐渐习惯了借助照片和视频向乔尼预告即将发生的事，从而帮助他克服对未知事物的恐惧。乔尼很喜欢这些东西，他可以安安静静待上很长时间，观看关于自己和家人的视频，或者翻阅相册，乐此不疲。鲍勃和我去看新学校时它还在施工当中，还能看出它原先是一所布置十分随意、已经弃置不用的私立小学，但这里即将改建成一所豪华的寄宿学校，专门招收那些最难管的孩子。我们非常喜欢这里。我们知道这是让乔尼入学最好的时机，因为学校还没建成，还有许多名额。乔尼在现在的学校只能上到十六岁，而到了这个年龄其他学校是不会接收他的，因为到时他正值青春期，又和其他孩子大不相同。本来像他这样的孩子只要在十九岁以下都可以接受特殊教育，但如果我们不早做安排，最后三年就会找不到学校。所以我们决定让他提前转学，何况像这样的机会不可多得。当时正赶上当地政府改组，这意味着给我们做评估的是新换届的政府。所以建议书开出来以后，我们不必再像上次一样费心费力，转学申请就直接获批了。这真是一份大礼。

新学校开始接收学生的时候，我们全家人都去参观。比起原来的学校，这所学校离家更远，开车需要很长时间，沿途还有许多弯弯曲曲的乡间小路，每次去参观，我们最小的孩子和我家的狗都要晕车。学校坐落在一个风格古朴的海滨小镇上，这里有海滩，可以买到冰激凌，有小山和古堡，有蒸汽火车和角子机，有自然保护区和渡口。乔尼要上的学校就在海边的悬崖上，带着操场和花园。学校针对每个学生制订了个体关怀计划，这里的工作人员也把乔尼当成一个男孩，而非一个难题来对待，这在以前的学校是很罕见的。透过学校的每一个窗户几乎都可以看到无边无际的大海。我们参观了学校的宿舍、澡堂、教室、游戏室、厨房和体育馆。这里的大部分家具都是当地一位木匠的作品，材料是坚实的松木，也很好看。校舍的墙上都挂着印象派画作。老师们和三个孩子聊天，只有两个搭理了他们。乔尼没有不高兴，只有在体育馆那时有点恼火，因为有人给他扔来一个球，他没想到要接住。他喜欢学校的木制滑梯和攀缘架，还不停看窗外的大海。他的兄妹都不敢相信他有这么好的运气——一所在海边的学校！

但最妙的事情不是大海，而是导师朱莉，她就如暗中的明灯，又如一扇敞开的窗，阳光可以透过她照进学生心里。乔尼开始上学期寄宿学校的时候是十二岁。我们全家去学校参观那天就见到了他的个人导师朱莉——在乔尼的受教育生涯中，朱莉是第一个把他当成一个人、而非一个问题的导师，而且她非常喜欢乔尼这个人。朱莉常常往笔记本上记东西，也和本还有汉娜开玩笑。她很留心地观察乔尼，吃午饭的时候，她总是静静地坐在乔尼身边，等乔尼觉得跟她在一起很自在，才开始说话。她真是了不起。久而久之她和乔尼形成了某种联盟，这种联盟形成的几率恐怕连许多自闭症专家都要提出质疑。他们一起玩的时候总是"咯咯"笑个不停，她念书给他听，教他自己照顾自己。她一进房间，乔尼就喜笑颜开。乔尼再也不是一个自闭症病人了，而是一个了不起的小男孩，他的幽默感令人称赞，意志坚强，对音乐情有独钟。他喜欢按自己的方式做事，其他人不也是这样吗？谁乐意到了青春期还被人当成孩子？

孩子们被分成不同的"家庭"小组，乔尼感觉很好。他在这里的日子当然也是喜忧参半，也有不如意的事发生，但他大多数时候过得很幸福，也在不断进步。

后来，我人到中年的时候开始了新的职业生涯，也为此接受了培训。教员

提到了认知功能退化引发的症状,并称之为"非正常世界里的正常行为",这时我想起乔尼在这间学校度过的时光。尽管那段日子并非完美无缺,他的看护时常更换,水平也有差别,但大部分时间是由两名天赋突出的老师来照顾他,而这两名老师恰好也持这样的观点。是的,乔尼生活在他自己的世界里,他的所作所为在他的世界里是可以理解的。要想帮助他,让他过得幸福、有尊严,关键在于接受自闭症这个事实,帮助他驾驭恐惧以及超负荷的感官刺激,帮助他约束那些会给自己和别人的生活造成麻烦的行为。但千万不要试图强迫他成为另外一个人,或者假装自闭症对他来说并无大碍。

一旦我们正确看待自闭症,不再把它当成一种心理疾病,就有希望把它控制在一定程度以内。这所学校在教学中试行了一种源自美国的新兴教育模式,其效果有目共睹。这套方案涵盖了乔尼各方面成长的需要,包括自我管理、认清事物关系、有秩序地处理问题,特别是学会做事不要半途而废,而最后一点对他的生活来说尤为重要。以前当乔尼发现这件事做不下去的时候,就会想很多别的办法"完成"它,比如把正在洗的东西扔出窗外,或者把眼前所有东西都收起来。

现在他有一张桌子,上面放着一块写字板。每天早晨他会在别人的帮助下,在写字板上把一天要做的事用符号按时间顺序画出来,每个任务后面都安排了他喜欢的活动作为奖励,活动之间还要标出休息时间。桌子的左边是一个收纳筐,里面放着当天的任务,每个任务都装在一个塑料包里,上面的图案清晰地描述了任务内容,这样乔尼就不会产生困惑,以致焦虑不安。他每完成一个任务,就把东西放回塑料包里,转到桌子右边的收纳筐中。这套程序对乔尼非常有效。他并不总是乐意做别人要求的事,但其他人不也一样吗?至少他知道自己应该做什么,知道怎么着手做一件事并且把它做完,还知道他完成任务以后会得到某种回报。更重要的是，他开始体会到学习和实践的乐趣，开始有了成就感。

时至今日，当时的突破仍然让我们受益匪浅。现在乔尼一旦辨认出他熟悉的情境，就知道该怎么做了，这时他总是喜形于色，显然在想："我知道这是什么，这件事我会做。"这些我们都看在眼里。现在他也会在一旁"监视"我们洗餐具，确保一切都按正确的程序进行，然后把餐具擦干，收回原处。他给自己的奖励是把餐具垫放进抽屉之前可以把水挤在上面再擦干。他擦桌子，收起桌布，干活的时候既沉着又不亦乐乎，显然很高兴看到自己顺利完成了一些任务，可以继续做别的事情了。

类似方案被广泛用于学校里乔尼活动的地方：总是会有图片挂在那里，说明当天的日程安排，其中工作与闲暇活动交替进行，按部就班。乔尼还要在周末做早餐，当然有人在一旁指点，但大部分时候是他自己做的。周间他则要给其他所有人摆好座位。他学习刷牙、洗头、用吸尘器打扫房间。一旦他明白如何做一件事并把它做好，就能从中体会到无穷的乐趣。他过得更轻松了，开始能够表达自己的需要，过去的许多恐惧在新环境中都烟消云散。随着他在表达需要和自我管理方面的信心逐渐增长，他的焦虑也就逐渐减少，行为愈加沉稳，人们因而也更容易看到他的幽默感和个人风格。

后来他搬去和一些年龄稍大的学生同住，他的个人导师开始通过电子邮件给我们发来乔尼日常生活的照片。现在我可以打开电脑看乔尼刚刚做了什么，这实在是一件很美妙的事情。我看到他在汉堡店笑得很开心，看到他在生日聚会上玩传包裹的游戏，还看到他做早餐的情景。在一系列连拍的照片中，他还主动跟一个坐在身边的同学闹着玩，把书放在自己头上逗她开心，而她也成功地被逗笑了。于是乔尼一遍又一遍把书放在头上让它掉下来，然后两人坐在一起"咯咯"笑个不停，像好朋友一样。想不到他能这样主动跟别人闹着玩，能跟别人互动交流，还表现出如此的幽默感，这在十几岁的自闭症孩子中实在非常罕见，因此这组照片还被发表在一些刊物上。我几乎可以感觉到摄影师在屏息凝视，为了将这一瞬间定格下来，以见证他令人赞叹的幽默感以及洞察别人快乐情绪的能力。每天早上去教室的时候，乔尼通常不跟其他人一路，而是小心翼翼地在围墙边沿着楼房绕一圈。这是他自己的路径，与别人迥异。

他开始送报，有人在后面小心翼翼地跟着，但他很尽职尽责，总是一丝不苟地把报纸叠好，放进信箱里。他也得到一份小小的报酬，存入建筑公会银行。他散步、参加生日聚会、种花、做饭、坐帆船、玩蹦床，还特别喜欢骑马。很大程度上他接受的是一种特权教育，因为他从事的许多活动都是其他孩子梦寐以求的。与此同时，他依然总是想着把厕所里每一卷卫生纸用完，常常因此导致马桶堵塞。一旦把所有卫生纸都丢进马桶，他就冲洗剩下的硬纸管，把它撕成碎片，扔进垃圾桶里。他喜欢观察水流，倒水的时候往往会故意让水溢出来流到桌子上，再淌到地板上。偶尔有人能说服他，倒满就够了，这时他也会把杯子全部满上，边缘不留一点空间。

我们上午十一点半抵达乔尼的学校。每隔三个礼拜我们都来看他，带他出去玩一天。我们开了一辆很有趣的小货车，带三排座，后排没有门窗，算不上是客车。这样我们就可以带乔尼出门，确保在我们开车时他不会打到别人，拉开门跳出去，或者朝外面扔东西。曾经有一回我看到我们的几页地图册和一些羊毛状的东西飘落在后面的双行道上，由此意识到，有乔尼在的时候车里必须保持整洁。我们要开两个小时的车，沿途风景很美，但车速也慢得让人不耐烦。礼拜天的早晨要让所有家人都早起，在九点半以前准备停当真不容易，但或许是内疚感让我下定决心每次都准时到达。乔尼早已准备好在门口等着，看到我们都来了，他喜笑颜开，随即穿上外套，爬到他的座位上。我们也都坐好，拉

上车门。

"安全带,安全带。"

"对,乔尼,"本答道,"我们都要系好安全带。午饭前去公园怎么样,荡秋千?"

"秋千。"乔很开心地说。

本现在长大了,不怎么荡秋千和玩滑梯了,弟弟妹妹荡秋千时,他就在背后推着。他提心吊胆地看着乔尼,担心他掉下来,或是忽然不高兴,对人暴力相向。"很快地,"我想,"他就不能常来了。"他得和朋友一起玩,温习功课,平时疯狂准备各种考试,到星期天才能喘口气,毕竟这些都是他受教育生涯的必要组成部分。不过到目前为止我们还是都来看乔尼。随后我们又从公园出来,去吃中午饭。乔尼仍然喜欢美食,这家餐馆也算得上我们的一大发现。作为海滨旅游胜地,这个地方规模相对较小,除了旅游旺季,其他时间依然营业的餐馆不多。这家餐馆则全年营业,生意也很红火,我们常常坐在靠窗的位置,这样就可以看到大海。餐馆的伙计也认识我们了。小镇上的居民对学校里这些年轻人已经习以为常,也乐意为他们提供方便,毕竟他们给当地居民招揽了不少生意。跟我们比较熟的一名服务员今天也在,她笑着把我们领到一个靠窗的位置上。午饭很可口,乔尼一直兴致勃勃地看着窗外,只见海浪拍打着海滩,海鸥在空中盘旋。

服务员问乔尼:"请问您要炸薯条,还是烤土豆?"他已经要了熏腿和菠萝,这会儿正顾自看着外面的海浪。

"乔尼。"我轻声叫他。

"啵!"这是他的回答。

他生气了,因为我打扰了他。

"你要炸薯条吗?"

"啵！"

"还是要烤土豆？"人家肯定觉得我不够体贴，没有耐心给儿子解释。但我没有那么多时间和精力一遍遍告诉他们，话语会让他迷惑、苦恼，因此我说话越简短越好。

"薯条还是土豆，乔尼？"本又问。

"啵！"

"你得选一样啊，乔尼。"哥哥追问。

"啵，啵！"他更生气了。

"我们要炸薯条。"我干脆替他点了。

我自己又要了土豆，这样每样主菜都有了。不过乔尼很喜欢吃薯条，特别是带番茄酱的。他先把薯条全部吃完，然后吃菠萝，再吃熏腿，接着还吃豌豆。我带另外两个孩子去看有什么甜点，我们猜乔尼会要冰激凌，就给他买了。吃饭时他哪怕已经吃饱、没胃口了，也会强迫自己把所有东西吃光。有时他吃多了，就会把东西呕吐到地毯上。

一般天气炎热的时候我们就去海滩，当然去海湾里坐船是最激动人心的。乔尼和我都很喜欢坐船，尤其是天气晴朗的时候，这时可以看到碧蓝的大海上涌起雪白的浪花。每当水花溅到我们身上时，乔尼总是激动得浑身颤抖。到了冬天，特别是海风刺骨、各种娱乐设施都暂停营业的时候，要找一点乐趣就不那么容易了。不过今天是个温暖的秋日，我们打算去坐火车。

"走，乔尼，我们坐火车去。"汉娜说，"蒸汽火车。"乔尼唯一的反应就是加快了拍打东西的速度，但我们都知道这是满意的表示。看来今天去坐火车是个正确的选择，何况周末往返于城堡和小镇之间的机车正好翻修一新。车站是仿古风格的，贴满五十年代的海报，成堆行李的雕塑随处可见。一到十二月份，圣诞老人就会再度降临，给小朋友分发糖果，给成人送雪利酒。今天正

好有蒸汽机车爱好者穿着连体裤工作服游行,许多游客都来参观。我们刚上火车,汽笛声就响了,我们坐进自己的小车厢。去古堡的路足有五英里,一路上绿树田野绵延不绝,天际是一轮红日,在秋色中,它的光芒并不耀眼,又被火车喷出的蒸汽罩上一层薄雾。

"挠痒痒,挠痒痒。"

乔尼忽然兴奋起来。他可以在上一秒还懒洋洋,下一秒又极度亢奋,还要他的哥哥、妹妹陪他玩他最爱的游戏,给他挠痒痒。为了让他高兴,他俩开始挠他,不消一会儿,乔尼就扭着身子"咯咯"直笑。

"挠痒痒,乔尼,挠痒痒。"

我看着他们也笑了,却不无担心。他个头比汉娜大得多,而有时他的亢奋情绪距发怒只有一步之遥。不过幸好今天没出状况,一直风平浪静。到站的时候,我们好不容易在车门关闭、火车返程的前一刻说服乔尼下车。车每半小时来一趟,所以我们还有时间可以逛一逛。

"宝贝,快走。"我几乎是拽着乔尼往前走,因为我们不是开车过来的,所以必须催他赶路,还要照顾他的情绪。"要不要买甜点?"本和汉娜一听马上激动起来。

"买吧,妈妈,买吧!"

他们都加快了脚步,连乔尼也不例外,我们一起进商店挑选糖果。我赶紧买了一包装进口袋里,准备用来哄乔尼走回车站。我们慢慢沿着斜坡走到古堡,它高高矗立在乡野之间,虽然只剩断壁残垣,却非常引人注目,而且被国民信托组织很好地保护起来。这也意味着里面肯定有设施齐全的残疾人厕所。现在乔尼已经长成大小伙子了,却还是个需要人照顾的孩子,带他出门确实不方便,因为我不能带他去男厕所,带他去女厕所则要遭人侧目,可又不放心让他自己去上厕所。

"你带其他人先走。"我对鲍勃说。孩子们马上跑开了,打算爬到顶上去。乔尼走路总是很慢,除非他忽然决定要跑。我不想勉强自己去催他跟上,就和他两个人慢慢地朝吊桥走去。他站在那里一边观察吊桥底下的万丈深渊,一边拍打他找来的一片树叶,显得心满意足。这时其他人也往回走了。

在回车站的路上,我时不时拿出一块糖来,走在他前面,他必须加快脚步才拿得到。就这样我们到了车站,坐上蒸汽火车顺利返回。

"快点,乔尼,我们到了,该下车了。"孩子们总是很耐心地跟他说话,但他就是不想动。他满腹牢骚地哼哼着,不耐烦地甩开他们的手。我让他们先去把着车门,免得我们又被送回城堡去。最后我用糖果把他哄下车。一上站台他就看到一个长凳,马上飞奔过去。

"你去把我们的车开过来好吗?"我问鲍勃,他答应了,留下我和三个孩子坐在那里。我给两个孩子一些钱,让他们去买冰激凌。很快他们就欢天喜地地回来了,手里拿着三个甜筒。

"冰激凌快化了,乔尼。"他们对他说,我则用婴儿湿巾把他蹭在衣服和脸上的冰激凌擦掉。他喜欢甜筒的脆皮,总是先从下面开始吃。当然要是弄得一团糟,他也会发脾气的,所以我尽可能看好他,不让化掉的冰激凌全部淌下来,虽说这也是无可避免的。

一回到海边,我们都坐下来吃我买的三明治。这里可以看到小狗在溜达,因为现在不是旅游旺季,小狗是可以带到沙滩上来的;还能看到孩子扔飞盘或是放风筝;偶尔还见得到借助盖革计数器寻宝的人。今天最后一站是我们最情有独钟的地方——电子游乐场。冬季暴雨滂沱、海浪越过堤岸袭击海滨广场的时候,游乐场就成了我们的天堂。这里地方很小,适合一家人一起玩,只要我们别玩得太过分,费用也不会太高。汉娜喜欢坐这里的小型电动车,本则喜欢玩弹球机。对乔尼来说,最好玩的当然是我们身边这个角子机。我们将一英镑

换成满满的一杯两便士硬币,我站在机器旁乔尼的身边,一次递给他几枚。他迅速把硬币放进投币口,看着来回滑动的硬币盒将硬币收走,他完全被迷住了。机器下面悬垂的口袋渐渐被撑得越来越大,忽然铜币都落进机器跟前的储钱箱,发出一阵"啪哒啪哒"的声响。

"乔尼,你赢了不少。"我提醒他。他这才转移视线,把赢的钱收起来,又赶紧把脸贴在玻璃上,斜着眼睛一动不动地看里面的机关,看来他是激动坏了。也许我们根本用不着那些两便士的硬币,只消站在这里就能看到硬币盒来回滑动。但只要有可能,我们还是按照正常程序玩一遍。

从游乐场出来,我们送乔尼回学校。有人正在值夜班,他静静地走进校门。

"再见,乔尼!"他的哥哥和妹妹想吻他一下,给他一个拥抱,但他宁愿我们马上就走。他不喜欢这套告别的仪式,因为它正好处在两个世界交汇的边缘。

"再,见,"他说,"再,见。"

我们离开学校,沿着弯弯曲曲的小路驱车回家。一路上我们给孩子放着音乐。汉娜睡着了,我则看着沿途的树木和田野,见小山和村庄上空缓缓升起一轮新月,不禁悲从中来。今天过得很愉快,虽然疲惫,但一切很顺利,我们全家聚在一起却没发生意外状况或其他骇人的事件,这样的时间还是很难得的。可我却难以摆脱内疚的情绪,仍然渴望能把所有孩子留在身边。毕竟把孩子交给其他人照顾是让人相当难过的一件事,我也是过了数年才渐渐释然的。

但别的时候出门就大不一样了。时光飞逝,我重新开始工作。开始是兼职的,后来转成全职,而且工作的要求非常高,覆盖的地区范围也很广,经常要驱车到西南部各郡,那里有隶属于我们慈善机构的残疾人中心。虽然乔尼现在整学期都在学校寄宿,但家长的负担依然不轻。学校里每个学期都是一样长,中间每个假期有三周时间,这样一来学生和家长都不必为漫长的暑假感到烦恼。

但尽管如此他的假期还是不少,而我如今不再从事教学工作,不能跟学校同步放假。我的工作时间很长,为了不离开孩子太久,我稍微有点闲暇就驱车回家。多亏假日加班可以调休,加上有时让乔尼去暂托中心,这样总算能撑完一个假期。我感觉自己一天里每时每刻都在忙,不是工作就是带孩子。

有个周五晚上,我得去乔尼学校附近的一个地方开会,并在会上发言。一大早我就起床,带他出去玩一天,晚上再去开会,回到家的时候已经是夜里十二点半了,但这一天我们过得很愉快。让我从学校路过却不去看他我办不到。一年后,我在乡村进行为期一周的宣传,却安排不出看望他的时间。开车经过城堡、又从后面绕过小镇的时候,我不禁潸然泪下。当时同事们正在和救助对象谈话,我却不得不离开。不过后来又有一天——那天天气晴朗,气候温和,景色也很美,海滩上悄无声息——我带着乔尼在马路伸进海滩的一小段岔路上停下来,我坐着看书,乔尼用铲子挖土。这时,我忽然听见他口齿清晰地说:"游泳时间到了。"

他抓住了我的手——这几乎是前所未有的——我们一起奔向大海。我们俩都穿着蓝色的衣服,他穿一条小短裤,我穿鲜亮的泳衣。我们跑进水里,纵声大笑。他任海水把自己淹没,一会儿钻到海浪底下,一会儿又浮出水面,头发湿淋淋的,另外两个孩子看到了一定会吓坏的。我们一直踏着浪,直到他说:"野餐。"不一会儿我们就坐在席子上,吃香肠,喝汽水,身后是一排海边的棚屋。后来,我在会上谈起这一天的情况,其他人都用同情的眼光看着我,尽管他们自己的残疾也日渐严重、不断恶化,可能他们在过去的年岁中对疾病所知甚少、也不曾想象过,直到有一天他们发现自己不能正常走动,或是手脚不停颤抖。有些时候,人就是如此善良,让人难以置信。

乔尼回家过假期的时候,我必须提前准备,计划好每一天的活动。我们需

要户外活动，因为如果待在家里甚至是院子里，乔尼都会很快厌烦，其后果是不堪设想的。我尽量在他回家之前就拟定路线图，因为只要他在，我就几乎不可能有时间思考问题了。很难跟人描述当看护到底有多少苦衷，因为你已经完全融化到别人的生活里去了，几乎意识不到自己的存在。

乔尼在学校时各种活动总是排得满满当当：游泳、玩蹦床、骑马。他放假的时候，我特别希望我们能在院子里坐上一天，也这么试过，但行不通。只要有事情能吸引他几分钟的注意力，我就会视这段时间如珍宝。这会儿，我听见弹球滚进塑料管子里，碰撞时发出清脆的声响，最后落在箱子里。本每天都给乔尼做不同的玩具，这时乔尼正坐在卧室地板上，往塑料管子里丢玻璃球，全神贯注地观察它们的运动。这给我留出十分钟时间做中午饭。早上多亏他在浴缸里乐不可支地玩了三十分钟，我才有时间洗漱穿衣。在此之前他在浴缸里洗了自己的床上用品，然后扔出窗外。

早晨如果我不能及时赶到卫生间，那么我这一天的头一件事就是去外面拾掇湿漉漉的枕头、床单和羽绒被。如果他半夜醒来，我就会在清晨四点钟去院子里收拾这些东西。衣物被洗洗丢丢成了我们家的插曲，我也渐渐习以为常。

每天早上，我都会拿出他的衣服哄他自己穿，然后又不得不放弃努力，帮他穿好。我在他所有衣物上都缝了他的名字，可他一旦发现这些标签，就会用牙扯下来，吐到地上。我带他去公园，喂鸭子，在矮墙上走平衡木，看火车，他还从凳子上往下跳。他已经长大了，所以其中一些举动会招来其他孩子异样的目光。他很喜欢雄伟的建筑，所以我们经常开车去威尔斯看天主教堂，给大主教宅邸的天鹅喂食，在那里的小餐馆吃饭。我们去游泳，去奇遇游乐场游玩，去逛集市，还去放风筝。乔尼放风筝的时候，常常会在最后把线也松开，所以我们看着一个又一个风筝飞得没了踪影。我试过把风筝的线系在他手腕上，但还是被他解开了。我们的生活就是这些内容，周而复始。我也试过让他待在家里。

我给充气水池装满水,可是不到十分钟他就把池子推倒了,还站在一边入迷地看着"大水"涌向棚子。如果我把水池放在草地上,他就踩进踩出,不一会儿水池就成了泥塘。我支起桌子,放上塑料容器和一碗水,他却把水倒掉,把所有东西统统扔到栅栏外面去。

再次搬家的时候,我特别担心乔尼适应不了。显然我们必须趁着他在学校的时候把家搬完,因为搬家特别繁琐,要给很多东西打包,会把我一天里的每一分钟都占满。如果乔尼在家,我每打完一个包他就会解开。可是现在他离开旧房子去上学,放了假却要直接回新房子,这对任何人来说都不容易,对乔尼就更可怕了。受乔尼第二任极具天赋的个人导师梅勒斯老师的启发,我也常借助照片弥补我们地理上的距离。于是我给乔尼做了一个相册,先给他满是家具和个人收藏的房间拍了照,接着又把整个打包的过程拍下来,还拍了打完包后旧房子的模样以及货车停在新家门口、我们把一包一包东西逐步解开的整个过程;我又拍下新房子里所有跟他有关的地方:他的卧室、浴室和饭厅。搬家前他还没有开学的时候,我带他去看了新房子的外观,还在房子后面的田野里玩了一圈。最后我给每张照片附上说明文字,解释搬家的全过程。相册完成后被寄到乔尼的学校,由梅勒斯老师每天把内容读给他听。

他回来这天,我特别特别紧张。我不让另外两个孩子留在家里,怕万一他闹得太厉害。但乔尼的表现极其出色。他进了家门,四处看看,然后在门厅里一把扶手椅上坐下来,这把椅子藏在开敞式楼梯后面一张放着电话和几本书的桌子旁边,很快成了他最喜欢的座位。过了一会儿他又站起来,进了厨房。我告诉他面包和饼干放在什么地方,于是他知道哪里能找到自己最爱吃的两样东西了。随后他上楼去,试了一下冲水马桶。

最后他进了自己的卧室,坐在一把扶手椅上,这把椅子跟门厅里那把是一对。

自始至终他都没表现出不高兴，我的计划似乎凑效了。要知道乔尼是一名十五岁的严重自闭症患者，几乎不能说话，对变化极度恐惧，没想到他竟安然无恙地搬进了新居，这让我又惊又喜，也打心眼里为他感到自豪。但他时不时会给我这样的惊喜，在我以为他不行的时候，他却表现得从容不迫，胜任愉快。

我们还是在搬进来的第一天就围起栅栏。邻居还是多少有些不满，我们又得一遍遍解释这不是为了防备他们。这回我们还带了一条小狗，它常常跑丢。院子的斜坡很陡，是阶梯状的，尽头是一片田野，有很多绵羊和山羊在那里吃草，中央矗立着两棵高大的橡树。田野边是茂密的树林，夏天翠绿欲滴，秋天则一片红彤彤、金灿灿。夏天田野里会披上一层薄雾般的黄色毛茛草，异常美丽。在严冬清晨的雪地里，或黄昏冰凉的暮霭中，可以看到小鹿或狐狸神色警惕地钻出树丛。

夏日炎炎，乔尼坐在院子坡顶树荫里的一把椅子上。他很少这么安静，这种情形也不会持续太久，于是我充分利用这段时间提前准备晚饭。每隔几秒钟我都要透过厨房的窗户看看他是否还在那里，一看到椅子上没人了，我在衣服上擦擦手就急忙跑出来。眼前的景象让我忍俊不禁。乔尼现在十几岁，不像过去是个小胖子了，但也不算特别瘦小。他这会儿正从坡顶上往下滚，身子像陀螺似的转着，笑个不停。草地边上是一段砖砌的台子，我担心他会撞到砖墙上。可是眼看要撞上的时候他就很巧妙地放慢速度，正好在砖墙旁边停下来。他后面跟着我们家胖乎乎、已经被惯坏的西班牙猎狗"查尔斯国王"，它学着他往下滚，却不能像他那么娴熟地停下来，而是重重地撞在砖墙上。它迅速爬起来，很委屈地看着我，但马上又跟在乔尼屁股后面爬上坡顶再滚一遍。后来，我探头看了看门厅，因为乔尼很喜欢坐在那里。这时我发现他和小狗一起坐在地上，他正在吃饼干，小狗则目不转睛地盯着他从罐头盒里取出饼干送进嘴里。乔尼

不去看小狗,却时不时随手递给它一块饼干。小狗一口将饼干吞下去,随即又贪婪地盯着他。

学校里的老师们都很喜欢乔尼,尽管有时他和其他同学一样有暴力倾向,很不好惹。他现在住在主校以外的区域,同住的同学年龄从十六岁到十九岁不等,其中有三个女孩,其余都是男孩,因为男性自闭症的发病率远远高于女性。其中一个男孩曾在一夜之间被原来的学校开除,校方表示对他的攻击倾向已经忍无可忍。现在他被小心翼翼地监视起来,但他的状态似乎也稳定下来了。另一个男孩一直滔滔不绝地自说自话,言辞中有不少脏话和带性别偏见的字眼,他的家庭一团糟,天知道他的话是从哪个家庭成员那里学来的。还有一个孩子叫利亚姆,跟以前的萨丽一样,看起来像个正常的孩子;只有当你真正跟他交谈的时候才会意识到他总是强迫性地重复一些语句,行为举止相当幼稚,内心也非常脆弱。

不过乔尼对和他一样残疾的人表现出的惺惺相惜让人惊讶,他也越来越富有幽默感。他会把夹克衫前后反着穿,用眼角迅速瞄一眼其他人的反应。他会把东西顶在头上,或是放在不该放的地方。他的看护也觉得他很滑稽,但尽量不正面回应他,因为一旦乔尼"咯咯"笑起来,就会一连笑上好几个小时,其他任何事情都干不了了。晚上,他会坐在别人身边,拉住人家的手让人家挠痒痒或者抚摸他。他会挽起别人的胳膊,有时甚至允许家人给他一个拥抱或是亲吻他。

我们没完没了地和乔尼学校里的老师们探讨,同时参加了无数次会议,研究教育他的方案、解决问题的办法以及引发他行为的各种缘由。我们问了很多问题,比如我们是否要一直容忍他把东西弄湿,有没有办法阻止他,怎样才能让他不再堵塞马桶,他大闹之前会有什么先兆,诱因为何,应如何解决。我们把这些问题翻来覆去地讨论了很多遍。我告诉他们我如何给乔尼剪脚趾甲：我为每一个脚趾甲准备了一块糖，放在他够不着的地方，只要他让我剪，我就把糖给他。他们则告诉我，有时候他们可以说服他一进门就把衣服放在前门旁边的柜子里，而不是拿去洗。我们常常对他的某一种行为寻根究底，最后我们以为终于找到合理解释了，谁知他很快又换了新花样。就这样我绞尽脑汁，尝试新的办法，和老师们谈了又谈。

今天是星期四，我守候在电话机旁，因为乔尼总是在每周四晚上给家里打电话。电话铃响了，我赶紧抓起听筒。

"你好！"是梅勒斯的声音。

"乔尼怎么样了？"

"他很好，昨天骑马的时候还慢跑了一小会儿，这可是第一次，他表现得相当不错。这周他没弄湿太多东西，还理了发。"

"理发顺利吗？"

"很顺利，就是一开始他有点紧张。乔尼，我说的对吗？"

他不说话。

"可是一旦坐下来开始理发，他就表现得相当好。乔尼，你要不要和妈妈说话？"

我听见他把话筒递给了乔尼。

"乔尼。"

他不说话。

"你去骑马了，是吗？"

他还是不说话。

"梅勒斯老师说你骑马慢跑，真棒！妈妈要是能看到就好了……汉娜这周

去游泳了,你游了吗?家里这周一直在下雨,雨很大……老师说你理发了,说你表现得特别棒,我猜你理了发一定很好看……我们这周六就去看你!到时我们一起出去吃饭,也许还会去海边,一定会很好玩的……妈妈真想马上就看到你……不是明天,不是今天的下一天,是明天的下一天……我到时候就去看你。"

"再,见。"

"喂,"又是梅勒斯的声音,"他刚才一直在笑。"

"太好了。周日再见。"

"你送他回来的时候我肯定在。我得走了,因为他跑掉了。周日见!"

"再见!"我放下了电话。

学校举行运动会的时候正是炎炎夏日,学生们清一色穿着运动服,准确地说,大部分学生都穿了,有些学生显然不肯穿这类服装,只好给他们穿上别的衣服。我们坐在场外观看比赛。几乎所有学生都在看护的陪同下"赛跑"。运动场地在学校后面的高地上,远处是大海,天蓝色的海水一直延伸到地平线上。偶尔有小船打破海面的平静,于是白色的泡沫荡漾开来,水面泛起粼粼波光,还有海鸥在船顶上盘旋。我看着运动场上很多比乔尼个头还小的老师架着他完成了比赛,因为他对比赛没什么兴趣。我不知道他们这样努力让每个人都参与活动是否值得称道,或是毫无意义。不过其他孩子还是兴致勃勃地跑完了,还将赢来的奖章绶带和糖果视若珍宝。每个人都得了奖品,这个活动似乎并未让乔尼不高兴。

十二月份学校在附属小教堂举行了圣诞颂歌礼拜仪式,这也让我们想起这所学校的前身是一所私立小学,赞助者也和现在不同。做礼拜的时候乔尼四处张望着,大部分时间盯着天花板。另一对家长看着他们的儿子在钢琴上凭记忆弹出《平安夜》，不禁热泪盈眶。经常骂骂咧咧的那个男孩没有家人到场，但他唱歌唱得相当出色，而且激情洋溢，显然陶醉在自己的歌声中。这场礼拜让我心很累，思绪一直飘浮不定：从这一天的表演中我看到学校为孩子付出的关怀和努力，也为此由衷地高兴；可一想到孩子们的命运我又黯然神伤。随后我们一边吃肉馅饼一边和老师们聊天，给他们送了礼物，也收到了自己孩子制作的圣诞卡片。大家都很友好，谈吐也很风趣。活动结束后我们带自己的孩子回家过圣诞节。我猜老师们此刻肯定觉得如释重负。

　　汉娜开始上初中了，今天是她上学的第三天，我们没能送她去，这让我非常担心。我已经联系了汉娜一个朋友的父亲接送。我没有别的办法，不得不信任他，实际上却放不下心。乔尼的脚趾甲嵌到肉里了，准备到多尔赛特的医院里做手术，这个地方就在学校旁边。我们要到医院去，好在他做手术时陪着他，然后带他回家养病。就像其他小病一样，这个问题已经困扰他很久了，因为他有自闭症，问题就更加复杂。首先他不可能告诉我们他觉得难受；其次大夫往往也怕他几分，因为他身体难受时特别不好惹，说什么都不听，不肯接受检查，甚至连碰都不能碰。就算我们能看出他病了，他往往也只能接受一些简单易行的治疗，尽管这些治疗对他而言根本不够。我对这一点完全理解，因为让他服用任何药物都是几乎不可能的任务。其实他的脚趾甲早就该接受治疗了，只是我们一直找不到合适的大夫，没有人有把握能在他手脚不断挣扎的时候给他做检查，或是提出切实可行的治疗方案。所以我们只能反复喂他吃抗生素，而他每次都把药吐在我身上。不过这一回，梅勒斯没有放弃努力，一直在一位全科医生的帮助下为乔尼找合适的大夫，这位全科医生最近就在学校附近工作，所以对自闭症也有所了解。他们给乔尼办了转院手续，把手术定在今天。梅勒斯和学校生活方面的主管带乔尼去医院，我们则去那里与他们会合。到时候大夫要先给他做全身麻醉，然后把有问题的脚趾甲修剪好，或者彻底摘除。我哥哥告诉我，手术的痛和脚趾甲嵌到肉里的痛相比根本算不了什么。我想，真是难为孩子这么多年一直忍着痛，而身边有些人却在争论自闭症患者的痛感是否和常人一样。

我们比乔尼先到。他一进来，我们马上就看出他闷闷不乐。他一直不喜欢医院，显然还能想起医院里的诊疗和体检曾经让他神经紧张。对他来说，连走进医院大门都是一种让他避之不及的经历，这一点一看就知道。何况他也饿了，因为要打麻药，他不能吃早饭。

本来我在医院里应该关掉手机，但我现在不在病房，而且心里还挂念着汉娜。梅勒斯这个星期已经提前给医院打过电话，今天早上出发前又打了一次，反复提醒院方，让乔尼久等会使他愈发苦恼，从而增加治疗的难度，但现在我们还是免不了在候诊室里等着。我的手机响了，婆婆打来电话说，汉娜朋友的爸爸没有来接她。我担心的事情果然发生了。婆婆说汉娜害怕一个人去新学校。我和汉娜通话，她哭着说，她去新学校上学才三天，害怕走到学校会太迟，而且也不知道怎么走，不知道路上会发生什么。我真是分身乏术。最后，我说服婆婆陪她去学校，再打电话给她的老师解释事情原委。老师很通情达理，说她可以到学校门口去接汉娜。于是我又打电话给汉娜，安慰她，直到她平静下来。这边刚讲完电话，护士长就过来喊我们进去应诊。

"请您把手机关掉，好吗？"

她是老派护士，头发灰白，衣着整洁，面貌和善但刻板严肃，精神饱满，看得出她眼睛里容不下一点沙子，是个善良的守旧派。我们跟着她进了检查室，坐下来听她解释整个过程。

"他有自闭症。"我对她说。她笑了笑给我看乔尼必须要穿的罩衣。"他不会穿这个的。"我跟她解释，"这个罩衣没有带裤子，还敞着后背，这会让他不高兴，他只想穿普通的衣服。"

她和蔼地说："我想，如果我们跟他解释来这里要做些什么，他应该会穿的。"

"我认为他不会。"

"你知道，我们必须无菌操作，这件罩衣就是消过毒的。他穿上罩衣我们就可以用术前药了。"

"什么是术前药？"我问道。

"就是一个很小的针头，扎在他的手上，让他进入昏睡状态，几乎什么也感觉不到。"

"他不会让针头留在手上的，"我说，"他会立刻把它拔掉。"

这时大夫刚好进来，她转身对大夫说："他妈妈认为他没办法用术前药。"我看了梅勒斯一眼，他扬了扬眉毛。

"我们先试试看吧？"

我耸耸肩。

我们给乔尼脱了衣服，他开始呻吟，护士长见状也很紧张。我们给他穿上罩衣，他马上把它扯下来，光着身子站在那里，护士不得不扭过脸去。

"我们带了睡衣。"梅勒斯说，护士点头同意。

随后，护士迅速在乔尼手上扎了术前药的输液针。她熟练地用胶布把针固定好，得意地朝我一笑。她刚一转头去扔包装袋，乔尼就把针头拔下来，扔进了垃圾箱里，垃圾箱上还写着"不得丢入针头"。

"他把针头拔掉了。"我说，护士纳闷地回头看了一眼，好像是我把针拔掉了，故意跟她捣乱。

学校的生活主管说："给他吃安定片怎么样？"我一想起上次大夫建议他吃安定片时的情形就一阵难受，梅勒斯看上去也很不高兴。

"按理说一旦给他打了麻醉他就会睡过去。"我说，"所以不用术前药或

安定片也可以。"

两位女士，一位是护士，另一位也当过护士，都不大高兴。"我看还是把麻醉师叫来吧。"护士说。

乔尼安静一点了。睡衣比医院的罩衣舒服多了，但在大白天穿睡衣显然还是让他不高兴。

"我知道这不舒服，乔尼，"我说，"不过很快就结束了，而且以后你的脚趾头再也不会疼了。"

麻醉师到的时候，乔尼的呻吟声也达到顶峰。生活主管说："我认为还是让他服用安定片。"

没等我开口，护士就说："他妈妈不让。"

"是不能用，我同意他妈妈的意见。"麻醉师说，"有些自闭症患者对安定片有不良反应。"

"可是还没给他用术前药。"护士说。

我说："他把针头拔掉了。"

"没关系，我们直接麻醉，也不用给他蒙面。你们愿意陪他进治疗室吗？"麻醉师问我。

"我想会有用的。"我说。

"好吧。妈妈和爸爸，还有两位陪护都去，这样刚刚好！"说完他就离开了。护士一脸怒容。

"他有一个年幼的自闭症女儿。"生活主管说。

"太好了，感谢上帝！"我心里说。

我们把乔尼放到手术推车上，推进治疗室。很少有人会进这种房间，除非是接受全身麻醉的患者，或是麻醉师。现在这里破天荒来了四个不相干的人，空间也显得不太够。麻醉师会对自闭症有所了解大概也出乎他自己的意料，现

第四章 乔尼的上学生涯

在他轻轻地将麻醉气体喷在乔尼脸上。他肯定能想到,如果给乔尼戴面具会让他苦不堪言。我们所有人都呆呆地注视着他俩,但很快我看到麻醉师微微一笑,而乔尼很快就睡着了。他被推进了手术室,他爸爸和我在术后病房等着,这又是一个通常不让进的地方。感觉没过多久乔尼就被推进来了,我又一次看到有输液针扎在他手上,护士也换了人。

"他一醒过来就会把针管拔掉。"我说。

"没事的,我们用胶布绑结实了。"

我耸耸肩。像前一位护士一样,她们一会儿就知道有多麻烦了。我看着乔尼,他的眼睛还闭着,却哼了哼,声音很轻。

"真见鬼,输液针头给拔出来了!"一名护士喊道。她给乔尼重新换了一个针头,转身去扔包装,我见儿子再次不动声色地迅速拔掉针头,眼睛仍旧紧闭着。

手术推车又被推进之前的小房间,就是乔尼向我们证实他既不愿意换罩衣,也不肯接受术前用药的地方。原先的护士、生活主管和梅勒斯都在这里等着我们。乔尼渐渐苏醒过来,开始感觉到痛了,喊叫声、呻吟声越来越大。他脚上原本裹着绷带,他醒来后就起身扯掉了,血直往外冒,护士试图给他换纱布。乔尼一阵拳打脚踢,把她吓得不轻。

"妈妈能不能帮忙把他按住?"她对我说,再次换绷带的时候双手一直发抖。我试图按住他,但他手脚乱舞,力大无穷。他根本不愿意脚上有绷带,要知道我从来没办法把胶布缠在他手指头上。鲍勃也来帮我按住他,接着是梅勒斯,还有生活主管也一起上,每个人按住乔尼身体的一部分,他真可怜,一直在打滚。忽然他又一下子把我们全部推开,再次撤掉绷带,血流得更多了,洗涤槽里全是换掉的纱布。乔尼痛苦的喊叫声在医院的走廊里回荡,很多护理员都过来帮忙按住他。有个人本来推着手术推车要送病人去做麻醉,现在也丢下病人跑过

来帮忙。最后我儿子被八个人按着，但他还是扯下一块又一块纱布，抛向空中。

后来我们不再跟他较劲了，护士跑去找大夫想办法，乔尼静静地躺着，筋疲力尽但胜券在握，脚上血流不止。梅勒斯冷静地说："要不我们给他穿上衣服？等他穿好鞋子和袜子，也许就不再扯掉纱布了。"

"说的对，"我说，"我们试试看吧。"于是我们开始给他穿衣服。"请你们大家都回去，好吗？"我说，"我们觉得如果这里人少一些，他会平静下来的。谢谢你们的帮助。"

乔尼还在放声大哭，其他人对我的话将信将疑，但还是走开了。等护士拉着一名专科住院医生上气不接下气地跑进来时，乔尼已经穿戴整齐，静静地坐在那里，鞋袜里面是新裹的绷带。

"他现在没事了。"我说，"我们打算带他回家养伤。"

乔尼坐在轮椅里，坐电梯下楼的时候他看上去挺高兴。鲍勃担心乔尼在回家的路上又忽然闹起来，所以我们打算让梅勒斯陪着回家，然后他再坐火车回多尔赛特。生活主管则认为未必要费这么一番周折。

"你们真的不想让他跟我们回学校吗？"她问道，"我们很乐意照顾他。以前我们也照顾过生病的学生。"

"不用，"我说，"他很快就没事了。我认为他刚做完手术应该回家休整。"

半路上我们在小村里一家商店门前停了下来，鲍勃去给乔尼买吃的。我和他坐在后排，梅勒斯忽然转过头来问我："你确定要带他回家吗？其实他在学校养伤也没问题。"

"我非常确定。"我回答说。

"我的想法跟你一样，"他说，"他应该回家和你们在一起。"

我们都笑了，乔尼也笑了。他看起来特别平静，开心地看着他爸爸从商店拎了一袋子好吃的回来，有三明治、土豆条和巧克力块，还有一瓶水。我们沿

着弯弯曲曲的乡村小道往回赶,一路上乔尼狼吞虎咽,把所有东西都吃得干干净净,还咧着嘴眉开眼笑。车开到家门口那条街上的时候,他抬起头来说:"好多了。"

接下来一周里,巡回护士每天都来。我让她们教我如何换纱布,因为我每天要换十次之多。每次换完纱布不消几分钟,乔尼就溜到厕所把纱布扯掉,用水冲走。第四天来了一位很有经验的人,我把事情讲给她听。

"如果他立刻把纱布扯掉,那裹纱布就没什么意义了。"她告诉我,又给了我一瓶喷雾药剂,是柠檬味的,消毒的效力很强,我可以毫不费力地把它喷在乔尼的脚趾头上,然后给他穿上袜子和鞋子。这下乔尼可高兴了。最后我只是在喂他止疼药的时候要折腾一番。有一天我在午夜时分醒过来,听见楼底下有笑声飘进卧室窗户,连忙穿上拖鞋和睡袍跑出去,发现乔尼正在外面,光着脚丫子。原来他打开门,在垃圾箱和下水道附近发现了一处可以上蹿下跳的地方,在那里又跳又笑。我赶紧带他回房间,感谢上帝,多亏他身体健壮、抵抗力强,伤口才没有感染。一周以后我把他连同他的柠檬味消毒剂带回学校,面带微笑地,把他们一并交给梅勒斯。

乔尼十九岁从学校毕业,此后一直住在他现在住的地方,过得非常开心。他十六岁的时候我就开始给他找一个让他成年以后可以安顿下来的地方。我知道这样的地方不多见,也很难申请到政府拨款,如不早做安排,家长要安顿毕了业的自闭症学生就困难重重,而我不想这样。当时我已经成为国家自闭症组织的积极分子,也是"成年自闭症患者大社区管理委员会"委员。该社区离我们家有一个小时的车程。我考察过一些成人社区,却认为这个地方是最好的。

当时自闭症已经成为社会上公开的话题,越来越多的孩子被确诊,许多个人投资者在患者对学校和成人居住区的需求中看到了商机。在一个温暖的春日里，我去考察了这样的一个社区，它就在我们住处附近一条路的尽头，我也非常喜欢这个地方。我考察过的另一个居住区和这里相比地方很大，也很僻静，而这里的好处就在于规模小，离家也近。当然，任何事情都有两面性。如果我们在约定造访以外的时间跟乔尼偶遇，他会做何反应，他会不会要和我们一起回家；如果他路过熟悉的地点，看护能否给他解释清楚他这会儿还不能回父母家？那里的人都很好，对自闭症的相关知识也掌握得很快。但是我还是决定把这个社区作为第二选择。

我还考虑到私立护理机构可能受社会潮流影响。万一今后有别的项目更有利可图，这里的成人居住区会不会被挪作他用，以致患者无家可归？安顿一个十九岁的自闭症患者已经不容易了，而要安顿一个三十岁的患者显然更难。万一投资者破产了，病倒了，或者不想干了该怎么办？于是我得出结论，由专门关注自闭症的慈善机构创办的居住区要可靠得多，因为它们不受市场影响，不会因为另一种残疾更受关注而改变资助对象。

于是我们又开始接受评估。有人到乔尼的学校探访、观察他，向他的老师和看护了解情况。梅勒斯在电话里告诉我情况进展很顺利，他跟来访者提到我们一家一直努力帮助乔尼，而乔尼的表现也很好。在家里我们还填写了一份很长很长的问卷，对其中提到的，乔尼在一系列不同的环境中会做何反应，我们都认真思考并作答。当然问卷也包括一些常规性问题，比如他的出生年月、自闭症确诊过程、受教育情况。我停下来回想，我已经把他的出生、他早年的情况、他的确诊过程和早期的学校生涯讲了很多遍，但我确实记不清楚了。我没有说出他在第一所学校的全部实情，因为我不希望负责测评的人认为我们爱惹麻烦，这一点非常重要。似乎事情成与不成就在测评者一念之间，因而我也更加清楚，对乔尼的困境轻描淡写是一件多么愚蠢的事。如果他没有这些困难，就不必去

成人社区了。社区经理告诉我他们会很快答复。

因为我在原定时间之前就完成了申请的各项事宜，所以虽然几周都没接到消息，我也并不担心。我知道办这些手续要等很长的时间。在此期间乔尼度过了十八岁生日，这也意味着他再也无权享受暂托服务了。有特殊需要的孩子到十九岁都可以接受教育，但在社会服务领域，一旦他年满十八周岁，就不能再享受为儿童提供的服务了，而我们所在的郡还没有成人自闭症暂托中心。我想我或许不得不放弃工作，因为学校假期那么长，我想不出别的办法来度过这青黄不接的一年时间。这时候有两个人给了我帮助。一个是我的同事，他给我看了新的人力资源政策，按照该政策，我作为残疾家庭成员的主要看护，在残疾者确实无人照看的情况下可以休假一段时间。另一个是社会工作者格拉汉姆，乔尼还很小、大概四岁时去暂托中心的第一个下午我就认识他了。他有六个孩子，现在还是和过去一样，举止沉着，心地善良。他建议我把乔尼送到附近的私立机构，就是我原先考虑让乔尼安家的地方。他们白天也为像他这样的年轻人提供服务，应该会答应暂时接管他。我们去咨询了，他们也答应了，当地政府毫无异议地支付了费用。

乔尼的第一个假期过得很顺利，我也保住了工作。新的居住区，也就是他现在接受暂托服务的地方，已经住满了固定居民，我忽然意识到从乔尼接受评估到现在已经好几个月了。于是我打电话给我们申请的社区，问他们什么时候有消息。过了几天他们仍旧没有回音，最终我找到了经理。

"你们没有接到通知吗？很抱歉，我以为已经通知你们了。我们最后认为乔纳森不适合这里。很抱歉，我真的以为我们已经书面通知您了，这是好几个月前的事情了。我们当时很快就判断出他不适合这里。"

我马上给那位好心的社会工作者打电话，他立刻答应跟我们作为第二选择

的社区联系,就是现在乔尼接受暂托服务的地方。过了十分钟,电话铃响了,我连忙抓起话筒。

"真的很抱歉,谢娜。他们最后一个空位上周二已经被人申请了。我们必须再找别的地方了。"

我瘫倒在地上,开始是一阵眩晕,接着心里充满了愤怒和恐惧,感觉自己已经走投无路,忍耐也到了极限,失去了最后一线希望,而整个屋子好像都在旋转。我心里很清楚,我不能把乔尼留在家里照顾他。如果非这样不可,我肯定会垮掉。我已经很认真地考虑过这件事,结论就是他必须像所有年轻人一样离开父母。随着我年龄越来越大,全天候地照顾他也越来越困难,最终将彻底难以为继。我想让他逐渐过渡到另一个环境,让他可以照常生活,衣食无忧,完全不必依赖我,也想确保他在我离开人世以后可以平安无事。我想起新闻曾报道过,一位父亲带着他的自闭症儿子驾车驶入树林,将排气管引入车内,与儿子同归于尽。他在遗书中写道,他认为这样做对全家人都有好处。我赶紧从脑海里赶走这些可怕的念头,但我很难想象,从此全天都和一个已经成年的深度自闭症患者在一起,如此度过余生,我能不能受得了。

我感觉自己走到头了,但事实上我肯定可以挺过去,我也这么做了。我给正在上班的鲍勃打电话,告诉他现在的情况。

"我已经崩溃了。"我说。

"别这样,一切都会好起来的。"他回答说。

可是我感觉不到希望。我觉得每个人的忍耐都有一定极限,而过去我很幸运地一直挺过来了。但此时此刻我的忍耐力已经耗尽了。鲍勃觉察到我语气不对,知道我情绪有点失控,于是很快给我找来一本经国家自闭症组织鉴定的居住区供应册。

第四章 乔尼的上学生涯

马上我们又开始新一轮的搜寻。冬天快结束的时候，在一个灰蒙蒙的日子里，他驱车带我到威尔士一个我之前从未想到过的居住点。这是一座漂亮的房子，位于一个小镇，离我家一小时车程。我们按了门铃，很快进屋了。到傍晚时分，我已经完全确定这里就是适合乔尼的地方，比我原先计划的还要好很多。这里住着十个成年自闭症患者，照看他们的工作人员都受过专业培训，对自闭症十分了解，而且性格沉稳善良。他们相信像我儿子一样的人也有权参与各种活动甚至被人瞩目，有权要求别人尊重他们的愿望，有权过很好的生活。他们很友好而且善解人意。这里的居住者可以去酒店喝饮料，去商店买东西，去游泳池游泳或者去理发店理发，也可以去找大夫看病或是去看牙医。所有这些设施在当地社区一应俱全。

但是这里只有一个空位，五个人在申请。我们很有优势，因为知道当地政府会支付费用，这几乎是毫无疑问的。而其他人几乎都不具备这样的条件，他们都在为自己的孩子苦苦争取，先是争取居住点的位置，再争取资助。他们也许好不容易完成了评估，到头来却发现没有人愿意为他们出资。我们算是比较幸运的。

后来两名工作人员要来我家考察乔尼的家庭生活状况。这是一个明媚的春日，正赶上我的生日。早上我收到了生日礼物，拍了一些照片，然后我们做好中午饭等他们光临。我非常紧张，但孩子们的表现令人赞叹。他们和两位来访女士有说有笑，给她们讲乔尼一些滑稽可笑的事情，由此可以看出他们多么爱乔尼。我们谈了乔尼的生活和教育以及我们如何应对其中的困难，还谈到他给我们带来的乐趣。

我们一起吃午饭，她们也向我们介绍他们提供的服务。很遗憾的是，当地政府认为居住点的支出过高，不愿补贴更多的费用，以致他们的服务价格超出目标群体能承担的范围，因此很多人享受不到服务。她们还提到那里很多居住

者之前接受的护理不符合他们的需要,在某种程度上他们已习惯于被收容,生活不能自理。如果他们能接收一个喜欢外出、四处走动,而且能适应变化的新成员,那再好不过了。我解释说,我一直努力不让乔尼陷入僵化死板、墨守成规的泥潭,有时这样做似乎对他很苛刻。我告诉他们,我会让乔尼每天晚上坐在桌子旁不同的位置,尽管他宁愿每次都坐同一个地方;我打乱穿衣服的顺序,并保证让他在家每天都见到客人,能做不同的事情。我曾经听说有一个自闭症男孩只会向左转,每次出门前都要给他规划好路线,确保不能出现右转弯。我们对乔尼这方面的状况已经很满意了,我也打算尽可能让他保持这种灵活性。

她们跟我们介绍那里居住者的生活方式,介绍他们对员工进行的培训,说明为什么不能削减现有的费用水平。她们走的时候,我们面带微笑地挥手道别。我非常喜欢她们,真希望乔尼能去那里。

现在就等他们决定了,因为他们要讨论研究,阅读所有的报告,与乔尼的老师以及社会工作者谈话,整个过程中他们要做的工作非常细致繁琐。这些天我脑子空荡荡的,不敢抱太大期望,也不敢停止做事,虽然努力不去想它,却非常紧张。终于结果出来了,服务中心寄来同意接收函,社会服务机构也打来电话,详细介绍了乔尼的新家,还通知了他入住的时间。我想到另外四个一起竞争这个位置的家庭,现在他们肯定非常绝望。

即将成为乔尼主要监护员的凡尔侬和另外一名工作人员到乔尼的学校去看他。他们在那里住了好几个晚上,追踪了解乔尼的生活状况,和他的老师谈话,仔细观察他的表现。遗憾的是,在这所了不起的学校里,乔尼碰到的最后一任个人导师赖斯却非常糟糕。他原来是个银行经理,一个满怀激情的"救世军"成员,有些神经质,求全责备,刻意追求行善。他给乔尼买了一个背包,但连我都知道这是女孩子用的。我们去看乔尼的时候,他硬缠着我们,唠唠叨叨说个没完,全是一些无关紧要的事情。乔尼看来有些瞧不起他。这位善人对乔尼

早上起床时的手淫行为感到不高兴,其实这只是一种个人行为,与别人无碍,但他却力图阻止。于是乔尼又开始每天早晨都尿床,一直持续到现在。

凡尔侬和同事到访期间,赖斯组织年龄较大的学生和来访客人一起去酒馆。那是一个气候温和的夏日傍晚,学生们坐面包车到了那里。他们高兴地坐在露天座席,有的拍打着手中的玩具,语言能力好一点的就絮絮叨叨地跟别人讲话。这里相当安静,没有人打扰。一会儿,所有人都领到了饮料和炸薯条。乔尼要了掺了柠檬的啤酒,像往常一样,只要有吃有喝他都很开心。旁边的一些年轻女子中有一个从凳子上站起来,来来回回地走动,还轻轻地摇着头。学生们似乎都没有注意到她,对此也没什么反应。然而,赖斯一看可不得了了。他看着凡尔侬,尴尬地笑了笑。

"天哪天哪,这下麻烦了。真不应该来这里!"

凡尔侬很惊讶地看着他,但什么也没说。他作为客人无权发表太多意见。赖斯掏出手机给司机打电话:"把面包车开过来,马上!我们有麻烦了。"

凡尔侬对同事扬扬眉毛,他们两个都努了努嘴,盯着地面。面包车来的时候,那个女子已经坐回原位,闷声不响地喝可乐。两个开面包车的年轻人一脸茫然,还有点不高兴。他们特地绕回来,现在要晚些才能下班了。如果真有紧急情况他们倒不介意,但看样子不是这么回事。

"无论如何,我们还是回去的好,"赖斯说,"谁知道她什么时候又要来这一套。走吧,我们回去。"

大家都不理会他。刚坐下吃东西就被要求返校,凡尔侬想看看乔尼会做何反应,他看着看着就忍俊不禁。乔尼还是静坐不动,显然不觉得有什么不妥。他一动不动地坐在那里,手放在原处,面无表情。他把炸薯条的包装袋撕碎了,因为他每次吃完都这样,然后把碎片塞进啤酒瓶里,又把啤酒杯稳稳当当地顶在头上。他等着,过了一两分钟大家才动身。但是赖斯这么大惊小怪,让他等

等也无妨。

这是一个风景优美的炎炎夏日，八月份最好的时节。由于有两个小时的车程，我们很早就动身了，我也带好了防晒霜和水。乔尼昨天晚上和我在一起，现在迫不及待就上车了。我已经跟他说过我们要去哪儿，要见什么人，我想他肯定听明白了。我打开车里的录音机放流行音乐，然后就出发了。一路上只见树林青翠欲滴，天色碧蓝，田野满是金黄色的小麦，中间点缀着一些红色的罂粟花，看来又是一个丰收年。路边上开满雏菊，树篱上长着欧芹。我们驱车在乡间小道上迂回前进，路过一个个小村庄和路边小店，一会儿爬坡，一会儿下坡，道路弯弯曲曲。我们沿着一道山脊走了好几英里，两边的田野不断后退，美景震撼人心。一路上乔尼每听到一首新歌，身体都兴奋地左右摆动，或许他认出了一条许久未走的路。我们渐渐放慢车速，目的地就要到了。像这样的周六，人们都会把孩子带到村庄后面绵延不绝、未受污染的海滩玩耍，或是开车到当地城镇买东西，或是带上望远镜去观赏蜿蜒数英里的小路尽头自然保护区的各种鸟类。

我把车停在受国民信托组织保护的景区的停车场，带乔尼去了趟厕所，然后掏出手机。电话一通朱莉马上就接了。

"五分钟之内赶到，我等不及要见他了！"

我们等着，古堡就矗立在眼前。这是多尔赛特盛夏里的周六，人群看上去像是沿山坡向山顶移动的一个个小点，从远处将具有地标性质的古堡指给同伴看。顾客在咖啡馆的露台上喝咖啡或柠檬汁，吃蛋糕或冰激凌。我始终盯着停车场入口，因为朱莉已经告诉我她的车是什么样子的。"她到了，乔尼。"我盼着他能认出她来，跟她打个招呼，让她知道他很喜欢她。她把车停在我们旁边，从车里跳出来。乔尼的眼睛亮了。

"朱莉。"当她到后排座位上拥抱他的时候,他把身子靠过去了。

"你好,亲爱的!"

他咧着嘴笑了,再开心不过。

她回到自己的车里,开启发动机,回头确认我们跟在她后面,然后慢慢把车开出停车场,往梅勒斯乡下的房子驶去。据说这条路对我们来说非常难走。这里的道路纵横交错,在小山和田野中蜿蜒,直到大海,一路上几乎没有什么路标。我们跟着朱莉的车下行,道路越来越窄,最后慢慢穿过布满车辙、崎岖不平的小路,来到一所乡间小屋跟前。最后她把车停下来,我们停在她后面的草地上。总算到了。

"走,乔尼,我们到了。"

他又坐了片刻,没有动身。他不认识这个地方,尽管他以前显然来过。而我还没来过。

"宝贝,这里就是梅勒斯的家。梅勒斯和萨丽现在住在这里。"

萨丽也在学校工作,乔尼看起来有点感兴趣了,但还是不动。

"我们要在这里的院子里吃午饭——和梅勒斯、萨丽,还有朱莉一起野餐。他们都是你的老朋友。我们很久很久没见到他们了,是吧?"

他下了车。

朱莉带着我们绕过拐角。她把头发染成金黄色,扎成马尾辫。她看起来变老了,我肯定也一样。眼前是一座低檐的村舍,靠墙堆着一堆圆木,周围是一个很大的院子,里面有秋千和一些造型各异的椅子,还有一片菜地,四处都种着鲜花。梅勒斯和萨丽走出来了,我们互相拥抱。

"你好!乔尼。见到你真是太好了!我们到院子里坐吧。"

乔尼笑容满面,我也特别高兴,看来这次来访是很对的。我们坐在桌子旁边,他们拿出了自制柠檬水、披萨、面包、奶酪和色拉。梅勒斯的头发剪得很短,乱糟糟的卷发不见了，看起来反倒有点奇怪。但是乔尼认识他，也认出了萨丽。我们聊天的时候，他就高兴地吃东西。我告诉他们他现在在新家过得很好，还可以在日间生活中心参加各种活动，包括骑马、游泳等等。我还跟他们谈到我离婚的事情，他们也深表同情，尽管有些尴尬。乔尼很有礼貌地指出他想要什么，等别人允许了再拿。梅勒斯的儿子出现了一会儿，四处跑了跑，装了满满一碟子食物就很快消失了，回屋里玩电子游戏。

吃完午饭我们都在树荫下坐着。乔尼骑到秋千上，把腿伸给朱莉让她按摩。他们跟我谈起学校里的事情。

"现在情况大不一样了，"梅勒斯说，"孩子们的卧室里都有了电脑"。

"如果乔尼小时候有电脑，他应该也不会用，"我说，"当时和他在一起的大部分孩子应该都不会。"

"是的，现在的孩子不一样了，我们面临更多挑战，不过他们会的东西也多。"

"和乔尼在一起的那些孩子现在怎么样了？"我问，"他们去了什么地方？专门照顾乔尼这样孩子的机构可不多。"

他们都耸耸肩，无可奈何的样子。萨丽给我们端来饮料，地上还有一些五彩碎纸。这所房子很漂亮，梅勒斯是这里的租客。他以前经常带乔尼和其他学生来这里沿着私人海滩散步，因为他有权去那里。我们都上了他的车，他带我们去海滩，散步时乔尼也乖乖跟上了。这是一个小海湾，确切地说是河流的入海口，散步时我们沐浴在下午的阳光里。朱莉边走边谈她的新工作和感情生活。乔尼停下来，往海里扔小石子，兴奋地看着它们"扑通"一声掉进水里。梅勒斯和萨丽曾经把心形标记刻在某个地方的岩石上，他们到那里就停下来看。朱莉和乔尼一起走，跟他说话。时不时地，乔尼也对朱莉说出只言片语。一缕轻风拂过，令散步的人神清气爽。海浪轻轻拍打着沙滩，海面上波光粼粼，海边呈带状、绵延不绝的沙滩上除了我们几个，没有别人。

第四章 乔尼的上学生涯

散步之后，我们驾车穿过林地回小屋，太阳从树荫中透下点点光斑。回到屋里，我们喝了茶，吃了蛋糕，我表示我们必须走了。我还要开车送乔尼回他的家去，车程至少有三个小时。今天我们说话真是滔滔不绝，我把乔尼的新生活全告诉他们了。大家吃了不少东西，喝得也很过瘾，笑声不断，还在海边无云的蓝天下散步。这些人认识乔尼，也很爱他。我也终于松弛下来了，平时我对紧张情绪已经习以为常，在公共场合为了避免与人直视总是移开目光、紧绷脸庞，现在这些不安都烟消云散。今天真是美好的一天。

"你们觉得他怎么样？"我问道。

"我们觉得他特别棒。你真了不起，乔尼。你做得真不错！"

"他现在有了自己的生活，也按照自己的方式活着，能应对自闭症带来的问题了。我真为他感到自豪。"

我开车往回走花了很长时间。中途我们在一个服务站停下来，坐在草地上喝了点饮料。回到家乔尼已经很累了，可他跑进自己住处的时候，还是笑嘻嘻、乐滋滋的。

他们问我："他今天是不是玩得很开心？"

"是的，今天确实非常开心，"我回答说，"我们去看望几个老朋友，特别开心，是不是，乔尼？非常非常美好的一天。"

第五章
乔尼和兄弟姐妹

我婆婆和她的表亲都坐在客厅里。

"我们都不敢相信你竟如此淡定。"他们一直重复着这句话。

"嗯。不用担心,我会及时去医院的。"

在夏日傍晚的余晖中,我站在厨房里给本准备午饭,偶尔停下来等一阵宫缩过去。乔尼不在乎午饭吃什么,但本在乎,他要吃三明治。我的羊水早上就破了,他们都说那会儿就应该马上去医院了。不过,这是我的第三胎,我知道什么时候该去医院,所以现在还不着急。我已经看过助产士了,也算了宫缩的时间。我知道孩子暂时还不会出生。我心里有数,按理来说女儿很快就要降临,也许就在明天凌晨。

这里很长时间以来都持续高温,我挺着大肚子,行动笨重而迟缓,不停地喝果汁。想到快熬出头了,我很高兴。我觉得我已经把家里所有事都安排妥当了,而我婆婆会协助鲍勃照顾两个小子。今天早上我告诉接送乔尼的老师,我很快就要分娩,她答应转告学校。婴儿卧室也准备好了,去医院用的东西都打好包了。

我选择了多米诺式分娩，这是一种医院助产的方式，生完直接出院。早上羊水一破，这个计划可能已经泡汤了，但我不想在医院多待一分钟。经验告诉我，让孩子在医院里度过出生后的第一天会给人很大压力，而且我不能肯定在医院待的时间一长，家里会发生什么状况。最后我认为所有事情都安顿好了，我的宫缩也足够快了，可以开车去医院了。几个小时以后，汉娜就生下来了。这个孩子生得很顺利，不像第一个孩子那样经过长时间挣扎最后做了钳产，也不像乔尼那样生下来没有呼吸，让大人心急如焚。不过我还是得在医院度过一个晚上。正如我所料，羊水提前破意味着他们要让我在医院多留几个小时。

第二天早晨七点钟的时候，我已经起床穿好衣服，等着医生，怀里抱着我漂亮的女儿。给她喂奶很方便，我也没有太多不适，只是腿上膝盖前后的部位一阵阵地疼。凌晨的时候我想请一位护士帮我看看，可她说她也没办法，我猜她快下夜班了，马上就要走。我倒不是太担心，我在怀第一个孩子的时候就出现静脉曲张，后来每次都加重。过去的六个月里，我一直在膝盖上裹着绷带。奇怪的是，后来腿部好像不再肿胀了，但疼痛还在持续。我知道助产士每天都会来看我，所以等她来了把腿给她看就行。孩子生下来了，怀孕的痛苦也结束了，我现在就想回家，开始正常的生活。我想在家里收拾一下，等儿子们从学校回来，就能看到刚出生的小妹妹了。

我在医院坐着等了两个小时，鲍勃终于把我接回家了。一到家我就坐在阳光灿烂的院子里吃三明治，孩子就睡在我身旁的婴儿篮里。邻居过来看我，轻声逗着我们漂亮的小公主。汉娜一直在睡觉，只在我们对她说话的时候才抽抽鼻子，动一下。她长着一头黑发，五官特征很鲜明。我知道，头发的颜色是会变的，但五官鲜明的特征会保留下来。分娩之后的生活平淡无奇、一切照旧，这让我觉得很不可思议，因为在经历流血、痛苦挣扎和新生命诞生的时候，我仿佛已经在地狱走了一遭。

吃完三明治，我洗了个澡，把自己稍稍整理了一下。我给汉娜换了尿布，给她穿上带蓝鸟图案的白色丝绒宝宝装，孩子们都穿这样的衣服。我想让她看起来更漂亮一些，因为本就要和他奶奶从学校回来了，乔尼也要坐出租车回家了。我们的卧室光线充足，布置也很漂亮，里面的家具是金黄色的，床上用品则是粉色和蓝色的。汉娜的小床就在房子的角落里，靠近我的床，夜里我可以很快把她抱起来，在床上给她喂奶。不过她哥哥们回来的时候，她正躺在我怀里，静静地看着周围的世界。看见妹妹，本激动不已，乔尼则反应漠然。本把妹妹抱起来放到腿上，脸上笑开了花，惊喜地上下打量着她，他爸爸赶紧抓拍了一张照片。我把汉娜抱过来放在床上，本则跟她说话："你好，小宝宝。你好，汉娜。我是你的大哥哥，看我。"

他的声音很温柔，汉娜盯着他看。乔尼好像忽然感兴趣了，他手里抓着正在摇摆的玩具船向妹妹侧过身去，看着她的小拳头一会儿握住，一会儿张开。她没有哭。我们抓住机会给三个孩子拍了照片。随后儿子们下楼去吃茶点，看电视。我听见本还兴奋地谈着他的宝贝小妹妹。

晚上天气总算变凉了，天空下起倾盆大雨，我看着窗外"唰唰"落下的雨滴，迷迷糊糊地似睡非睡。我的腿还在抽痛。儿子们都准备好睡觉的时候，助产士到了。她看了看我的腿，赶紧回去拿绷带和药物治我的静脉炎。

我没有在床上静养很久，因为还有很多事情要做。我新生的小宝贝很可爱，睡觉不多，就像她的哥哥们一样，但是脾气很好，很少哭。她静静地躺着，观察周围的一切，好像被墙纸和羽绒被吸引住了，我给她喂奶的时候，她目不转睛地盯着我看。两个儿子回家以前家里相当安静，他们一回来家里就热火朝天。当时我仍然对乔尼抱有希望，盼着他的自闭症倾向会逐渐减弱，最终恢复正常，期待学校老师能像他们承诺的那样创造奇迹。那是一段忙碌而快乐的时光。

每天早上我给汉娜喂奶，和她说话，抚摸她的小脸，让她攥住我的手指头玩。然后给她换尿布，等她要睡觉了就把她放进婴儿床，拿出画笔和颜料。我们刚改建了阁楼，增加了一层楼梯，通向顶层的漂亮卧室，里面有本和乔尼的高低床和玩具架，顶部还有窗户，可以看到外面翠绿欲滴的树冠。新装的门和楼梯需要图画装饰，晚上家里事情繁多，我只能在白天抽空设计，一共得花三周时间，但我很高兴马上就要完工了。

鲍勃和我每天晚上分别照顾乔尼和汉娜上床睡觉，一人管一个，先做完的就去给本念故事书，并开始做晚饭。汉娜睡的婴儿床傍晚时分就放在在门厅，这样我给她喂奶就很方便。我上床之前会给她喂最后一次奶，然后把她放到便携婴儿床里。现在我家五口人了，其中一个有自闭症，需要额外照顾。但我始终认为，家里每个成员都有自己的权利和责任，乔尼有他自己的空间，也享有我们能够给予的关怀和爱护，但是没有人应该为他牺牲自己的需要。

汉娜五周大的时候我们去北部的德文郡度假，每年我们都去那里。我们住的房子属于一对非常和善的夫妇，他们负责管理当地政府扶持的老年人住房建设。他们就住在当地，不用的时候就把海边的房子租出去。孩子们很喜欢这里熟悉的环境和按部就班的生活方式，喜欢这里开阔的海滩、角落里的商店，里面可以买到有城堡标志的小旗子、冰激凌和风筝。开车过去需要三个多小时，我蜷缩在后排，旁边是乔尼、汉娜的便携婴儿床，还有制作饼干用的配料。当我们在拐角上看到商店时，孩子们激动得欢呼起来，车子也拐进了房子前的行车道。

"我们到了，看见房子了！我们到了，乔尼！"

乔尼拍打着他的玩具船。房子在四排屋其中的一排边上，很有些家的感觉，带着一个很僻静、略欠修剪的小院子。屋子的顶层有两个卧室，有一段较窄的楼梯可以上去。男孩们的卧室在二楼，我们的卧室在顶楼。房东把他们女儿用过的幼儿床放在屋檐下，让汉娜可以睡。

我们把行李拿出来的时候，本忙着摆弄房东通常会留下的一箱玩具，乔尼则坐在那里拍打他的小船。随后我们吃了茶点就出去散步,在夕阳温暖的余晖中我们很快就到了海滩。我把汉娜放进婴儿袋,用带子扣在身上背着,还紧紧牵着乔尼的手,他的手指头在我手里使劲扭动,可我不肯放开他。路上很安静,两边都是涂成彩色的房屋,远处的海水看起来像一条蓝色的丝带。我不愿冒险让乔尼乱跑,因为刚好有一辆汽车开过来了。

我们带了几张席子、小水桶和铁锹,沿这条路走下海滩。海潮退去了,沙滩似乎绵延不绝直到远方,只能看见零星几个人在遛狗、放风筝。我铺了席子坐下来,解开背上的婴儿袋。两个儿子欣喜若狂,东奔西跑。这里地方有的是,乔尼在表面呈波纹状的沙地上坐下来,旁边是退潮时形成的一个小水洼。他往水里扔石子,扔了一颗又一颗,陶醉在这个不断重复的动作中,为一次次如愿溅起的水花欣喜不已。本拿起铁锹在沙地上画了一只硕大的猫咪。我坐在那里陷入沉思:他画的时候如何知道等他后退几步会看到什么?不过他确实知道。这只猫咪硕大无比,令人赞叹。可他难道不介意晚上睡觉时,海浪会把他精心画好的猫咪冲掉?

夕阳西沉的时候,海滩笼罩在橘红色的余晖中,被一个个小水洼里反射的光线装点得光彩夺目。我们带着孩子回家了。本坐在电视机前看电视,我们给乔尼和汉娜洗澡,给孩子们读故事书,打开夜灯。不一会儿,我们都上床睡觉了,汉娜第一次一觉睡到天亮。

两周以来天气一直很好,大部分时间我都在给汉娜喂奶、换尿布。我好像生完孩子以后还没回过神来;时间怎么过的,别人都干了什么,我似乎都很茫然。乔尼每天拍打他的玩具船,口齿不清地自言自语,他喜欢玩水,似乎也自得其乐。一个朋友来访,我们一起去了一个人迹罕至的小海湾,这里长长的礁石一直延伸到海里,一段相当长的斜坡通向顶上长满青草的峭壁,周围点缀着海石竹,值得一爬。

我在沙地上放了一条毛巾,把汉娜从背袋里抱出来放在上面。本冲进海水

里,又跳又喊。乔尼找到一个小水洼,用铁锹铲水洒向空中,于是光耀夺目的银色水珠像小瀑布一般倾泻下来。我们此刻可以不必为其他人操心,尽情享受不可多得的宁静。我们一边吃着三明治,喝着果汁,一边看阳光在海面上跳跃,真是幸福至极。忽然我们的朋友把乔尼抱起来,转了一圈又一圈,逗得乔尼哈哈大笑。也许他会不舒服,但看他高兴,我也管不了这么多了。湛蓝的海面上泛起白色的浪花,微风吹过,粉红色或是被海水漂白的海石竹前后摇摆,风景绚烂而优美。我那金发的大儿子在海浪中扑打着水花,一边喊我们看他;宝贝女儿静静地躺在摇篮中,看头顶的白云在空中追逐;蔚蓝的天空下我的小儿子一圈圈地转啊转,不停地笑啊笑。

两周来,我们划船、捡贝壳、做沙雕,还去参观了当地的自然保护区。在那里我们必须穿过羊群,关上大门,才能在被大量鹅卵石围起来的大型海滩附近停车。我们放风筝,逛当地集市,乘小渡船穿过一个河口湾去看对岸的孩子们坐在海滩上抓螃蟹。穿河口湾是我们最钟情的活动之一,为此我们还保留了一张昔日在这里拍的照片。照片里,我坐在船上,一边是本,穿着咖啡色的短裤和红色的T恤衫,微微扭过头去看海浪以及渐行渐远的海岸线;另一边是乔尼,一只手拿着玩具船,另一只手被我紧紧攥着,他也扭着头,但目光游离,穿的是蓝色的短裤和黄色的T恤衫。两个孩子都有一头金色的卷发,被风吹得乱成一团。我穿了一件宽松的条纹布裙子,因为我怀孕了,裙子稍稍贴着身子,但还算宽松。我胸前有一个挂袋,里面露出两只粉色和白色条纹的小袜子。

我以为乔尼在度假期间会很难管,稍有不快就号啕大哭,还会引人侧目,而后者会让我极度厌倦,忍无可忍。但我记忆中丝毫没有这样的印象,只记得阳光和海水,记得我给小宝贝喂奶、换尿布,还记得我们如涓涓细流的喜悦。我们离家度假的第二周还赶上"猫王"逝世两周年祭,那天晚上汉娜躺在电视机前的毛毯上,被晚间屏幕上不断播放的"猫王"舞台演唱情景吸引住了。

我参加了当地一个互助小组，实际上也是施压团体。因为学校里一个小姑娘的爷爷是位经验丰富的工会成员，他下决心要为改善自闭症孩子的受教育条件奔走游说。他也积极参与当地社区的互助项目。我们开始定期走访他支持的一所城市农场，乔尼和提姆今年的生日就准备在那里一起过。到时候，本要给参加生日派对的自闭症孩子和他们的兄弟姐妹表演魔术。

本还很小的时候就对变魔术很感兴趣。他五岁的那个圣诞节，我给他做了一个魔术师穿的斗篷和一个高高的礼帽，上面镶有小光片和星星；又送给他一个魔术盒子，上面也是同样的装饰，里面装满了魔术道具。一开始这瞒和骗的把戏让他很失望，他本以为魔杖是有魔力的，结果却发现挥舞魔杖、念叨咒语并未让我们消失，或是飘到天花板上去。但最初的惊讶和失望过去以后，他开始满怀激情地研究这些把戏。他订购目录上列出的道具，上魔术师的店铺里了解最新的魔术技巧。他往他的鸽子锅里放满纸，点了火，盖上盖，然后挥舞魔杖，嘴里念念有词。观众们完全被他吸引住了，小朋友个个瞪大双眼出神地看着他。然后他用夸张的手势猛然揭开盖子，幸好，锅里没有鸽子，而是满满一锅糖果，可以分给兴高采烈的观众。一开始他只是在弟弟和妹妹的生日聚会上表演这些魔术，不久，其他人家里的孩子过生日也请他去表演。他演得很好，也赚了一点钱。

乔尼和提姆生日这天，我们给孩子们穿上漂亮的衣服。乔尼穿了崭新的蓝裤子、蓝汗衫，胸前还有银色的机器人图案；本穿的是灰裤子、黄T恤，外面是他的斗篷；汉娜穿着颜色鲜亮好看的田径服，因为城市农场里面有娱乐室，她要是穿了裙子就不能放开去玩了。三个孩子都有一头金色的卷发，汉娜的卷发柔顺地披到肩上；他们的蓝眼睛都很大，睫毛长长的。我觉得他们三个人都非常漂亮。

"好了孩子们，我们都准备好了，马上出发。本，你的东西都带好了吗？"

"带好了。"

"没落下什么东西吗,录音机也带上了?"

"带上了。"

我们上了车,我和乔尼、汉娜坐在后排,我小心翼翼扶着大腿上装有生日蛋糕的盒子。我把生日蛋糕做成游泳池的样子,上面是一层蓝色的糖衣,扶手栏杆是土豆泥和葵花籽混料,过道是甘草糖做的,还有食蜡做的小人在游泳,穿的是糖衣做的红色泳装。本带着魔术道具坐在前排。我们开了三十分钟车到农场,又停了车出来。已经有人给我们准备了很长的餐桌,学校里大多数孩子都来了,再加上他们的兄弟姐妹,人数相当多。桌上摆放着一瓶瓶果汁,还有一碗一碗的果冻,一盘一盘的薯条,以及三明治、香肠肉卷和饼干。所有吃的东西都用食品薄膜裹起来了。提姆的生日蛋糕放在桌上最显著的位置,是铁路和火车的形状。我把乔尼的蛋糕从盒里拿出来,放在提姆的生日蛋糕旁边。这里声音很嘈杂,包括所有兄弟姐妹,孩子们从两岁到十一岁不等。我一边跟人打招呼,一边观察在场的人。你要很用心才能分辨出其中的自闭症孩子。

这样的场合总让人觉得不可思议:你跟一些没什么必然共同点的人在一起,唯一的理由是我们都有患自闭症的儿女。我想我们每次给孩子办活动都是如此,但即使在这样的环境中我们也倾向于去关注那些同病相怜的人。不过有他们在也是一种解脱,因为我们不必一直紧盯着自己的自闭症孩子,不必随时准备给他们带路、跟人解释、堤防别人的冷眼和评头论足;在这里他们的同胞兄弟姐妹才可以无拘无束,不必为他们感到尴尬,不必担心会有什么突发状况。你愿意也好,不愿意也罢,大家都在一个阵营里。

我帮本支起一张桌子,把他的东西藏好,以防别人发现他的秘密,然后就一起去娱乐室。农场里杂乱无章,不过这样也好,大家今天什么都不必担心,就算我们损坏了什么东西,在这种破旧不堪的环境中也看不出来了。这是一座又长又低的房子,里面有很多软游乐设施,有一个小跳床、大球、圆筒、绳子和坐垫,还有一个小滑梯,下面是很软很安全的垫子。孩子们可以又跑又跳,可以荡秋千，还可以滚来滚去，但损坏东西的可能性很小。孩子们玩的时候可以很容易辨认出乔尼他们学校的孩子。乔尼伏在一个大球上滚来滚去，目光呆滞；提姆一遍又一遍从滑梯上滑下来又上去，既看不到他的笑容，也听不到开心的叫喊；萨丽用大块的软砖做了一个窝，然后躺在里面吮吸大拇指；其他的自闭症孩子没有这么安静，他们和其他孩子一样大笑、尖叫，但他们的声音听起来截然不同。

汉娜一会儿玩玩这个，一会儿玩玩那个，每个游戏都想试试，唯恐漏掉什么。她喊着说："本，快看，快看！本，快来玩这个！"

可是本正和一个大一点的男孩拉了根绳子荡秋千，荡过去正好落在他们刚才摆起来的垫子上。家长们站在一旁看着，一边聊着孩子们的事情，一边喝着咖啡。

一些孩子跟着活动组织者比尔去看今年春天刚出生的小动物。汉娜也去了，和大卫的妹妹杰西手牵着手，但是乔尼和本没去。我听见汉娜说："不，他不可能有自闭症。他在说话。"

"不，他真的有自闭症。他是我哥哥，我知道。"

"不，如果你有自闭症的话，你是不会说话的。"

"可是，大卫就会说话。不过，他还打我……"

她俩走远了听不见了，我转过身去看乔尼有没有事。他正在跳床上跳得起劲，旁若无人。本正忙着整理他的魔术道具，这样茶点之后就可以表演了。到了茶点时间，孩子们坐在长长的桌子旁边吃边笑，闹哄哄的。我们给两个蛋糕点上蜡烛，提姆的妈妈和我扶着两个孩子，柔声鼓励他们把蜡烛吹灭。其他孩子唱生日歌的时候他俩都看着别处。地板上放着好多吃的东西。我们在本的"魔术桌"前面摆了凳子，领孩子们坐过去。本已经在桌子上盖了一块布，把录音机放在上面。他披上斗篷，带上黑色的礼帽，原来的硬纸板高顶帽早就坏了。音乐开始了，他从嘴里掏出一个又一个乒乓球来。他表演的时候一句话不说，也不看观众，只盯着掏出来的球，还故意装出惊讶、不舒服的样子。渐渐地，孩子们安静下来了，都盯着他看得出神，眼睛瞪着大大的。

表演在音乐声中继续。本把几页纸变成五英镑的钞票，让小球在一片布的上方漂浮；硬币在他手中消失了，却在看魔术的孩子耳朵背后给找回来了；他让绳子立起来，让砖自行倒塌，让围巾变成别的颜色。最后一个魔术，他把鸽子锅里的纸点燃，在上面挥舞他的魔杖；然后盖上盖子熄灭火焰，再挥动魔杖，嘴里念念有词；最后他潇洒地掀开盖子，孩子们看到的是满满一锅装有"聪明豆"的小盒子。他们满腹狐疑地看着他把小盒子发给他们，然后打开盒子吃里面的糖果。每个人都微笑鼓掌，家长们纷纷称赞本表演得真好。

后来，一个小男孩走过来对他说："你有本事就再变出一些糖果来。"

这个男孩胖乎乎的，头发乌黑，短裤紧绷在身上。

"不行，表演已经结束了。"

"我敢打赌你变不出来，我敢打赌你的魔术都是骗人的！"

"也许吧。但是刚才糖果为什么没有被火烧着呢？"

"那你就再给我变出一些糖果来。"

他不断纠缠，露出几乎是挑衅的神色，本用目光向我求助。

"表演结束了，不会有糖果了。"我说。

他满腹狐疑地看着我，不过还是悻悻地走开了。

"他是不是有自闭症？"本问我。

"不，他不是。不是所有的不良行为都是自闭症的表现。"

我们收拾东西回家。这一天过得还是非常愉快的。

我用钥匙开门进屋，马上感觉到情况不妙。尽管表面上风平浪静，但家里的气氛不对。本已经十八岁了，现在住在家里，因为他从当地一家艺术学校毕业了，正准备上大学。他坐在门厅的椅子上，抬头看了我一眼，一句话不说，

手里抓着一袋冰。我刚才去合唱团了,这是我家庭生活以外的一项活动,是我仅剩的过去独立生活的一点痕迹。我很小就喜欢唱歌,上学的时候唱,上大学唱,大学毕业以后还在唱。我在修道院唱过,在教堂里唱过,在附属教堂唱过,甚至在一些有名的音乐厅里也唱过。我还从英国唱到了欧洲大陆,上过广播、电视,为唱片公司灌过唱片。在我生命中的艰难时刻,唱歌成为我的精神支柱、我的快乐之源。不过从今晚开始,只要乔尼在家里,我将不再去合唱团了,正如他上周寄宿学校以前我有四年时间都不去。谁知道我不在的时候家里会出什么危险呢。

我环顾四周,发现厨房门上有个地方凸出来了,是原来没有的。

"出什么事啦?"我问本。

"乔尼打我。"他看起来惶恐不安,"他是有意的。"

"噢,我能肯定他不是有意的。我想他一定是心里难受。我知道出这样的事很糟糕,但这都是自闭症引起的,根本不是针对你。"

"不对,他真的是有意要伤害我。他不肯放过我。你没看到他脸上的表情……他确实是有意要伤害我。"

"我很难过。我知道这事很严重,但他真的是爱你的。"

"你刚才不在,你不知道。"

"不,他确实爱你。"

鲍勃打开厨房门。

"到底发生了什么事情?"

"他刚才发疯了。他拿起一个棍子,不停地打本。"

我真想哭,但我没有。

"他现在在哪儿?"

"他在洗澡,已经冷静下来了。"

"汉娜在哪儿?"

第五章 乔尼和兄弟姐妹

"在床上，他没动她。可是，他打我。"本说着给我看他被打的手。

我上楼去把洗澡间的门打开一条缝。乔尼坐在澡盆里，背对着我。他头发湿漉漉的，正高兴地用塑料瓶把水从头上往下浇，然后再灌满，再浇，这样反反复复。他现在十五岁了，几乎和我一样高，但和他哥哥或者爸爸相比还差很多。他没有回头看我。地板上全是水，我放了几块毛巾在地上吸水。

后来，两个小的都上床睡觉了，本则在他屋里看电视。我喝着第二杯酒，筋疲力尽。

"你不能拦住他吗？"我问鲍勃。

他看上去吃了一惊。

"对不起，我不明白你的意思。"

"难道刚才就没有任何办法可以拦住他，让他不要打本吗？"

"哦，我刚才在厨房里忙着，不知道发生了什么。其实，你不在的时候我根本管不住他。只有你才能跟他相安无事，总是有办法安抚他。"

我无言以对。

几年以后，本在外面上大学，汉娜的一帮朋友来家里过夜。他们都在客厅摆充气床垫、靠枕和睡袋。他们刚才去看了音乐节开幕式中滚石乐队的演出，舞台在田野的尽头，距离爵士乐、古典音乐的舞台很远。刚才外面在下雨，所以门口的踏垫上放着一双双沾满泥巴的鞋子。

我们也带乔尼去了开幕式。他很喜欢音乐，喜欢看烟花，也喜欢我们从街头摊贩那里给他买来的荧光棒。但他今天刚从学校放假回来，现在累坏了，正在自己的屋里呻吟。我明白这是暴力和痛苦的前兆。我不想让汉娜和她的朋友觉察出来，幸好他们在客厅里闹哄哄的，声音很大。我希望他们能过一个正常的夜晚，不要受乔尼的影响。

我从里面把乔尼的房门关上，背靠门坐着，这样他就不会跑出去了。他被

天使的世界你不懂

激怒了，咬牙切齿地企图用头撞我，当他逼到我跟前时我看到他一脸狂怒。不过这段时间我已经学会了躲过他的进攻，现在也是如此。乔尼现在个子比我高，力气也比我大了，有时候他抓住我的手使劲扭，但大多数情况下我会在他扑过来的时候转身避开他。他的鞋子扔到了楼下，他每次踢我我都闪开了，基本上没受什么伤。

屋子很小，乔尼不喜欢东西很多，只要屋子布置得整齐、紧凑。有一张松木床，是他原先与本合用过的高低床的一半，木头上随处可以见到擦碰的地方以及牙印。床和门之间是一把旧扶手椅，他经常坐在上面，一丝不挂，一动不动。椅子还有点难闻，因为他有时候会把坐垫尿湿。我提醒自己要把它换成院子里的凳子，这样擦洗起来就容易得多。地上的棕色地毯也被弄脏了。床头边上是一个五斗柜，在窗户下面，里面放着乔尼的录音机和磁带，书和杯子，摆放得整整齐齐。墙上贴着一张很大的海报，上面是一个人在巨浪中冲浪前进，在淡黄色墙壁的映衬下非常醒目。帘子是黄色和蓝色的，挂在窗户上和挂衣服的壁橱上，把壁橱挡在视线之外。墙上、门上随处可见各种印记，有的地方凸起来了，有的地方弄脏了，都是他先前发病留下来的。

过了一会儿，乔尼不再攻击我了。他坐到床上，尖叫、哭喊、把随手抓到的东西扔出去，衣服、书本、玩具、杯子、碟子统统被他砸到墙上，留下凹痕。屋里没什么更重的东西了，因为我平时就很注意这一点。我把他扔的东西一件件地推到门外去，但我不看他，假装对他的行为不予理睬。他和我关在一起，我要陪着他，直到暴风雨平息。我试着不停把他愤怒、悲痛的哭闹声从脑子里抹去，一遍遍提醒自己，他的怒气不是冲着我来的，而且他过后会懊悔不已的。这实在太难了，因为他用充满怒火的眼睛看着我，不遗余力地攻击我。

很多时候我一直提醒自己，他发病的时候心脏一定在急剧跳动，内心必定极度恐惧。我跟他的哥哥、妹妹，还有看护都说过："记住，他比你更害怕。"

但在此时此刻，在这个充满狂怒与暴力的小房间里，我自己也不相信这一

第五章　乔尼和兄弟姐妹

点了。我开始相信,他是真的要伤害我,让我痛苦。我自己的儿子,我关心照顾的人,我为之榨干自己精力的人,我一直竭尽全力去帮助和保护的孩子,竟然凶猛地要把头撞到我脸上。他要惩罚我把他带到这个世界上来。我发觉他这么想是对的,是我毁了他。

过了一个小时,痛哭声变小了,他开始抽泣。如果非要我作出选择,我得说此时的哭泣更让我心碎。只是一种纯粹的、彻头彻尾的悲痛。我知道此刻我儿子不想让这样的事情再发生了,他对他的所作所为感到后悔。他的悲伤让我心如刀绞。我想过去拥抱他,告诉他没事了,但我不能这么做,否则后果不堪设想。我必须等待,等他按照自己的方式平静下来,而最后这一刻终于来了。他很可能只抽泣了十五分钟左右,我却感觉像过了好几个小时。他现在平静下来了,脸上还挂着泪痕,鼻子还在流鼻涕,此时我必须慎之又慎。如果我反应太快,他就会重新开始发作。我用眼睛的余光观察了他一会儿,然后坐到床上他够不着的地方,不敢离他太近,然后打开一本相册,一页一页地慢慢翻着看照片。几分钟后房间里出奇地安静,乔尼也移过来看照片。我不看他,只是递给他纸巾,他接过去,擦了擦鼻子再递给我。他伸着手臂靠过来,我有点迟疑,但没有躲开。他已经没事了,不会再打我了。

他翻过一页,说:"本。"

"是的,当时你和本在滑梯上。你还记得吗?"

他沉默着。我又翻过一页。我不看他,也不说话,只是一页一页慢慢地翻阅。他看着照片。我们翻到最后一页的时候,他说话了:"对不起,唉,唉。"

又是一个我必须慎之又慎的时刻:我必须正确理解他的话,否则他又会打我,或者又号啕大哭起来;他也有可能把"对不起"说上好几个小时,因为我不能正确回答而越来越沮丧。

"好了乔尼,没事了。"

"对不起,唉,唉。"

"没事的。"

我们把照片又看了一遍,然后又连看了另外两本相册。时不时他又会说:"对不起,唉,唉。"而我也把我咒语般的回答重复一遍。一旦我确信他不会再发作,就给他拿出睡衣,他开始脱衣服。我带他去洗手间,照顾他上床,给他读会儿书,然后道"晚安"。他把脸贴过来,我强迫自己不要躲开。他贴着我的脸说:"晚安,晚安。对不起,唉,唉。"

"晚安,宝贝。没事的。"

我打开卧室的门,发现楼下听起来一切正常。他们还在看电视,在"哈哈"大笑,而不是鸦雀无声、紧张得大气不敢出。我女儿和她的朋友们对楼上发生的事一无所知。他们都没事。我轻轻关上乔尼的房门,在外面听了一两分钟,然后回到自己的卧室。鲍勃躺在床上看报纸,手里端着一杯红酒。

"现在都没事了?"

"是的,他睡了。"

我看了一下手表,已经凌晨三点钟了。

我们又回到北部的丹佛了,今年的天气不是很好。现在每个人都长大了一点。天气暖和一点的时候,汉娜就穿一件带蓝点的泳衣,脚上是一双塑料鞋子。大多数时候我都让她穿一件带风帽的毛巾布上装,把风帽给她拉起来盖住乱蓬蓬的卷发,但她总是把风帽又拉下来。她划独木舟,然后直接跳进海里,本在沙滩上给她堆城堡。我们所在的海滩属于自然保护区,尽管刮着风,天空灰蒙蒙的,却没有下雨。毕竟和三个孩子在一起,你不会有太多时间想待在家里。

海滩一望无际,波纹状的黄色沙地上风沙四起,往我们眼睛里、衣服里钻。大海狂野而美丽,但离我们很远。我们带了防风棚,可以撑起来把自己围住,当然把它们立起来很困难,一不小心就会被大风吹得东倒西歪;可是一旦立起来了确实能起到挡风的效果。我们带了席子、水桶和铁锹,还带了中午野餐的

第五章 乔尼和兄弟姐妹

东西。海滩似乎空寂无人，但还有一些防风棚星星点点地分布在附近，想来里面应该是有人的。在海湾的尽头，青山与大海连成一片。我试着读一份报纸，尽管纸页在风中一直"窸窸窣窣"地发响，不过一篇关于市中心学校音乐项目的文章还是吸引了我的注意力。汉娜和本决定勇敢地迎风走进海里，我看着他们的身影渐行渐远，变得越来越小。他们看起来没什么事情。本不停地回头，确保还能看得到我们。我心里明白，他会一直牵着妹妹的手。乔尼在我身边躺着，拍打着玩具船。他们刚才问他要不要一起去，但没得到任何回答。我快要看完第二篇文章的时候，忽然听到孩子们兴高采烈地跑回来了。

"大海真的很汹涌，我们不能再靠近了，身上会湿透的！不过我们已经走很远了，也累了。汉娜哭了，沙子钻进了眼睛里。"

"妈妈，我痛，眼睛很痛，我再也不去了。"

"乔尼在哪里？"

没有回答，只有问话在耳边回荡。乔尼到底去了哪里？

他不在我身边，我站起来用眼睛搜寻防风棚后面的沙滩，根本没有他的身影。我怎么会这么粗心大意，他怎么悄无声息地就从我身边溜走了？我们都站起身来环顾整个海滩，可是任何地方都没有他的身影，海滩上也看不到任何人在走动或是奔跑，只有三三两两的几处防风棚和飞扬的沙尘。两个孩子都急得哭了起来。

"乔尼在哪里，乔尼在哪里？我们把他弄丢了。我们再也找不到他了。"

"没事，我们会找到他的。"我说道，但声音在打战，一点说服力都没有。他们俩哭得更凶了。"好了，现在我们必须去找他。不行，不行，你们俩就待在这里，不能再走丢了。"我很恐慌，他们也看出来了。"你们就坐在这里，我去找。"

我一丁点头绪都没有。我看得清清楚楚，沙滩上没有他的身影。他肯定是跑远了。上帝保佑，他就是跑远了，也不要跑到大海里面去才好。但是他怎么能跑得这么快呢，他到底是怎么从我眼皮底下溜走的？

"你们两个，就在这里待着。"鲍勃说，"千万别动，妈妈和我去找他。"

我们分头出发，穿过广阔的海滩。大风扬起飞沙打到我们脸上，也刺痛了双腿。我向海边走去，因为我会游泳，不过波涛那么汹涌，会游泳也没什么用。鲍勃朝着沙梁的方向跑去，开始往上爬。我边走边回头看，以确定两个孩子是否还在原处。我的心"怦怦"跳个不停，我努力不去想可怕的结果，但无济于事。到了海边我什么也没发现，那里一个人都没有，巨浪拍打着沙滩，咸咸的海水溅到我脸上和头发上。就算是游泳健将，在这样的海里游泳都相当困难，而小孩子当然很快就会溺水。我回头往海滩上扫了一眼，发现鲍勃在远处挥手。我拼命跑过去，每跑一步脚都陷进沙里。他就站在一圈风障旁边，离我们自己的风障足足有一百多码，风障里面的人是看不见的。但稍微走近一点，我就看见鲍勃已经找到乔尼了，正牵着他的手。

"显然他刚才跑到别人家的风障里去了，和他们坐在一起吃三明治。他们觉得他刚才看上去挺高兴的，以为一会儿肯定会有人来找他。现在好了，他一点事都没有。"

我没说话，只觉得心里翻江倒海。他哪里都有可能去，可能被人带走，也可能跑到海里去被淹死。他是在我看报纸的时候一声不响地溜走的。

"乔尼，乔尼，"汉娜喊道，"他很好，本，他居然没事。"

她不安地看着脸上挂满泪痕的大哥。本没说话，只是坐在那里，把额头贴在膝盖上。

"刚才任何状况都可能发生。"他说。

不久，我又开始工作了，我们的收入也增加了。于是我们开始规律地度假，这一次带上乔尼，围着他转，下一次则不带他。他每年有整整两周时间在暂托中心度过，这样家里人就可以无忧无虑地过一个假期了。

第五章 乔尼和兄弟姐妹

  第一次度假，是和一个朋友去诺曼底一周。我们的小屋就在渡轮边上。我们坐船去的，一路上风平浪静。我们租的房子属于一所农场，开车去那里很快就找到了。整整一周，天气都很好，房子和院子漂亮而安静。我们周围是苹果园，还有很多梨树，全都开花了，美不胜收。我们要穿过这些树林去面包店买早餐。我们可以坐在院子里喝着当地的苹果酒，还可以到周围村子里去溜达。我们又在巴黎待了一天，我带着汉娜在埃菲尔铁塔底下的一个公园里玩，其他人都登上去了。我们沿着河岸一直走到巴黎圣母院，在那里坐了一会儿，享受午后温暖的阳光，又抽出一天去了凡尔赛宫，在布局规整的花园里散步，看喷泉的水柱在阳光下熠熠生辉。

  这次旅行让我盼了许久，可一到这里我又一直不安。我迫不及待想喘口气，让儿子离开家人、离开哥哥和妹妹，把他交给别人照看，好让我们出来度假。无形中我给了自己和其他人压力，要尽快享受这段时间，以致我们都难以忍受。我坐在埃特尔塔的海边，看着莫奈画过的风光，又看到孩子们在海水中嬉戏，心里充满了内疚。我需要离开乔尼喘口气，但对他的思念又是这么势不可当。

  我花了几年时间才渐渐抚平这种情绪。乔尼似乎也习惯了家人离开他。不过我很清楚，我们永远不会知道他是否为此感到难过。我们不在的时候，有人带他去做很多有趣的事。有一年我们和好朋友去马洛卡岛，乔尼去暂托中心。我们租了一座乡村别墅，那是一座非常漂亮的老房子，上面爬满硕大的蕨类植物，还带着很好的游泳池，周围重峦叠嶂的美景尽收眼底。山羊在山上漫步，它们脖子上的铃铛声不绝于耳，午后还能听见驴子嘶鸣。站在阳台上可以看见一座修道院，它周围是橘黄色的土地，布满石头，早晚时分都能听到绵延不绝的钟声。

  这时节到处都热浪扑面，就像有个大火炉在炙烤，真是难以想象，被蚊子叮咬也成了家常便饭。早上我们穿着泳衣溜达出屋子，坐在游泳池边的凉棚下面喝咖啡，看五个孩子跳进水里嬉戏，我们时不时给他们抹防晒霜和驱虫剂，空气被烤得好像要迸出火花来。过一会儿我们就可以挤进车里，在布满车辙的土路上颠簸前行，然后走大道去当地集市或海滩。到了晚上，四个大人就坐在屋外喝葡萄酒，或者轮流去当地餐馆用餐，另一对则留下来照看孩子。这期间，我读了很多书。一天我们去了一处极其漂亮的海滩，这里有巨大的松树，树下是松软的白色沙地。我带汉娜去海里游泳，她穿着游泳衣，套着亮粉色的游泳圈，开怀大笑，无忧无虑，完全不像乔尼在身边的时候。在别墅，我看着本和朋友的大女儿一起潜水，他们比赛看谁能取回更多我们事先扔到水底的矿泉水瓶子。他也像汉娜那样开怀大笑，无忧无虑。我们都可以松一口气了，但就在这快乐的时光中，我始终觉得少了什么，心里空落落的，有一种挥之不去的痛楚。我的朋友有三个孩子，我也有三个孩子，只是其中一个不在身边。

这些年来我一直在反复思索，我是否对得起乔尼的哥哥和妹妹。我总是努力保护他们免遭暴力侵害，给他们没有乔尼打扰的空间，花时间陪他们，关心他们。我亲眼看到，有些家庭不愿意或者不能够接受暂托服务，以致患者的兄弟姐妹们满怀怨愤。我认为我们还是挺过来了。但许多状况很可能根本不是父母能顾得过来的。对于一名看护来说，最大的难处就是你很少有时间和精力去思考问题。你就像被上了链条一样，一点深思反省的空间都没有，每时每刻都在高压下全速运转，整天都筋疲力尽。我知道自己有时也会感情脆弱、郁闷沮丧，觉得自己孤立无援，挫败感如泰山压顶。我回顾既成的事实，怀疑自己是否应该做得更好一些。我理解孩子们的处境，做一个残疾人的兄弟或姐妹真的不容易。

我尝试去读相关的书籍，尽管有时我累得连眼睛都睁不开。我想我能理解问题可能出在哪儿。年幼的孩子总是以自我为中心，在他们的世界里，每件事情都和自己有关系。如果有什么事情不对劲了，他们更多是凭感觉而非理性，觉得这或许是他们的错。比如战后或是集中营里幸存下来的人往往会对那些没有生还的人感到内疚；同样，残疾人的兄弟姐妹也会为他们健全的体魄与能力感到内疚，既因为手足兄弟是残疾的，也因为自己是健全的。在这种关系中手足之间无所谓竞争。按理说,兄弟姐妹生来就处在竞争的关系中,有时候他们会为此互相憎恨,更多的时候他们渴望胜过对方。但是,如果兄弟中有一个不能参与竞争,你会有何感受呢?你内心一定会非常挣扎,因为竞争的欲望愈强,内疚感就愈重。如果有两个健全的人呢?也许你们会形成异常稳固的联盟,你俩同属一个阵营,此外再没有人能明白你的处境和你内心的冲突。

这是春天里一个风和日丽的周六,孩子们都在院子里。我在屋里时不时往外瞧瞧,不过他们一切正常。幸好我家院子没有后门。院子后面地势较高,干石墙旁边是一株苹果树,上面开满粉色的花。墙顶上长满了荆棘,几乎把一个旧的绿色瓦楞铁皮棚子全盖住了。棚子旁边是篱笆墙,墙外是"三不管地带",没有人住,再远处就是运河的拖航道(古代纤夫拉船时走的道路)。我们从屋里或院子里都看不到运河,别人在拖航道上也看不到我们。乔尼无法从院子里跑出去,因为屋子被围起来了,唯一的出口是前门。我时常因房子的这种格局而感到十分庆幸。

今天天气很暖和,孩子们都穿着旧牛仔裤和汗衫。他们正在用圣诞节得到的玩具材料做东西。这套玩具里有大块鲜艳的塑料片、蓝色的管子和黄色的方块、黑色的轮子和接头,用这些组件可以搭建各种各样的东西,比如塔楼、滑梯、汽车。经汉娜一再鼓动,本花了一个早晨的时间做了一辆轻便马车。汉娜时不时想加上一块材料,本又偷偷地去掉了,或者放到合适的地方。轻便马车快完工的时候,我听见他们激动地叫起来。乔尼荡着系在苹果树上的秋千,把绳子咬在嘴里,手里拿着玩具船,上面的塑料鱼晃来晃去。

"乔尼,快来看我们做的东西。你一会儿就可以驾着车走了!"

汉娜想让他过去欣赏他们的杰作,可是他没有反应,只是加快了拍打玩具船的速度。过了一会儿,我听到兴奋的尖叫声和欢呼声,赶紧跑到院子里看个究竟。三个孩子都坐在马车里,汉娜在前面,本在后面,乔尼在中间。本在花

园里地势最高的地方把小车停稳,然后自己也坐上去。

"准备好了吗?"

"准备好了,准备好了,本,快开吧!"汉娜喊道。

乔尼坐着,用手指头捂住耳朵,同时越来越快地拍打玩具船。

"准备好了,坐稳,我们开车了。"本一边喊一边把脚放在小车边沿。小车开始从坡上往下滑,最后撞在下面一个小篱笆墙上。他们都掉下来了,开怀大笑。

"再来一遍,再来一遍!"汉娜叫道,"来吧,乔尼。"她说着牵着乔尼的手把他拉起来。

他们一起跑上坡,哥哥再把车子停稳,让他们上车。

带斜坡的花园是我们这个山居城市的特色之一,说起来有优点也有缺点。夏天乔尼和汉娜坐在充气游泳池里玩。汉娜喜欢往转轮上浇水,或推着小船上的玩具人转圈;乔尼则喜欢用酸奶盒泼水。这个池子里的水总是一边深一边浅。后来我们搬家了,搬到市郊一个村庄的一栋独门独户的大房子里。从某些方面来说这是一次疯狂的搬迁。本喜欢去夜总会,汉娜后来也是。出租车太贵,而公交车又靠不住,特别是去他们学校的线路。多年以来我们就这样开车往返于去城市的双行道上。但是这样安静、几乎与世隔绝的环境对乔尼很有好处。

暑假里一个阳光灿烂的早晨,汉娜把一个同学请到家里来了,这个同学相当烦人。她来自一个海军家庭,经常搬家,小姑娘刚到他们学校没多长时间。她金色的头发乱蓬蓬的,嗓门特别大。她俩在我家大院里的攀爬架上玩。作为一个七岁大的孩子,她确实相当自信。我想自信应该是个优点吧,可是,在厨房里我都能听到她用刺耳的声音发号施令,告诉汉娜她们应该怎么玩,谁扮演谁,每个角色都做些什么,说些什么。我想如果一个孩子不停转学,他要么脸皮很厚,要么拘谨退缩。我答应小女孩的妈妈让她在我家待一整天,但我又担心汉娜忍耐不了多久。我也跟她妈妈提到乔尼,说他也会在家,但是她很宽容很和蔼地表示没有关系。

我让她们在草坪上吃野餐,她们穿好衣服就忙开了。弗吉尼亚一直在嚷嚷:"好了汉娜,你站在这里。不对,是这里。现在你请我回家跟你一起喝茶。你要请我把小孩也带上。好,继续。"

她抱着汉娜的一个洋娃娃,实际上是汉娜最喜欢的那个。我很惊讶,她居然能让别人从自己手里把娃娃拿走。汉娜看着我,我想她有点郁闷,但之前是她热心地邀请朋友来家里玩。

"她能不能来我们家,妈咪,行不行?"

"当然可以,我会问她妈妈的。"

通常课间的游戏时间是很短的,可是她俩的游戏已经玩了一个多小时了。

"这是给你们吃的,"我说着在地上给她们铺了一张毯子,"注意饮料罐子,别打翻了。"

"好了,汉娜,你坐这里。不行,我要抱着小宝贝。"她的声音很尖很刺耳,而且说一不二。算了,下次再也不请她来一整天了。她妈妈不过是要上街购物。

乔尼似乎全神贯注地在玩他最喜欢的游戏。汉娜有一个小木头房子,斜顶,就在攀缘架旁边。乔尼把球扔到房子的斜顶上去,让球滚下来,一连几分钟都这样自娱自乐。我必须专心看着他玩,因为一旦他认定没有人看,就会把球连同身边的任何东西一起扔到围墙那边邻居家的院子里去。他好像对旁边两个小女孩视而不见,尽管她俩一直占着攀缘架,用床单盖在上面当她们的另一所房子。不过看到乔尼最心爱的游戏场所被改作他用,我很担心他还能忍多久。我坐在院子里看她们吃野餐,确保一切正常。乔尼坐在我旁边平地上的一个塑料桌跟前吃他的午餐,他先吃光所有面包,接着是火腿,然后是黄瓜,有条不紊,头也不抬一下。

"喝水。"他说。我想,回屋去给他再拿一杯喝的东西应该不会出什么事情。因为我会马上回来,而他离那两个女孩还有一些距离。

"汉娜,快点,"我们又听到了,"不行,你必须把它吃完。好了,现在轮到我待在屋里了。"

我真想把耳朵捂上。我们家的大院子一直都很安静,离马路远,附近也没什么人。我看看手表,还有两个小时。

我站在厨房的水龙头旁边,正在往乔尼的杯子里倒橘子汁,正要倒满的时候就听见外面出了状况。我觉察到一阵突如其来的寂静,接着就是大声的哭号。我跑到院子里,看见弗吉尼亚站在攀爬架旁边,手捂着脸,手指头底下肿了一块。她号啕大哭,眼泪从脸上滚下来。

"出什么事啦?"我轻声问汉娜。

乔尼仍然若无其事地坐在桌子旁边,喝我急急忙忙出来时递给他的果汁。汉娜指着他。

"乔尼打她了。"她轻声对我说。

我捂着嘴小声说:"她是不是一直都在讲话?"

"是的。"

她忍住笑,我也转过脸去。我们给弗吉尼亚的妈妈打了电话,她很快就过来把她接回去了。

"真不好意思,我也不知道他为什么就不高兴了。"我撒了个谎。

"没事的,我知道他也控制不了自己。"她说着关上车门,母女俩一溜烟地离开了。

弗吉尼亚走的时候还抽着鼻子,脸上一片红肿。她一走,汉娜转身就说:"家里终于又安静了,多好啊!"她坐在电视机前看起了电视,过一会儿又和哥哥去泡澡。

"没事的,乔尼,"她说,"你可以玩水,想怎么泼就怎么泼。"她温柔

地对他一笑。

还有一次,也是夏天的傍晚,家里相当热闹。这个时候是一天中最忙的,所有成员都回家了,吃茶点,看电视。今天又是周五,汉娜的朋友、本的朋友都在我们家过夜。他们在各自的房间里,和自己的朋友玩电脑游戏,或者给洋娃娃打扮。刚才一进门,他们每个人就领到一卷卫生纸。

"不要把纸放到卫生间里,"我听见本对他们说,"记住,每个人都随身带自己的手纸。"

这个告诫听起来很奇怪,但朋友们都欣然接受,没有人提出质疑或者反对意见,好像这是世界上最正常不过的事情。乔尼在洗澡,他睡觉前总要玩一会儿。

"走,开。"我进去看的时候,他对我这么说。

他想独自玩水,不让别人打扰他,所以我就下楼去厨房里洗碗。我时不时走到门厅听听他出来没有,但听不到一点动静。刚搬过来的时候,我们就在卫生间铺了很厚的乙烯基防水垫,固定在澡盆和马桶周围。由于过去很多次天花板上漏水漏得很严重,我们明白每次搬家这件事是必须做的。忽然我听到本的声音从楼梯口传来。

"请注意,裸体男出现!请注意,裸体男出现!"

我跑上楼去。所有卧室门都紧紧关着,只有本站在楼梯口,确保没有人出来,特别是汉娜屋子里的小女孩们。乔尼现在已经到青春期了,他站在洗澡间外面,光着身子,浑身湿漉漉地滴着水。我赶紧把毯子裹在他身上,把他带回卧室。汉娜从房间里探出头来。

"现在好了吗?"她问道,"罗西想上厕所。"

"等一分钟,"我说,"或者她去楼下的厕所?"我去浴室把地上的水都拖干净。"现在好了。"我说道。

"警报解除。"本喊道。

罗西从屋里出来，左顾右盼。

"不用一分钟啊，汉娜。"她说。

我衷心为孩子们感到骄傲，尽管困难无可避免，他们还是可以把家庭生活过得相当有创意，还能富有幽默感地包容兄弟奇怪而让人烦恼的举止。我们第一栋房子的餐厅也是孩子的游戏室，那里有一个旧沙发床，孩子们经常把它打开，铺在地上变成床的模样，然后躺在上面看电视。一个冬天的早晨，我从厨房过来收拾他们吃剩的早餐，发现三个孩子趴在沙发上，一个挨着一个，都用手托着下巴，全神贯注地看动画片。

几年以后我们住在这间村舍里，旧餐厅里的楼梯是开放式的，大的壁炉里面是一个烧木材的火炉。因为是夏天，火炉现在用不上，尽管屋里还是一如既往很阴凉。三个孩子坐在相连的几级楼梯上，都穿着校服，一句话不说，专心致志地吮吸嘴里的棒棒糖。后来，吃完茶点，洗了澡，乔尼就上床了，手里抓着玩具船。本坐在床边的小凳子上，给他念故事书，时不时停下来，让他重复一个词语，或者说出即将出现的人的名字。汉娜躺在床的另一边，也在听故事。

"你别说，汉娜，让乔尼说。现在是他的故事时间。"

"我讨厌那部该死的电影。"和本进厨房的时候，汉娜这样说。

"你说什么？"我忙着做饭，心里想着别的事情，没听清她说的话。

"是的，"本赞同她的说法，"人们喜欢这部电影，是因为他能说出任何一年的任何一天是什么日子。"

"哦，《雨人》。"我说。

"是的，《雨人》。"汉娜回答，"我讨厌这部电影。我非常讨厌人家动不动就问我，乔尼有什么特殊的才能。"

本也赞成："大家都认为乔尼应该很了不起。"

第五章　乔尼和兄弟姐妹

故事里的人是"白痴天才"——编故事的人真有想象力。人们喜欢这样的故事，尽管他们只在电视上看到过。但他们都说自闭症患者有特殊才能，比如，他们可能会把钢琴弹得如同高山流水一般，或是凭记忆画出仅看过一次的建筑物，甚至有让人自叹弗如的心算能力。

"我告诉他们乔尼可以隐身。"本说道。

"你说什么？"

"我告诉他们我弟弟有自闭症，他们就问：'哦，他有什么特殊才能？'于是我说：'他只要愿意，随时可以隐身。非常烦人，我们怎么也找不到他。'"

他们俩"哈哈"大笑地出了厨房。

白痴天才，这是凤毛麟角的事情。你想想看：如果一个人能凭记忆巨细无遗地画出只看过一眼的建筑，但凭想象却什么也画不出来；如果一个人能算出任何人的出生日期，却不能分辨悲伤的面孔和开心的面孔，这是特殊才能吗，还是大脑大面积功能失常？或者，这也许是你听到过最让人伤心的事情……

我的另外两个孩子总是本能地不喜欢被关注，但多年来他们渐渐成为个人权利执着的捍卫者，坚信每个人都有权与别人不同，坚信这是平等权利的重要体现。一旦被不公平现象激怒，尤其当这种不公牵连到残疾人的时候，他们就会忽然以雄辩的口才据理力争。但他们本身不是好辩的人，待人也很宽容，他们知道什么事情值得一争。尽管生活中充满艰难坎坷，充满焦虑悲伤，他们依然富有幽默感，和乔尼一样。看到乔尼对他们精心挑选、包装好的礼物不予理睬，我也为他们感到心碎。但他们身上善良的力量又让我无比自豪，这种力量可能是他们都未觉察到的。

除了去上大学的本，我们家其他人都在一家大型超市里逛着。乔尼做完脚趾头的手术在家休养，所以我们让他坐轮椅出行。他很高兴，现在只要能坐着

就更不想走路了。后来发生的事让我预见到下次再来超市可能出现什么麻烦，但现在我还毫无意识。我们只是一面推着他转悠，一面往购物车里放东西。人们同情地冲我们微笑。瞧，要照顾他多不容易！这个男孩肯定很勇敢。当人以为别人身体有残疾的时候，就会对他特别和善，这真了不起。但如果乔尼除了自闭症没有其他肢体缺陷，别人就不会这么友善了。在收银处他把我们"出卖"了。他忽然发现，站在轮椅的脚镫上身体前倾是件很好玩的事情。他试了一次，我们假装没看见。收银处的女子看了很吃惊，但马上转过脸去。可是乔尼觉得这样非常滑稽有趣，忍不住"哈哈"大笑，还用眼睛的余光观察我的反应。他一次次站起来又坐下去，周围的人都看着我们窃窃私语。对此我也习以为常了，真希望前面的人快点结账，这样我们就可以拿上东西回车里去了。

忽然我听到——

"这真是奇迹啊！"我忍不住笑了。

汉娜，我的文静小女儿，正看着周围的人这么说。

"真是一个奇迹！"她感叹道，"乔尼能走路了！"

去取车的路上我们笑个不停。乔尼也笑了，为他的聪明把戏颇为得意。

本和汉娜一直梦想乔尼能和他们说话。很奇怪，我们都做过这样的梦。那天我们围着桌子吃饭，乔尼上学不在家。本和汉娜的对话像往常一样妙语连珠，逗得我不停地大笑，差点都噎住了。忽然有人说："昨天晚上我梦见乔尼能讲话了。"

"他的声音是什么样的？我也梦到了，可是早上怎么也想不起来了。"

"是的，我也想不起来了。"

"他在说什么？"

"哦，我们不过是在讨论电视上演了什么，当时我们只是在散步，就像正常人一样呗。"

第五章　乔尼和兄弟姐妹

当然，乔尼有生以来从未"正常"过。可是每当梦见乔尼开口说话接着又醒过来的时候，我真是心如刀绞。我意识到我在做梦，那不过是我的幻想而非现实。在梦中我和儿子愉快地聊天，我们的交谈畅通无阻，我们亲密无间，但美梦不会成真。在有生之年，我们永远不可能如此交谈。

我们来到这家乔尼很熟悉的餐馆。这些年里我们来过很多次。这里的意大利服务员很可爱，她们对我们很友善，也乐意帮忙。乔尼回来度周末，今天就要回去了。汉娜和我们在一起，本和他的女友要从伦敦赶到这里来见我们。我们坐下来等他们，但愿不用等太久，否则乔尼会不耐烦。我问乔尼想吃意大利面还是披萨，他好像说了意大利面，但我不敢肯定。我们给他点了柠檬汽水，我们则喝红酒。正好这时其他人都来了，大家互相拥抱、寒暄了一番。

"你好，乔尼。"本说。

"你好，乔尼。"科斯提说。

乔尼笑了，但不看他们。

"意大利面。"我想他是这么说的。

"好，我们点菜吧。"

我们都点了自己想吃的。我点了披萨，这样万一我听错了，还可以和他换一下。其他人都热火朝天地聊着，每当这个时候乔尼就会说：

"走，开。"

"他是不是想让我们走？"本问道，看上去有点受伤。

"没有，"我说，"他很高兴见到你们。他只是觉得我们说话太多了。"

他们有几秒钟不说话，但很快又忍不住开始说说笑笑，讨论他们经常看的一个电视节目。乔尼对着本的女友笑了，他笑的时候总是目光游离，从来不直视对方。他过一会儿就重复说一遍"走，开"，但是我们都没理会他，他也不在乎。意大利面上来了，他狼吞虎咽地吃。

"慢点吃,乔尼。"我说。

他像往常一样对我的话不予理睬,我还是时不时提醒他。他很快就吃完了,比所有人都快。

"拿,走。"他说。

"他们一会儿就会拿走的。"我说。

"拿,走。"

他好像要发火了。我请服务员过来把他吃饭的那块地方收拾一下,并跟她们解释其他人还没吃完。我们顺利吃完了饭,其他人都回家去了,我则要开车把乔尼送回他的住处。我们的车停在黄线上,我有一张给乔尼办的残疾人停车月卡。我们离开的时候,乔尼睁着长睫毛的眼睛从车里看着他们,给了他们一个微笑,只给他们。他爱他们。我们离开那里以后,他说:"本。"

到了他的家,他一遍又一遍地看家庭录像。每次过生日、过圣诞节我都要给他拍摄新的片子。我还给他做了相册,里面有他自己,也有家人。他很喜欢这些相册。乔尼住处的工作人员告诉我,有时候很难让他放下这些录像和照片去干别的事。他特别喜欢坐下来看这些录像,有时他哭着要见我们,有时他念叨着我们的名字,有时他还说"家"。但现在他的住处就是他的家。他的哥哥长大了,离开了父母,他也一样。虽然我也跟别人这么说,但我知道乔尼心里是怎么想的。他知道有家人的地方才是他的家。对我自己来说,我知道我们有时候必须离开他;我知道我必须送他回住处,这样才能和我另外两个孩子一起享受天伦之乐,也让家里每个人都度过一段美好的时光。

家庭治疗师帮了我很大的忙,直到现在仍然时不时来看我。我请她在我的婚姻问题上帮助我,她也努力了,但希望渺茫。我非常迷茫,精疲力竭,感到孤立无援,好像独自一人在操纵着一艘逐渐下沉的船,已经回天乏力。另外两个孩子从不对我出言不逊,也不跟我争吵、摔门或发脾气。我知道青春期的孩

第五章 乔尼和兄弟姐妹

子这么乖巧也不正常，但我还是不由自主地深感欣慰。也许是我故意忽视了一些问题，但我已经疲惫到没有精力去想它了，我唯一的念头就是防止家庭破裂。为了尽力保护每个孩子不受伤害，我唯一做得到的就是给他们造成这样的假象：没事的，所有的麻烦都由妈妈来处理，妈妈有能力处理好。孩子们要做的事情也很多，也许我不应该期待他们更多了吧？和治疗师单独在一起的时候，她说她认为应该找人帮我，我没听懂。

"你是什么意思？"我问，"你已经在帮我，我们还有暂托中心。难道还有别的什么人能帮忙的吗？"

"你什么都包揽，"她说，"洗衣服、做饭，还有其他所有家务。你的家人难道不该帮你吗？"

我决定试一下她的建议。

"请你过来帮我做饭好吗？"我说。

我那个聪明的大儿子正全神贯注地在电脑上制作动画，他看了我一眼，好像没听懂我的话，然后继续他的工作。

"过来帮忙摆一下桌子。"我说。

他还是不理我。这个过程我们每天傍晚都重复一遍。到了周六，我采纳了治疗师的建议，告诉本他以后没有零花钱了。他看看我，好像我在说疯话。过了一会儿，他爸爸悄悄塞给他五英镑。奶奶来访的时候，又给他补到三十英镑。我放弃了，觉得身心疲惫，不知道这样做到底是对还是错。毕竟他们要做的事情够多了。

以前乔尼也曾经在别的家庭过夜，这是所谓的"家庭援助"，是另一种形式的暂托服务。过了很多年我才知道，这家人的大儿子在学校里欺负过本，在本的同班同学面前模仿乔尼的样子。我想肯定还有很多我不知道的事情，他们都自行解决了。不过汉娜的学校里有个老师相当讨厌，经常恐吓孩子们，孩子们早上进她的教室都怕得要哭。她还给我们贴上"问题家庭"的标签。有一次

我女儿因为不会拼写一个生僻的单词被她骂哭了。我去找她，和她谈话的时候她说，我们家是一个问题家庭。我问她为何这么看我们，这让她很困惑，她解释说除了我们家有个自闭症孩子，没别的原因。在她看来这个解释已经足够了。

我彻底筋疲力尽了。乔尼放暑假回家两周了，家务十分繁重，此外我一直很紧张、焦虑，不仅因为忙得没有喘息的时间，衣物好像永远洗不完，半夜经常被吵醒，更是因为我们要去参加一个婚礼。我弟弟这个周末要举行婚礼了，我们都要去参加。我宁愿婚礼能在乔尼上学时举行，可偏偏是在假期，而且现在也享受不到暂托服务。所以，我们必须开车去赫特福德郡参加婚礼，然后再开车回来。我不想冒险带乔尼住宾馆，也不想去别人家里住。

我们过去在周末常常定期去亲戚家住，拜访每一个人。在本和乔尼还小的时候倒没什么问题，虽然累，但也挺开心的。等到乔尼长大了，自闭症也更严重了，带他在外面过夜就越来越难。乔尼四岁的时候我们去布莱顿一个朋友家住，那时他晚上还得裹尿布，汉娜也出生了。我们玩得很开心，可周六晚上我给乔尼洗完澡、把他从澡盆里抱出来的时候，竟然发现澡盆里漂着大便，当时我就想，我们不能在这里住太久。大约一年以后，我们去我父亲家住，鲍勃给乔尼洗完澡时，我正在和家人说话，忽然听见他叫我，赶紧跑上楼去看，不知道又出什么乱子了。

"快来帮我一下，他把淋浴间挂帘子的钢圈给拽下来了。"

我的心一沉。我俩最后好不容易把它又装回去了，也意识到要始终保持警惕，提前拆除可能弄坏的东西，提前防范可能出的乱子。回家的路上我对鲍勃说："以后不能带他在外面住了，对乔尼来说难度太大，对我们来说也是。"

"是的，我知道。"

"还是让他在家里待着，这样出什么状况我们都应付得了。"

"也是，以后只能让别人来拜访我们了。"

第五章　乔尼和兄弟姐妹

"是的。"

后来只要乔尼在家,我们就不让客人留宿。这样一年过一年,他的亲戚们都很少有机会见到他,因为只要他在家我就无法集中精力考虑客人的需要。我无法又顾到乔尼,又顾到其他人。

但是我们还是得去参加婚礼。我不能指望乔尼会从头到尾高高兴兴地坐着,他很有可能会大喊大叫,或者中途发脾气,或者忽然大笑不止。在婚礼上出这样的状况会很麻烦,因为很多人都不了解他的情况。而我们又无法预见到时会出什么情况,是一切顺利还是一团糟。最后我们决定,全家一起先去结婚登记处,登记处周围是个很漂亮的院子,我们可以在那里先和大家见个面;之后我带另外两个孩子去参加婚礼,鲍勃则带乔尼开车去兜风。婚礼结束后我们再一起出席婚宴,地点就在我弟弟家花园的大帐篷里。我不确定该给乔尼穿什么衣服好。他现在十几岁了,穿衣服总是一成不变,经常穿舒服的裤子、运动鞋、T恤衫和汗衫。他从来不穿衬衣,不然就会把扣子一直扣到脖子上。天气很热的时候,你得劝他很久他才肯脱掉汗衫。偶尔他也会穿凉鞋和短裤,晚上则必须穿长衣长袖的睡衣,即使是在酷热的季节也不例外。最后我弄来了一件相当不错的马球衫、一条新裤子和一件休闲夹克。我们平时就让他试穿这些衣服,免得到时他因为衣服是新的不乐意穿,而他穿着也挺高兴。他穿上夹克就不愿脱下来,还把领子竖起来,我只能希望到时候天气不会太热,结果那天还真的不热。

开车去婚姻登记处要走三个小时,但我们提前到了,和家人寒暄、拍照。我们想办法让三个孩子合影,他们看上去很漂亮。接着要举行婚礼了,大家一起朝大楼走去。我看了鲍勃一眼。

"现在坐车兜风如何,乔尼?"他问。

乔尼很喜欢坐在车上一边兜风一边听流行音乐,往往到了目的地都不肯下车。所以当他执意走向即将举行婚礼的大厅时,我们都很惊讶。本和汉娜看看我们,有点担心不能按照原计划进行。

"我们去兜风如何，乔尼，边听音乐边兜风？很好玩的。来吧，我们走。"他爸爸说。

但乔尼和大家一起进了大厅，坐在后排的座位上。

"他不会有事吧，妈妈？"本有点发愁，担心弟弟在婚礼上会做出出格的事情来。我耸耸肩，我也不知道。但是现在婚礼就要开始了，我肯定不会冒险哄他走，或是让他做他不愿做的事情。我们只能求上帝保佑了。

"你不觉得我们应该带他出去吗？"本问我。

"不，既然他已经决定要参加今天的婚礼，那就让他参加吧。要是现在硬把他带走，麻烦就更大了。"

会场有人用CD放音乐，我弟弟和新娘走进来了。他们脸上挂着微笑，所有人也都冲他们微笑，站起来祝福这对新人。他们的小女儿蹒跚随行，不一会儿又跑到奶奶的怀里去了。我偷偷瞥了乔尼一眼。他像大家一样站着，没有喊叫，也没有不耐烦。婚礼很短暂，进行得也很顺利。我的小外甥女把大家都逗笑了，她执意要和正在举行婚礼的爸爸妈妈坐在一起。乔尼坐在那里相当安静，大家坐着他就坐着，大家站起来他也跟着站起来，没出一点错，让我喜出望外，当然他经常给我这种惊喜。他盯着远处，在一头卷发的衬托下，他的蓝眼睛特别漂亮。他果断地把夹克上的拉链一直拉到头，他的行为无可挑剔。

婚礼结束之后，我们穿过一度属于主教宅邸的广场走到河边去，一路拍了很多照片。我的外甥女看起来有点不知所措，但漂亮极了。人们脸上都挂着微笑，孩子们跑来跑去。

"我还以为刚才乔尼要去兜风呢。"我妈妈说。

"是的，我也这么以为。"我笑着说，"我们都这么想，但乔尼不这样想！他认为他应该和其他人一起参加婚礼。他想看他舅舅结婚。"

她转过脸去问乔尼："你也想来参加婚礼，是不是？"

"他当然是这么想的。"

"你真棒,乔尼。"

"他当然一直都很棒!"

接着我们开车去参加婚宴,乔尼笑着坐在我们这一桌。他没有和任何人对视,但显然很开心。因为吃的是自助餐,我带他去挑选吃的,他往碟子上盛了好多东西。我给弟弟和他的家人拍了一些照片,对儿子举止之得体深感惊讶。当然他不是第一次,也不是最后一次表现这么出色。

很多年以后,乔尼又参加了一次婚礼。这是我的第二次婚礼,当时我五十五岁。婚礼的前一天晚上,我的未婚夫威尔去酒店休息,我和汉娜则坐下来喝红酒,看一部我们最喜欢的电影。尽管如此我还是睡得很少,早早就起床洗了澡,在眼睛下边贴上眼贴,这样别人就看不出我睡眠不足了。过去几周里我一直忙个不停,我的未婚夫搬过来和我们同住。汉娜考完试毕业了,本也订了婚。我被查出患有类风湿性关节炎,整天都很疲倦,但是还要策划婚礼。这是一场教堂婚礼,由我过去特别要好、现在剑桥大学攻读神学的一位老朋友来主持,地点在巴思市一座漂亮的小教堂,教堂前面通有一条幽静的小路。到时我会穿由当地裁缝特地缝制的丝质礼服。

今年我曾陪未婚夫去中国调研。当时天气又湿又冷,还下着雪,一个中国朋友陪我去逛杭州的丝绸市场。我穿了一件戴帽子的棉衣,里面是好几层保暖内衣,还有一件无袖套衫。雪下到地上不一会儿就化了,路上很泥泞,但天气还是很冷。我们艰难地打着伞,互相搀扶着以免滑倒,逛了一家又一家商店,连街头的货摊也不放过。我朋友为了我们想买的漂亮东西和商家礼貌地讨价还价,我一句也听不懂,只是一遍遍不断地用汉语说"谢谢"。在一家商店里,我买了一件相当漂亮的孔雀蓝夹克衫。我随身带了一个卷尺,知道自己挑选的XXL号码肯定合适。但是他们却摇摇头,说我不可能穿那么大的衣服。尽管我身高五英尺,穿十码的衣服,可是当我把卷尺上的数字给他们看时,他们还是觉得太大。所以,我干脆脱了棉衣准备试一试,其他人帮我解开夹克衫的时候,货摊老板赶紧跑去拿暖水袋让我捂着。我把热水袋递还给他,然后试了衣服,他们发现非常合身,于是憨厚地笑了。西方人,他们个头真大!快到中午的时候,我的朋友和我坐在街头一家面馆里准备吃饭。饭馆前面的伙计炒了两盘美味可口的小炒,给我们端上来了,每盘菜的价格还不到一英镑。我们吃饭时一个年轻女子随时把地上的雪水擦掉。我们吃得有说有笑。旁边的凳子上放着我们刚买的一袋袋丝织品,有给她家里人买的年货、给我孩子的礼物、一件孔雀蓝夹克衫、一双漂亮的绣花鞋子,还有一段"吉祥色"丝绸,准备用来做我的结婚礼服。

　　我们已经计划好婚礼程序、选好诗歌、音乐,邀请了朋友、家人,预订了鲜花、小车,订了酒席,只等七月那个上午按计划进行了。刚开始计划的时候我就决定,到时让我的三个孩子陪我走进教堂,本和乔尼一边一个,汉娜则是我的伴娘。我一直希望乔尼在我的婚礼上能心情愉悦、举止沉稳,所以在婚礼之前的一周时间里,我们就开始准备了。乔尼周末和我们一起过夜,周六我带上他和汉娜去了教堂。我们在教堂的长椅上坐了一会儿,我告诉乔尼,汉娜会站在什么地方朗诵,我和威尔会站在什么地方宣誓,他的姥姥、姥爷和表兄弟姐妹会坐在什么地方。然后我们都去步行街,坐在河边的折叠帆布躺椅上吃面包卷和冷香肠。我们在教堂里拍了很多照片,把婚礼那天要举行的活动做成小册子让乔尼带回去看。

　　乔尼有两个很了不起的看护,都是他很喜欢的年轻女子。她们尽心尽力帮助我们,我们决定在汉娜生日那天请她们带乔尼到巴思市来。再过几周我们就要举行婚礼了,我们会抽出一天的时间带他去看教堂和宾馆,不厌其烦地跟他解释那天所有安排。他们是坐火车来的,这也是乔尼这段时间相当喜欢的出行方式。我们提前去车站接乔尼、简和席安。车站非常拥挤,人头攒动,熙熙攘攘,接送旅客的出租车和小汽车在人群中缓缓穿行。我们坐在车里,看见从车站出来的人都露出惊讶的表情。他们想到这个乔治王时期的名城玩一天，出了车站却发现自己置身于一个大型建筑工地中央，到处是起重机、挖掘机，地面还有围栏把一个大坑围起来，单行道弯弯曲曲的，整条路都在堵车，因为这里本是一个七十年代建成的购物中心，原先的建筑很难看，现在已经被夷为平地，以便建更适合这个观光胜地的设施。

终于我看到简和席安领着万分激动的乔尼走出来了。

"你好，乔尼！"我们喊着他的名字，一边挥手示意。

"待会儿，坐车，待会儿，坐车。"他们走过来的时候，乔尼这样说。

"那你就上车吧，我们准备去教堂，本和汉娜在那里等我们。"我回答说。

我们都挤进车里，然后一溜烟开走了。这个夏天一直淫雨霏霏，但现在看来一时半会儿还不会下雨。教堂离车站不远，我们很快就停在一座视野开阔、绿树丛生的小山丘上，树与树之间露出一堵带着门的墙，我们按了门铃，于是出来一位女士，笑着递给我们一串钥匙。我们继续往前开，拐进一条林间小路，最后在一处庄园的围墙跟前停了车。我们右边有个上升的斜坡，坡上就是一所漂亮的小教堂。有一条小道一直通到教堂门口，两旁的树荫下杂草丛生，间或露出爬着青苔的墓碑。有的坟前还摆着鲜花，而周围的灌木丛也开花了。透过树丛可以瞥见巴思一带林木苍翠、此起彼伏的小山。山上刮着风，远处的小山之间时不时透进一缕阳光。

"他们应该马上就到了，"我说，"本和汉娜正在赶过来，乔尼。我们都要去看教堂。你可以再看一眼那天你要坐的地方，本和汉娜也可以看看他们朗诵时站的位置。然后我们再一起去看婚礼那天吃饭的酒店，看完就去酒吧吃饭。"

"待会儿，坐车。"

"是的，待会儿我们坐汽车过去。"

"待会儿，坐车。"

自从乔尼自己住以来，也不知什么时候开始，他学会了在提请求的时候加

上"待会儿"一词,这显然是他从几年前一位工作人员的习惯性回答那里学来的。在我们看来他未必真的想说"待会儿",而是想马上就上车。从车站到教堂很近,他几乎连一首布朗迪的歌都听不成。

"他们来了。"威尔说。本把车停下来,他和汉娜从车里出来了。

"你好,乔尼!大家好!"他们说。

乔尼低着头,但他笑着从长长的眼睫毛下面往上瞥了一眼。他每次见到哥哥和妹妹都很开心。

"举手击掌,乔尼。"本击中了乔尼举起的手,食指和大拇指随之一转,两只手紧紧握到一起。

威尔打开教堂院子的大门,我挽上本的胳膊,又试图去挽乔尼的。

"我们会这么走进去。"我说,可他把胳膊抽回去了。

不过我相信他已经听懂了,到那天很可能会配合的。我们又打开重重的大门走进教堂。这是一座非常漂亮的小教堂,建于一四九〇年。当时这里是巴思郊区的一个村庄,不像现在是大学讲师居住的黄金地段。教堂里漆黑一片,我们摸索一阵终于找到了电灯开关。偶尔有阳光透过彩色的窗玻璃,在地上和长凳上留下五彩缤纷的光斑,随后地上的色彩又随光线渐渐消逝。所有窗户上都有花草树木的图案,但没有人物画像。教堂勉强能容纳九十个人,所以婚礼那天这里一定会挤得满满当当。乔尼一认出他的座位就坐过去了,席安和简也进来和他坐在一起。其余的人继续检查场地。威尔和我来参加过几次礼拜,但从来没有自己开门看个够的权力。我们又拍了一些照片。乔尼坐在长凳上不想动,时不时会听见他说"待会儿,坐车",我们也回答说:"好的,待会儿坐车。"

我们检查了小型的圣衣室,到时我们会在这里登记。本和汉娜也到他们朗诵的位置走了一下台。我们也把洗手间的位置搞清楚了,让乔尼可以上厕所。之后我们挤进两辆车里,在巴思市周六早晨的车流中缓慢前进,去看承办婚宴的酒店。他们正准备接待另外一场婚礼的来宾,所以对我们很友善,愿意帮忙。

第五章 乔尼和兄弟姐妹

本确定了他到时放电子琴的位置,婚礼那天他准备给我们演奏爵士乐。乔尼在一张餐桌旁坐下来,餐桌上铺着干净的白色桌布,还放有银色餐具。这时席安递给他一个包裹,他笑着把它交给汉娜。里面是一张生日贺卡,他在上面画了一些东西,表明是他送的,还有一个很漂亮的银手镯。这个生日礼物太棒了。看到汉娜很喜欢,乔尼非常高兴。

"他自己挑的,"简说,"他很想看她带上手镯的样子"。

"太漂亮了,乔尼。"汉娜说,"真的太漂亮了!"

她说的是真的。随后我们开车去找酒吧,准备吃午饭。乔尼一直在笑。后来我开车送他们去车站,觉得挺累的。

我让简去决定乔尼到时穿什么衣服,——她对乔尼非常非常好。我觉得让他穿套装恐怕不太可行,所以对简说,只要给他穿一些轻松舒适的衣服就可以了。接下来几周里我提前告诉牧师和风琴手,也告诉唱诗班和我的好朋友们,婚礼上乔尼可能会中途离开,可能会吵闹,也可能有一些奇怪的举动,但让他参加婚礼对我来说是至关重要的,所以我希望大家到时能保持冷静,处之泰然。他们都非常理解,但随着日期临近,我还是越来越忐忑不安。

我有相当的把握,乔尼到时的表现一定会非常得体。但他把事情搞砸的可能性尽管很小,毕竟还是存在的,这一点让我心烦意乱。如果乔尼心情不好,他有可能对人暴力相向,谁也镇不住他。近来他不高兴的时候甚至有打碎电灯的习惯,所以我很担心。但我是否对他要求太高了?我的牧师朋友给我发来电子邮件说,婚礼上不管发生什么状况他都会继续主持,除非我让他停下来。管风琴手也来电邮告诉我,他是贫困地区一所小学的校长,那里什么样的学生都接收,他对各种形式的吵闹也都习以为常,不会受什么影响。每个人都这么善解人意。我的未婚夫、女儿和朋友都安慰我说,有两个人陪着乔尼,她们的全部工作就是确保他平安、愉快;万一乔尼发病,她们也可以带他出去。有一次他们还对我说,婚礼那天照看乔尼不是我的责任,我的责任就是尽情享受婚礼的快乐。

女儿说："婚礼一定会很开心的。"

这一天终于到了，尽管睡眠不足，我还是感觉到前所未有的平静和愉快。婚礼前的几周一直在下雨，我早上躺在浴缸里的时候，窗玻璃上的雨水还在"唰唰"地往下流。可是上午十点钟左右雨就停了，太阳在淡蓝色的天空中探出头来，尽管还有要下雨的征兆。我擦干头发，穿好衣服。鲜花送来了，盒子里是奶油色的胸花和两束玫瑰，天鹅绒般柔软的花瓣上有水珠在闪烁。汉娜起床了，穿好衣服，她看上去实在太漂亮了。本和科斯蒂也到了，戴上了胸花，告诉我们婚车都已经停在路边了。我正想给简和席安打电话，这时门铃响了，他们就在门口。

乔尼看起来特别帅气，他穿着灰裤子、无领衬衫和黑色的马甲。我真想拥抱简，是她带他上街，说服他不断试衣服，直至找到适合他穿的；而且乔尼穿衬衣一定要把领子竖起来，多亏她能想到这么一个解决办法。他们带来的礼物是一个很大的彩釉陶瓷罐和一束蔓藤月季，名叫"婚礼"。汉娜忽然觉得饿了，开始烤面包片，她给乔尼也烤了一些，他吃的时候我们站着围在他旁边。婚礼下午举行，我们午饭会吃得很迟。我有点犹豫，但还是给乔尼看了他的胸花——一朵淡黄色的玫瑰，告诉他其他人下午在婚礼上都要戴胸花的，如果他愿意就戴上，不愿意就不戴。他非常顺从地站在那里，让我把玫瑰别到他的马甲上，就这样戴了一整天。

我们打开前门出了屋子，又上了车。我和汉娜坐第一辆。我们开车穿过市区的时候，有人停下来看，我敢肯定他们一定以为汉娜是新娘子。她二十一岁了，穿着米白色的裙子，十分美丽动人，手腕上还戴着乔尼送的银镯。其他人坐第二辆车，而简开车带着乔尼紧随其后，这样万一乔尼不配合，她就可以带他离开。到了教堂我们都下来了，摄影师开始拍照。天气不错，到现在都没再下雨。

我有两个朋友参加了一个很不错的小唱诗班，这个唱诗班有八名成员今天

第五章 乔尼和兄弟姐妹

将为我们的婚礼献唱,其中有一个刚才出去了一会儿,她进来后悄悄对我说我看起来很漂亮。我挽着本和乔尼的胳膊,穿过庭院大门向教堂走去,汉娜跟在后面。乔尼裤子的皮带扣上挂着一个钥匙环,环上系着照片,按顺序提示他今天所有的活动,所以他随时对下一个环节心里有数。他精神非常集中,专注程度让我难以置信,也如我所愿挽着我的胳膊。我的朋友等在门口,穿着白色的长袍,戴着金黄色的圣带,十分雍容高贵。快要进教堂的时候摄影师让我们转身,乔尼开始不高兴,但他今天有任务在身,必须容忍这些事情!我们踏进教堂那一刻,管风琴手弹起巴赫的曲子,是我特地挑选的,非常庄严肃穆。我笑得不能再灿烂了,喜悦在我内心膨胀,我感觉自己要飘起来,一直飘到天花板上。乔尼、本和汉娜都坐到自己的位置上了,仪式正式开始,自始至终都有音乐、诗歌、圣诗、祈祷和欢笑相伴。从身后、从四周我们都感受到一股巨大的爱的浪潮,所有人都在微笑。乔尼中途也有点吵,有几次要求"待会儿,坐车",但除此之外他一直在专心观礼。

婚宴在酒店旁边一个漂亮的巴思广场上举行,我们在那里拍了照,跟每个人问候、寒暄。我的侄女和侄子在抛彩色的碎纸片,和我们拍照时乔尼一直耐心地站着。后来他坐在首席的末端,一直在安静地吃东西。致辞和播放音乐的时候,他都一直坐在那里。吃完饭后,汉娜侧过身子亲了他一下,乔尼笑了,本给他们照了相。后来有人告诉我,他在回家路上把胸花摘了,可是快到家的时候又让人给他戴上,这样就可以跟其他人炫耀了。第二天简还带他去看了一部音乐电影,他一直很愉快。

客人开始陆续离开,我也换了衣服。我丈夫和我乘提前预订的出租车回家,在车上亲吻拥抱。

"这是我参加过的最好的婚礼。"有四位客人离席时分别对我这么说。

我们去罗马度蜜月,在万顷碧空下,我反复回味婚礼那天的情景,特别是我的两个儿子和女儿陪我一起走进教堂,所有朋友都冲我微笑,我丈夫深情地

注视着我,目光中凝聚了世界上最诚挚的爱。

自闭症患者经常走丢,乔尼偶尔也是。这虽然算不上大问题,但也足以让我们担心,每次都要一丝不苟地把村里大房子的前门锁好,尤其因为我们门上没有耶鲁电子锁。乔尼平时走路慢得让人难受,不想走的时候就索性坐在路面上,但心血来潮的时候走起路又快得惊人。我们家门厅里有一个挂衣服的壁橱,里面有一排挂钩可以挂钥匙。家里每个人一进屋就要把门锁好,然后把钥匙挂在壁橱里。每个人都知道钥匙在哪,当然乔尼除外。如果不上锁,开门就很容易,甚至刮风的时候门会被风吹得大开。有时我晚上躺在床上睡不着觉,老担心家里着火。

乔尼像平时一样坐在门厅的椅子上,椅子就放在在楼梯下面靠近电话机的地方。他把厨房门给关上了,这样一来我在厨房里就看不到他在干什么,这让我有点恼火,但他不让我把厨房门打开。他总是喜欢关门,即使家里人进进出出的时候也不例外。我们都在厨房里做饭、聊天,只有乔尼关在外面。

"这是什么声音?"

"什么?"

"好像是乔尼发出来的声音。听起来他好像又不高兴了。"

听到这话我的心一沉。

"他可能饿了。你去摆桌子好吗?"

我打开厨房门。乔尼好像受了刺激,嘴里含混不清地说着话。"怎么啦,宝贝?"他嘟囔了一阵。"是不是饿了?"他还是嘟囔,但说得更多、声音也更大了。他朝前门走去。"我们马上就要吃饭了,晚些时候可以一起出去。"

他站在门口嘟嘟囔囔,我听不清他在说什么,所以他越来越沮丧。其他人见状也过来了。

"他想干什么?"

"不知道。"

"他是不是想出去?"

"可能吧。不过门是锁着的。乔尼,现在该吃晚饭了。"

乔尼嘟嘟囔囔的声音越来越大了,他垂头丧气地看着我们,然后走向壁橱,拉开门,看着里面一排挂钩,准确无误地取下大门钥匙,然后打开门出去了。

今天是个大日子,本就要从皇家艺术学院毕业了。在这个美好的夏天傍晚,我满心欢喜地把车停在皇家音乐学院附近,沿着宏伟的露台建筑走到学院去看毕业展。这里的学生都极具天赋和创造性。这座建筑本身并不引人注目,因为周围的建筑都很雄伟壮丽,而旁边的皇家艾尔伯特音乐厅几乎与其形成鲜明对照,纪念碑上的艾尔伯特雕像在夕阳温暖的余晖中闪闪发光,雕像后面的马路上人来人往,对面的公园里绿树成荫。

学院里人声鼎沸,学生们大概二三十岁,穿着打扮都很张扬,有的染着红头发,有的穿条纹紧身衣、连衣裙或戴条纹帽子;他们的父母朋友有的着装极其守旧,有的则紧随最前卫的潮流。大多数人都端着塑料杯,心不在焉地喝着红酒。我们一看见本和科斯蒂就招手示意,和他们一起去本的展区,一路上见到很多别的展品,有服装、陶瓷、绘画、影片和各种装置。到了他的展区,我们停下来看他最新的影片,了解他处理照片的方式,也看了他的书。

本的本科毕业设计是一本关于乔尼的书,现在他在书中加入新内容,并在硕士毕业展上展出。书的标题是"我对纽约没意见:驱散自闭症的迷雾",封面上本穿了一件T恤衫,标题就在衣服上。书被用绳子系在一张白色的桌子上,以免被人带走,于是我坐在桌旁读了这本书。周围嘈杂的声音好像渐渐消逝了,我心里涌起强烈的自豪感。本是学平面设计的,他用图像和文字相互搭配的方式描绘了自闭症患者的世界,构思相当精妙。书中有一页所有内容都按照首字母排列,虽然还是那些文字,却因为固守次序而失去了意义,这是为了说明自

闭症患者需要按固定的次序安排所有活动；书里还会反复出现同样的页面，以示自闭症患者的重复行为；书中的路标都指向"我曾经去过的地方"，飞机安全卡也提示如何重复同样的活动。毕业展上很多人都读了这本书；很多人，特别是有的人认识自闭症患者，有的从事与之相关的工作，他们都来索要书的副本，但我们负担不起这个费用。这本书只消十五分钟就可以读完，与专业教科书相比，它能让人更直观地洞察自闭症患者的感受。

我和现在的丈夫威尔刚刚去乔尼的住所接他。这是秋天里一个阳光明媚的早晨，我们打算花大半天时间坐火车。前不久我和威尔开车去车站接乔尼时发现，他最近又重新爱上坐火车了，因为他在车里口齿清晰地说："火车。"我们努力兑现他说过的话，让他感觉他有时也是有自主权的。毕竟他已经二十五岁了，他的同龄人都可以自主决定在天气晴朗的周末要如何打发时间。

乔尼穿着灰裤子和针织套衫，看上去帅极了。他笑得很灿烂，习惯性地关灯关门，又蹲下身子，把手指头伸进下水道井盖上的一个小水坑里，随后我们就上车了。乔尼一上来就说"安全带"，等我们系好安全带，他又说"糖果"，我告诉他我们现在就去糖果店；然后他说"音乐"，于是我放了汉娜特地为他制作的唱片，然后发动车子。唱片里有女高音低声吟唱，声音甜美、温柔，十分和谐。乔尼开心地拍着手，脑袋左右摇晃。

"乔尼是天使，乔尼是天使，乔尼是天使，乔尼是天使。"

然后是女声独唱："乔尼是天使，我多么爱他。我无法拒绝他的魅力。"

我们绕道去了糖果店。

第六章
尝试过的治疗

有关自闭症的话题经常见诸媒体，包括电视节目、书籍、发表在杂志上的文章，《星期日特刊》等等，但这些宣传都基于一个陈旧、令人沮丧、刻毒伤人的谬论，即自闭症是孩子受父母漠视、或家庭关系不和谐造成的，是一种心理问题。另外自然也有很多人信奉神奇疗法，他们满怀内疚，对这些愚蠢的说法唯命是从，为配合治疗被折磨得筋疲力尽、几近绝望。可是你还能怎么样呢？

我唯一能做的就是试一试。刚接触"拥抱治疗"时我半信半疑，但当时我满怀内疚、孤立无援，在绝望和迷茫中看不到别的出路。这种疗法认为，心理有问题的孩子之所以无法跟别人打交道，很可能是因为经历过分娩创伤，或是曾经与母亲疏远。为了对症治疗，你应该把自闭症孩子抱在身边，即使他明显不愿意，也不要放开他，直到他与你对视。这可能要花数小时时间。孩子发脾气或觉得难受都有可能是好现象，因为他们可能是在宣泄情绪并获得"重生"，在这以后母子之间就可以重建亲密关系了。

天哪，现在我知道这样做有多愚蠢了，这对自闭症孩子来说实在是苦不堪言！这是一名执业精神治疗师想出来的办法，她也试行过，但她试验的环境与自闭症孩子的家庭迥然不同。如今我们还是会接触到很多神奇疗法，可能是通过狗和音乐，可能有一段时间会流行不吃小麦和奶制品，或是禁忌别的食物；有时还能见到一些清单，上面是禁用的药品和推荐使用的药品，后者包括一些很危险的药物。

那时和现在一样，神奇疗法往往都出奇地残忍。有一种方案是把孩子隔离起来，除了一位家长、朋友或治疗师外不允许其他人在场，然后一对一、不间断地刺激孩子作出反应。为了实施这种疗法有的人要扩建房子，雇全时间的治疗师。当人们发现糖果中的人工色素可能导致孩子患多动症或出现行为障碍的时候，就有了特定食物会引发自闭症的说法，这种说法现在更深入人心了。

我在一份国家级报纸上发表了一篇关于乔尼的文章，后来就收到过很多读者来信，其中有人宣称她的特殊食谱效果显著。这份食谱将很多基本食品排除在外，而这些食品包含了儿童发育所需最基本的营养。这位女士的孩子就是这么节食的。也曾有人警告她，这样可能导致孩子肝功能衰竭，可她解释说，她宁愿冒这个险也要治好孩子的自闭症。

乔尼的卧室在大门一侧，所以到了傍晚时分还是阳光充足。卧室里有张小床，一个亮红色的壁橱，还有一个水槽，壁橱里是书和玩具。墙上贴满了图片，都是带火车的海报以及他哥哥专门给他画的画。现在他已经吃过晚饭，也洗过澡了。天气很暖和，他刚裹上尿布。他老师认为他现在不应该再裹尿布了，但我还是给他裹上了，否则我一个晚上要给他换五次床单，还要打扫地板上的大便，这些我已经受够了。我也不想让他一直睡在散发臭气的房间里，不想看他总是憋得满脸通红。

我坐在他的床上，在有托马斯火车头图案的羽绒被一端，把他抱到我腿上。他很安静，漂亮的卷发蹭着我的胸口，散发出洗发水的香味。他不介意和我坐在一起，大概以为我要给他讲故事了。乔尼并不总是喜欢这种亲密动作，但一般还是表现得很轻松自然。事实上只要他愿意，他和我并不缺少目光接触。他的目光确实有些偏移，这也是自闭症的典型表现。我会感觉出他反应不太正常，却不能说他肯定没在看我的眼睛。我用手指托起他的下巴好让他和我对视，但他不肯，立刻看向别处。在这个阶段他还有一点斜视，不过不像原来那么明显了。我的脸随着他的目光转动，试图迫使他和我对视，但他打定主意要扭过头去。接着他扭动身子想从我腿上下来，想自己爬上床。他想继续每天睡觉前的程序，念我们常念的故事，像"夜晚静悄悄，宝贝睡觉觉，别让臭虫……"

而片刻之后他会说："咬。"

我总是让他尽可能多说点话，甚至在讲故事的时候特地停下来让他把词语补充完整，不管他说得多么口齿不清。但今晚我不想照程序走了，我下定决心要抱着他，试试"拥抱治疗"。他想挣脱，却被我紧紧抓住。他开始痛苦地呻吟起来。

"故事，故事，床，橘汁。"

他不停甩开我的胳膊想挣脱，反复说着半截话。他的挣扎越来越用力，又是推又是扭，想从我腿上下去。我抓住他不放，他胳膊上我抓过的地方开始发红，可我就是无法让他和我对视。想想看，你怎么可能强迫一个人看着你呢？我想把住他的脸，他却转过去在我手上猛地咬了一口。他苦不堪言，而睡觉时间也快到了。

最后我们俩都哭了。我又试了两次，让他和我对视，但不是特别认真。尽管我当时为没有全力以赴实施计划感到内疚，现在却可以自豪地说，后来我就放弃尝试，让他上床睡觉了。他乱碰乱撞一通，好一会儿才安静下来。我的做法很显然冒犯了他，但最终他的情绪还是稳定下来了，我开始轻声给他读故事。

"我们继续打猎……"我的声音在发颤，但我尽最大努力遏制住了，"我们准备抓一只大狗熊。天气多好啊！我们不害怕。"

起初他不愿意看故事书，从我身边滚开，继续呻吟。但最后他终于平静下来，

看了一眼故事书上的插画。

"我们不……?"他沉默了一会儿,不像平时那样把话补充完整。

但很快他又嘟嘟囔囔地说:"害,怕。"

这样就好多了。不管结果是好是坏,我们都尽自己所能为对方着想,我们就是这样的。再说我刚才对我可怜的小儿子实在太残忍了!

后来我读了一些自闭症患者的自述,也算是在别人协助下写成的自传。内容很精彩,对我这样的人也很有启发,因为我们的孩子行为举止与常人迥异,又不能说话,不能告诉我们他们是如何感知这个世界的。通过这些自传我了解到,身体接触可以是一种折磨,如不加以限制,对他们的冲击就是巨大的;我了解到只消把手搭在他们胳膊上,就可能让他们觉得窒息,或是仿佛置身于相当恐怖的环境中。通过看短片和读文章,我头一次听到别样的声音,不再是母亲冷漠无情,执意把孩子孤立起来,或是过于好胜、吹毛求疵、把某个孩子当替罪羊的论调,而是谈到感官刺激对患者的影响:在跌宕起伏的声响中,太响的他们会受不了,太弱的他们又听不清楚;有些噪音会凸显出来,其他声音则隐没成为背景,他们几乎不可能理解其中传递的信息。我了解到在他们的视角中,有些颜色或物体会以令人生畏的形象若隐若现;了解到有些味道可能过重,有些身体接触他们难以容忍。

我开始理解为什么我儿子经常用手指头堵住耳朵,即使其他人只是轻声谈话的时候也是如此,而在喧闹的游乐场、或在火车开过时他又开心地"哈哈"大笑;我开始理解为什么他斜着眼睛看东西,为什么要在眼睛上张开手指遮住光线。当然,我也开始明白拥抱疗法有多么不人道;我在小学代课期间曾告诉学生,如果某种方式的身体接触让他们不快,其他人就无权这样碰他们,现在我知道这一原则对我的孩子也适用。每个人的身体都是自己的领地,以让对方难受的方式触碰或拥抱他们,都无异于侵犯人权。

还有很多别人给我的建议似乎更人性化也更主流，后来我却发现这些方法完全不适合乔尼，而且令他非常反感。比如，"隔离时间"的方法据说适用于行为失控、行为不良甚至有暴力倾向的孩子，我在别人的鼓励下也试过这种方法。其理论基础是，不良行为的目的是获得他人关注，所以父母最理想的回应方式不是惩罚，也不是生气，而是不去关注他。有人认为这种方法适用于精神确实有问题或行为相对失控的儿童。我个人认为它对自闭症孩子起不了作用，因为他们很难对自己作出的反应加以控制。他们有不良行为并不是为了得到别人关注，而是因为周围发生的事情或者身体的感觉让他们痛苦、不安。乔尼不舒服的时候，我无从知晓；他无法告诉我他嗓子痛，或者哪里觉得不对劲，也不会理解这种难受只是暂时的，也是有办法缓解的。自闭症孩子以为此刻的感受是永远不变的，对他们来说不存在过去和未来。但有人建议我尝试"暂停时间"，也就是说当乔尼有不良行为或者暴力相向的时候，我要尽可能不予回应，并让他回自己屋里待一段时间。当然乔尼不肯进屋，所以最后我只好抱着他或拖着他进屋，然后坐在门口，或者把重的东西堵在门口，否则他会立刻跑出来。

那天天气温暖，在我们僻静的小屋里，乔尼把吃饭的碟子扔到墙上，还咬了他哥哥。我把他带到他的屋子里，他在里面尖叫，乱扔东西。我关上门靠在那里坐了一会儿，心"怦怦"直跳，筋疲力尽，很生气也很担心，直到他的喊声停下来。他好像安静下来了，所以我到家门前的露台上准备和鲍勃一起喝杯咖啡。

"没事啦？"他说。

我耸耸肩。"不知道，反正安静点了。"

我坐在白色的塑料桌前，翻阅一本彩色的杂志，小口喝着咖啡，身上还在发抖，心烦意乱，听着楼上屋子里传来的低声呻吟。接着我又听到有东西被扔到墙上，但乔尼并没有试图破门而出。忽然，鲍勃推了一下我，喊道："当心！"

我跳起来，从桌子旁跑开。这时一扇窗户从空中落下来，在地上摔得粉碎。

原来乔尼推窗户时用力过猛，以致把它推下来了。如果桌子再靠外一点，我们两人肯定有一个会被砸成重伤，甚至被砸死。

事实上，如果凭意志力可以战胜自闭症，像我这么劳心费神、孜孜不倦地努力，乔尼早就应该成为正常孩子了。但自闭症是无法治愈的，这与意志力无关。我们唯一能做的是控制它、努力了解它，让孩子、家人和自己的生活不那么难受。我渐渐想通了，不再试图战胜自闭症，不再阻拦乔尼做他自己，不再强求他晚上一定不能尿床，不强迫他改掉拍打东西的习惯，不再禁止他用手指头堵着耳朵，也不阻止他重复某些动作。我开始明白，这就是他的世界，他要以他的方式在其中生活。

我们也渐渐了解到什么事情会让他害怕，哪些刺激他需要屏蔽，以及他会如何在这个混乱的世界中坚持自己的一套秩序。我们开始尊重他的本相，并理解他处境的艰难。有一回他怒气冲天，我也怕被他用头撞伤，但由于离他很近，我感觉到了他的心跳。最终我明白了，即使我的感觉再糟糕，即使他的哥哥和妹妹有再多的难处，即使他的老师和看护们受到的惊吓再大，都比不上他内心排山倒海的恐惧。乔尼的行为也许让我们忧心忡忡甚至担惊受怕，但对他而言，几乎身边发生的每一件事都是那么难以理解；世界对他来说是一个恐怖的地方，所以我们应该尽最大的努力减少他的恐惧，帮助他驾驭这个可怕的世界。

我开始尝试一些更温和的治疗方案，试图从乔尼自己的视角出发处理他的问题，而不再照搬那些对自闭症群体所知甚少又缺乏尊重的人提出的谬论。我加入了全国自闭症协会，还当选为执行委员。在那里我认识了很多家长，有些甚至有两个自闭症孩子，也了解到他们在家庭生活中对自闭症的亲身体会和应对办法。我也参加了一些会议，了解到这一领域教育学家和心理学家的科研成果，包括自闭症患者如何感知这个世界，以及我们如何改善孩子的生活环境。

　　这天下午阳光灿烂，但我还是拉上了卧室的窗帘。房间很大，从窗户可以俯视我们家整个大院子。我在地板上铺了鸭绒被，放了枕头，在枕头旁边放了一台录音机。乔尼喜欢音乐，所以我选了一些对他来说比较轻柔的曲子，给他录制了一盒磁带。开始是他最喜欢的帕赫贝尔的《卡农》，接下来是一些舒缓的乐章，包括贝多芬的《皇帝协奏曲》，肖斯塔科维奇的钢琴协奏曲，早期的合唱，还有莫扎特的《长笛与竖笛协奏曲》。我想尝试让他在特定的环境中放松下来。我计划在他平静、愉悦的时候和他一起躺下听这些音乐。如果他愿意，我会抚摸他的头和胳膊。我希望他可以把音乐和平静、愉悦的心情联系起来。然后我必须努力搞清楚什么因素会让他发作，这样当我发现乔尼快要狂暴起来的时候，就可以试着通过和他躺在一起听音乐让他重新平静、放松下来。

　　我带乔尼进屋，轻声对他说："乔尼，我们躺下来听一些很好听的音乐。"

　　"啵！"

　　他不感兴趣，但我还是不放弃。我躺下，打开录音机。"过来，乔尼，躺到我这儿来，音乐很好听的。"

　　他不肯过来，而是朝门口走去，我轻轻地把他拉过来坐下。现在是下午三点钟，外面阳光灿烂，这个古怪的提议显然让他很不高兴。

　　"糖糖，糖糖，面条，面包。"有时候这一串食物名称往往就是他大闹一场的前奏，但这次他的怒气并没有马上升级。不一会儿他躺下来了，我开始放音乐。我抚摸着他的胳膊，在地上躺了几分钟，觉得这是一个很好的开始。

　　"好孩子，乔尼。"

　　他咬牙切齿地把脸凑过来。有时候乔尼受不了别人称赞他，于是我带他下楼，给他拿了一小碗糖果。他狼吞虎咽地吃完，就跑出去了。

　　"情况怎么样？"

　　我耸耸肩。"我觉得还可以。明天再试试。"

　　我又试了几次。有时乔尼只躺几秒钟，有时能躺上几分钟。我不敢说计划很成功，因为一旦乔尼真的难受起来并开始尖叫，他是听不到音乐的，而通常我也不会在这时去拿录音机。要发现他发病的原因也很困难，因为情况在不断变化，难以捉摸。不管我用什么办法，都无法防止他发病，似乎这种发作有自己不为人知的规律。但至少我开始站在他的角度看世界，试图了解他的恐惧并与他共情，而不再强迫他变成另外一个人，何况这也是不可能的。我确实有办法让他躺下来听音乐，也确实在我认为他开始不安的时候给他放音乐，但我不知道这种办法到底起了作用没有。当然，这样做显然并未让情况恶化，而且我的态度变了，知道自闭症是他很重要的一部分，不再和它对着干，而是尽力帮助他面对恐惧的恶魔，或许这也渐渐改变了我们的处境。

我开始告诉自己，乔尼会发作多久是我无法改变的，我必须等它自然结束。后来我告诉其他人，乔尼曾经一连好几个小时陷入极度恐惧，他尖叫、大打出手，但我只能陪他坐着，没有任何办法可以缩短这个过程，如果我作出反应反而可能延长他的发病时间。这时最重要的就是顺其自然，尽可能减轻这个过程给其他人带来的痛苦，而不仅仅是乔尼的。

从这以后情况开始好转。我不再听信那些认为我应该为孩子的残疾负责的论调，不再强迫他变成另一个人，因为这不可能。很快我开始承担一些培训工作，目的是帮助身体存在缺陷的人获得平等权利，在此期间我了解了残疾人权利运动，得知当初从越南战场回国的伤残军人也曾受同胞歧视，不能进商店和电影院；他们忽然发现自己并未如愿成为别人眼中的英雄，相反，别人对他们视而不见。但他们对此没有逆来顺受，而是发起了抗议运动。后来运动的声势越来越浩大，组织也越来越健全，席卷到了大西洋彼岸。我还读了其他书籍，书中提到残疾人的医疗模式和社会模式，提到社会看待残疾人的方式，原来人们在某种心理需求的驱使下会倾向于要么治愈他们，要么忽视他们。

所以我对乔尼的状况开始有了头绪。我开始明白为什么当初大夫一旦意识到我儿子的病既无法治愈，也查不清病因和先兆，就对他失去兴趣。现在我坚信，指控我妨碍了乔尼成长，或是断言我们可以强迫他战胜自闭症，都是极其不公平的，就好像在说乔尼患病是我们有意为之。对我加以指责，或是将乔尼的形象病态化，都有悖公正和平等的原则。我开始满怀热情地维护他的权利，他作为自闭症患者有权按照自己的方式过高质量的生活，不必没完没了地被其他人摆布，要强行让他成为他不可能成为的人。我不再读书，而是观察他，倾听他的声音，从他身上发现什么让他痛苦，什么让他觉得困难；反过来，有什么方法能帮助他理解这个世界。

通过观察和倾听，我发现感官刺激尽可能少的环境对乔尼有好处；我发现如果我仔细观察、倾听，他就会让我明白，他觉得什么很难理解；我发现他要发病的时候，身体接触、言语甚至目光对视对他来说都是不堪忍受的。我明白情绪已经让他不堪重负，他的感官已经处在高压之下，生活中的每一天他都面临不可想象的压力，其中最可怕的就是他不知道接下来要发生什么。所以我借助照片和录像告诉他将要发生的事情，让他明白自己要做什么，帮他克服恐惧。每天一开始我就用非常简单的语言，按顺序告诉他这一天会发生什么，并教他总结经验。我带他去超市，慢慢把整个过程详细解释给他听，并保证每次都是同样的程序。过了一段时间，我们一进超市乔尼就脸上放光，我可以看出他心情愉快、如释重负，似乎在说："这个我知道了。"

我时不时会从某些人、某些事那里看到我们的战斗成果。那一回我们在超市，我像往常一样处处留心他和他妹妹，没有抬头，避免和别人对视。这种习惯并不好，但多年来为了面对别人对乔尼的行为冷眼相向、评头论足的尴尬处境，这已成了我的准则。他今天表现很好，经过这些年的训练，他已经懂得去超市应该干什么。他等在一个蛋糕货架前，从一旁看着我。

"是的，你可以拿一个，"我说，"挑一个你最喜欢的。"

他笑了，拿一个姜饼人，又看了我一眼，想确定有没有问题。

"那就放到袋子里吧。"我说,"不过你必须等付完钱才能吃。汉娜,给他拿一个袋子,好吗?你是不是也想要一个?"

她帮乔尼拿了一个袋子,把姜饼人放进去,然后给自己挑了一个面包圈。乔尼口齿不清地嘟囔了一阵,但是很满意。

"宝贝,帮我拿一包玉米片好吗?"我说,他小心翼翼地从货架上取下一个盒子。"放到手推车里吧。"我说,他也放进去了。"很好。"

一个年轻女子朝我走来。我低着头,没有注意到她,直到她开口说话。

"对不起打扰你一下,你儿子是不是有自闭症?"

"是的。"我心怀戒备,以为她会指责我不该带他出来,如果是这样我会反驳她;说不定她会问一些很无耻的问题,比如她是通过电视了解到自闭症的,这孩子长得真漂亮!真是可惜了,不过他有没有什么特殊才能?

她冲我一笑。

"我儿子也有自闭症,"她说,"不过他只有五岁。我从来不敢像你这样带他出来买东西。看到你们我就觉得有希望了。他表现得很好吧?"

"是的,"我说,"是的,我为他感到非常自豪!"

去饭馆、游泳池、公园和游乐场,我都用同样的方式让乔尼有心理准备,减少他对未知的恐惧,这样他就能应对自如。乔尼对自己和家人的照片极为着迷,所以我利用这一点给他做了好多册子和短片,用以记录已经发生的事,或提示他将要发生的事。我们去度假以前,我就做了一本影集,乔尼在海滩上,本在海里,汉娜在旋转木马上玩。每张照片都附有文字说明,每天晚上我都把它们念给乔尼听。册子上有我们要住的房子的照片,有乔尼可以玩的沙丘,还有海塘旁边的桌子,是我们要野餐的地方。

"这是什么,乔尼?"

"度假,度假。"他迅速翻着册子,要找大海、小船、小溪和任何跟水有

关的照片。

"这是谁,乔尼?"

"阿娜,阿娜。"他一直很难发出首音为"h"的字来,所以就这样称呼他的妹妹。有时他不说话,全神贯注看着他的生活照,像我们所有人一样,对自己的存在极其感兴趣。

随着时间的推移,乔尼摆脱了咄咄逼人、试图改变他的看护和教育者,跟那些真正关心他、爱他、想帮助他的人在一起的时间越来越多,也接受了更多可以帮助他克服巨大压力的治疗。他可以做足部和头部按摩。按理说这些年轻的按摩师过去在学校里成绩都不太好,我从来想不明白,他们如何能让乔尼安静地坐在那里接受按摩。我对他们真是佩服得五体投地,因为到现在乔尼都不肯让我碰他的头和脚。他试过芳香疗法,还去过多感官治疗室,非常喜欢。

看护把手指头放到嘴唇上示意我不要作声。"别说话,过来,"她悄悄地说,"他在这里。情况很好!"

我蹑手蹑脚地走到门口,透过门上的小窗往里看,希望不要被里面的人发现,否则他不管在做什么都会停下来。我听到的音乐类似于"新世纪音乐",就像我去做按摩时听到的大海的声音与柔和的印度拉加(印度传统乐曲)的旋律。开始由于光线太暗,我看不清躺在垫子上的人,慢慢地我适应了昏暗的光线,就看见他了,还看见在垫子周围的地灯以及大海和森林的图片上都缠着光导纤维。光线慢慢从紫色变为粉色,再变为蓝色和白色。墙角有盏熔岩灯,屋里放着轻音乐,旋律既不高亢也不低沉,平稳而舒缓。乔尼躺在垫子上,陶醉在音乐和灯光中,几乎睡着了,很安宁也很放松。

她后退了一两步。"他回家前我们都尽量带他来这里。"她说,"有时吃饭之前也是,如果他不太饿的话。这里的环境让他平静许多。"她笑得很舒心,"他非常喜欢。"

第七章
带乔尼一起去度假

凌晨四点闹钟响了。我睡得很沉,醒来竟不知自己身在何时何处。很快我想起我们要去度假,必须马上起床。天还没亮,不过等我喝了咖啡去洗漱的时候,地平线上透出了粉红色的微光,天渐渐亮了。我穿好衣服,开始叫孩子们起床。我已经把今天早上的安排想了无数遍了。乔尼肯定最后一个起床,如果运气好,我可以在他反应过来以前拿掉他的失禁护垫,给他穿好衣服并把他抱进车里。早餐已经打包好了,他们可以在路上吃。我告诉过他我们要去度假,他也特别喜欢度假,不过仍然有可能生气甚至大闹起来,因为在熟睡中被叫醒会让他大惑不解。我们去法国的行程是先开车到普兹茅斯,在那里坐渡轮,然后再开车到布列塔尼就到了。

我在汉娜的房间里轻轻把她摇醒,有一瞬间她没反应过来,不过很快就下了床。我帮她穿好衣服,然后去叫醒她哥哥。鲍勃把他俩弄到车子里,我们给他们拿了枕头,但他俩兴致勃勃地聊起来了,本在前排,汉娜在后排。我一会儿就准备挤在她和裹着羽绒被的乔尼中间。

"我们要去法国，法国！"

"这个我知道，本。我们还要坐很大很大的轮船。"

所有东西都打好包了，有梳妆袋、小桶和铲子、防晒霜、短裤、T恤衫、泳衣，以及法币、护照和外语常用手册。我洗了咖啡杯，忐忑不安地进了乔尼的房间。我看不见他的头，只见羽绒被下面隆起一块。他的呼吸很重，说明他睡得很沉。没有时间了，我们不能冒错过渡轮的危险。

想不到的是，我很轻松就把他叫醒了。我把手轻轻放到他隆起的头上。

"乔尼宝贝，我们要去度假了。你必须起床啦，在车上你可以再睡一会儿。"

他的头动了一下。我掀开羽绒被的边缘，这时他睁开眼睛了，但还睡眼惺忪。我继续重复"乔尼宝贝，我们要去度假了。你必须起床啦，在车上你可以再睡一会儿"。他坐起身子，马上下了床。

我毫不费力就拿掉了他的失禁护垫，给他洗漱穿衣。他没有呻吟，也没有抗议，反倒笑了，还连晃了三次脑袋。他用手拍打着自己的脸，这时我把衣服递给他，帮他穿好。

"乔尼，我们开车去，然后还要坐大轮船。"

"大轮船！"

他总是让我喜出望外。就像我们要去游泳的时候，他忽然就愿意好好走路了。乔尼可以从熟睡中起床，穿好衣服，只要有大轮船可以坐！

乔尼看着车窗外的马路，另外两个在"叽叽嘎嘎"地说话，半小时以后，他们全都睡着了。等他们再醒过来，我给了他们三明治和饮料。很快我们就加入渡口长长的车队了。天色还早，到处雾蒙蒙的，但云朵背后已经有了亮光。海面风平浪静，巨大的轮船就停在我们旁边。正当我们纳闷为何一直没有动静的时候，身着制服的工作人员就过来维持秩序了。刚才还有脚穿平底布鞋、身着开司米套头衫的萨里郡父老站在那里，他们穿着褪色T恤衫、爱讲话的孩子在车子之间跑来跑去，而我是绝不允许孩子这样的。现在他们都回到自己的萨博和沃尔沃里去了。汽车都开动了,队伍里都是发动机的声音。我们把车开到前面,车身一簸就上了斜坡,很快听从指挥进了轮船。穿制服的工作人员挥动双臂,指挥我们倒车、前行、停止、再前行数厘米、再停下。最后我们停在一个很小的位置上,紧挨着其他的车。工作人员让我们拉上手刹,赶紧下车到乘客甲板上去。我们挤下车,穿过密密麻麻的车子走到甲板边缘,登上金属板台阶。他们明确告诉我们中途不能再下来,所以必须随身携带行李。乔尼和他的哥哥妹妹都不声不响地下了车。我紧紧牵着他的手,但是他非常听话。

"小心点。"上甲板的时候我提醒他们,"抓稳扶手,脚踩高一点。"我拉着乔尼的胳膊往上爬,最后大家都上了甲板,可以看到停在下面的车。人很多,我们优哉游哉地踱来踱去,金属板也随之发出"咣当咣当"的响声。乔尼静静地跟着,紧紧抱着他的玩具船。

尽管是在白天坐船,我们还是订了一间客舱,以防万一。舱里没有舷窗,不过有四个铺位,还有地方可以放行李,包里都是玩具、食品、饮料和给乔尼换的衣服。客舱里还带着厕所、水槽和淋浴间。孩子们都上了自己的铺位。本开始玩电子游戏,汉娜抱着她的泰迪熊,乔尼拍打着玩具船上的小鱼,还把脸凑到跟前去。但很快他们就觉得无聊了,我们穿上外套上了甲板。我紧紧拉着乔尼,尽管他想挣脱。轮船离岸的时候吹来一阵冷风,但我们还是心潮澎湃。孩子们紧紧抓着扶手,扶手上锈迹斑斑,还挂着水珠。起航的时候汽笛响了,汉娜和本都捂住耳朵。乔尼喜笑颜开,拍打着小船,兴奋得摇头晃脑,看轮船划破海面的平静,两边涌起白色的浪花。

我们带他们在甲板上四处走走,买了一些饮料,然后坐在塑料椅子上,任凭海风吹动我们的头发。后来我们又回舱里待了一会儿就去吃饭了,小餐厅里非常拥挤,我们吃了鸡肉、披萨以及很美味的水果馅饼。船上有很多兴高采烈的小孩,闹哄哄的,很少有人会注意到乔尼。四个小时很快过去了,我们看见地平线上出现了法国的海岸。随后我们在卡昂码头靠岸,和其他人一起排队取车,

再挤进车里,按照指挥下船,上跳板的时候又颠簸了一下,跳板的另一端就是法国大地了。

"这就是法国,本,这就是法国!"

我们排着队慢慢开上大路,然后一溜烟开走了。

我很疲倦,眼睛有些刺痛,但一路上这么顺利让我特别高兴。我们竟然能带所有孩子出来度假!竟然能让大家都早起,坐渡轮,在法国待上两周!我闭上眼睛,心里热切地祈愿我们能一帆风顺。外面阳光灿烂,录音机里放着儿童歌曲。我身上落了许多饼干屑,往塑料杯里倒生柠檬水的时候还抽筋了。离开城区的时候,我发现我们正以极快的速度穿过寂静的马路,路边是两排杨树,周围还有大片田野以及富丽的独栋别墅,带着尖尖的屋顶,院子里还有孩子玩的秋千和滑梯。我们经过一些村落,那里房子的窗台上种满了天竺葵,小餐馆门上的玻璃用米色的网眼纱帘装饰起来,还贴有奥兰金娜饮料的广告。太阳过午时分我们抵达营地,也找到了我们从朋友的朋友那里租来的房车。我们把车停在房车旁边并从车上下来。乔尼又迷迷糊糊睡着了,我把他留在后排,让车门开着,并找出人家给我的钥匙,打开房车的金属门进去。

我们一言不发,这里的环境让我们大失所望。我们付的钱已经超出了预算,只当是付给朋友的朋友。我们也不期待环境有多奢华,但起码要比这个好一些。不过我决定一笑了之。

"没关系,我们凑合着住吧。来,先把东西拿出来。"

说起来容易做起来难。房车内部十分寒酸,几乎没有柜子可以放东西。我一边给本和汉娜铺"床",一边担心他们能否在这样的硬板架子上睡觉。我们决定让乔尼一人住一屋,我在那间屋子的劣质床垫上另外铺了塑料床单。我们睡在起居室里所谓可拉伸的床上,实际上就是两个底座上两块又旧又有味道的薄垫子。

我们尽最大努力把东西放到合适的地方,大部分东西还留在箱子里,要坐下来就得把箱子挪开。很多东西还必须留在汽车后备箱里。然后我们又上了车，跟着指示牌开到海边。现在已经比较晚，不能玩太长时间了，但我还是和乔尼坐到了席子上，他看上去挺满意的，而另外两个孩子正往水里扔石子。

我想，这也没什么大不了的，我们不会在房车里待很长时间，这一点很好。我知道这个朋友的朋友把我们狠狠宰了一顿，但我尽量不去生他的气，只希望每个人都能玩得开开心心。

我从家里带了自制的冰冻食品——他们喜欢的羊倌饼。它在旅途中已经慢慢化冻，加热起来也很方便。我们都挤在小桌旁吃饼，后来本和汉娜说要去探险，并答应不会走太远，于是我同意了。我用坐浴浴盆给乔尼洗澡，他看来对此很困惑，不知所措，但我还是勉强给他洗完了，给他穿上睡衣，裹上失禁护垫，并开始给他读故事。

"乔尼，我们是来这里度假的。明天我们一整天都在海边，你爱怎么玩就怎么玩。"

我给他放了音乐，他很快睡着了。本和汉娜忽然闯进来。

"我们见到邻居了！他们很友好。"他俩叫道。

"小声点！乔尼刚刚睡着。"

"对不起，对不起，我们还要出去呢。"

我见窗外另外三个孩子和他们一起东奔西跑，其中一个是女孩，另外两个是双胞胎男孩。他们兴高采烈地冲我挥手。我稍稍松了口气。

后来孩子们都上床睡了，我们一边喝红酒一边看书。我累坏了，反而很难放松下来。像往常一样，我尽力不去担心还没发生的事，不去想乔尼能不能过这一关，如果他发病我又该怎么办。孩子们对恶劣的卧榻毫无怨言，表现得泰然自若。乔尼应该是最舒服的一个了。要知道本每天晚上都从他搁板似的小床上滑下来。我正躺在地上的垫子上，试着让自己舒服一些，这时我听见乔尼的

房间里传来让我心惊肉跳的呻吟声。他醒了,恐惧包围了他。

我想,很可能他不知道自己身在何处,而且洗澡也没洗好,更加不安。我想保持冷静,但做不到。他的呻吟声越来越大,房间里又传来"砰砰砰"的响声,是他的头撞在劣质的墙上。我吓坏了。

"如果他在这里发病,我会受不了的,"我想,"起码今晚不行。周围的人都会听见,孩子们的新朋友也会躲着他们。"

我走进他的房间,里面的空间都被床占满了。"好了,乔尼,"我说,"我们在度假,你忘了?不会有事的。"

低声呻吟变成了高声尖叫,他开始用头撞我。我及时躲开了,我的头却撞到门上,泪水不知不觉地从我困得快睁不开的眼睛里涌出来。乔尼继续尖叫,开始用头撞墙。我又气又怕,不能自已。我提醒自己要冷静,一切都会过去的,却再也遏制不住撕心裂肺的恐惧。

"别闹了!"我喊道,"马上给我安静下来!"

我知道这不管用,只会火上浇油;我也知道,这样做会让我内疚好几天。尖叫声越来越急,越来越大,乔尼径直朝我扑过来,咬住了我的胳膊。我推开他,他撞到墙上。

"别闹了!"我从里面挤出来,"砰"地一声把门关上。"我明天就带他回家,"我哭着说,"我早就该想到会出问题。明天你得开车送我们去码头,然后我带他回家。"

我这样说了一遍又一遍,直到两个小时后他止住了恸哭,我们也都沉沉睡去。

"你要带乔尼回家吗?"

我从睡梦中醒来,看到五岁的女儿忧心忡忡地伏在我身上。有那么一会儿我想不起自己身在何处,为什么睡在地上。很快我想起来了,一看表,九点半了!

"乔尼在哪,其他人呢?"她示意我看门口,我才发现桌子上都是早餐的残渣，外面传来本的声音。

"别回家。"她说着钻进来和我躺在一起。

"别担心。"我说，"我不会回去的。对不起，我昨晚太累，担心太多了。你的朋友提到乔尼了吗？"

"没有，他们没听见。"

"他没事吧？"

"没事。我们可以马上去海滩吗？"

"可以，我先喝杯咖啡。"

我们的邻居很友善。我们坐在他们的起居室里聊天，这里比我们的起居室好多了。

"这是你们的房车吗？"我问。

"天哪，幸亏不是。我再也不会头脑发热要住房车了。这是乔的父母的，他们想帮我们在度假时省点钱。可是里面这么挤我受不了。我再也不这么干了。"

实际上他们的房车比我们的要好十倍。他们夫妇俩都是曼彻斯特的社会工作者。两周里我们两家的孩子一直在一起玩得很开心，大家对乔尼夜里发病的事只字未提，尽管我不相信他们当时没听到。他们人很好，很有同情心，而乔尼大部分时间里状态也比较稳定。邻居告诉我们哪个地方的海滩最好，我们也去那里很开心地玩了几天。每天傍晚都有卡车到营地周围卖现炸的薯片，我们都排队去买。本和汉娜跟朋友们还找到了秋千，玩得很尽兴。

像往常一样，我们到海滩的时候其他游客正好去吃午餐了。每天早晨把大家都叫醒，把乔尼打点好，在狭窄得难以想象的空间里做早餐，等到吃完把东西收拾起来，就到中午十二点了。但我们去海滩会带上法式面包、席子、毯子、毛巾、小桶、铲子和充气玩具，很开心地待上一段时间。海滩很大，白茫茫的，

遍布礁石和水洼，湛蓝湛蓝的海面一直曼延到天边。

"快来，汉娜，快点！"

本跑向他们最喜欢的一个水洼，跳了进去。汉娜在后面拼命追，喊着说："等等我，等等我！"

她穿着带蓝色斑点的泳衣和粉色的塑料鞋子，带着游泳圈，坐在一块巨大的礁石上，等她哥哥游过来拉她下水。我给乔尼找了一个小水洼，把小桶和铲子给他。他向前探着身子，往水洼里扔了一颗又一颗鹅卵石，这时他圆滚滚的肚子从短裤的托马斯火车头图案顶上露出来了。过一会儿他又重复另一种玩法，用铲子把带着水的沙子铲起来再抛出去，掀起一阵阵浑浊的水花。他似乎玩得挺开心，但我还是换了个离他很近的位置，因为一个蹒跚学步的小孩和他性感迷人的法国妈妈走过来了。两人都有一头光鲜的卷发，身着暴露的比基尼。他们停在乔尼旁边，用一把锋利的小尖刀采集礁石里的贻贝，看着挺让人担心。但他们的动作显然很熟练，而且配合默契：小男孩指出贻贝的位置，漂亮妈妈把它挖出来，小刀轻轻一刮，贻贝就落进小桶了。这时小男孩停下来盯着乔尼，小铲子挂在一边，蓝色的大眼睛入迷地注视着泥沙划出的一道道弧线，但他也许不该这么做。他妈妈很细心，不让他盯着别人看。

"Allez.（我们走吧。）"她用法语说，轻轻拉着小男孩。他们走开以后，我听见妈妈给小男孩解释说："C'est un petit idiot.（他是个小傻瓜。）"

只消开车再往前走一会儿，就到了另一个绝妙的去处。在这里我们从停车场要过一座小木桥才能到达海滩。还是那白茫茫的沙滩，在阳光下熠熠发光，一望无垠，曼延到远方。还是那深蓝的大海，海岸蜿蜒曲折，宛如镶着白色的花边。海滩人很多，都是一家一家来度假的，但给我们铺席子、毯子，摆玩具的地方还是绰绰有余。乔尼穿着短裤、拿着铲子在岸边走来走去，另外两个则设法要爬到充气鳄鱼的背上去。我不时走到海里去，因为汉娜正在怪物的背上，我要用手把她扶稳；要是我松手，她就会左右摇晃，掉进水里去。这片海滩我们已经来过几次了，回去的路上会经过一座漂亮的老城。那里可以买到白糖馅的薄烤饼，我们就坐在市场中央十字架下面的台阶上吃。我们不乐意回讨厌的房车里去，总是尽可能拖延时间。至于天气，我们还算走运，两周里只有两天下了雨，孩子们穿着塑料雨衣跑来跑去，进进出出。所以大部分时间我们都可以在外面坐着，摆上小饭桌吃午餐和晚餐。

有一天，孩子们都在海滩上尽情玩耍，我看书时每隔两分钟都要抬头看一眼乔尼，千万别让他像上次在丹佛海滩那样，忽然失踪。不过他居然在专心致志地清理海滩！我观察他有一会儿了，只见他在海边走来走去，把海藻扔到海里去。他看上去心满意足，完全注意不到周围的人。这些海藻时不时会打到别人身上。我看到一个帅气的法国男子，身材匀称，皮肤黝黑，身穿紧身短裤，手里牵着年幼的女儿，小女孩在海浪里跳起来了；年轻男子转身环顾四周，一脸困惑：谁朝他扔的海藻？他往岸边扫了一眼。多奇怪啊！没有人一溜烟跑开，没有人"咯咯"直笑，没有人忐忑不安，也没有人赶紧转过身去，只有一个长着金色卷发的小男孩在海水里玩，看上去跟这事毫无关系！

回到营地，我们打开车门，我把泳衣都冲洗一遍，然后开始做茶点。有一道篱笆把我们的营地与下面一排一排的帐篷隔开，而乔尼正在往篱笆那边扔树枝，看上去自得其乐。我想，几根树枝也不至于造成什么伤害，而且他有事可干的时候我才能腾出工夫在房车门口烧罐装石油气的小炉子上做饭。我做完去喊孩子们吃饭的时候，看到鲍勃紧紧牵着乔尼的手，正诚恳地跟人说着话，对方显然很生气，本和汉娜忧心忡忡地站在一边看着。

"嗨，"我朝两个男人走过去，"吃茶点了，过来吧。"

"你确定吗？"我听见那个陌生人说。

我不喜欢这个人戴着金项链、一脸傲慢的样子。

"这可是TR7的跑车，我可不想让谁往上面扔石头。"他不屑地看着我们的旧福特车。

"不好意思,"鲍勃说,"你一定搞错了,我们的孩子一直在玩,很安静的。"

"你们最好小心点。"他说着转过身去,"我会留神看的。"

鲍勃给我使了一个眼色,松开乔尼的手。乔尼拍打着他的玩具船,好像这不关他的事。但是本悄悄地说:"乔尼刚才往篱笆那边扔石头了!"

"哦,没事的。"我爽快地说,"没什么大碍。吃茶点了。"

两周过去了,开车去渡口的时候,我感觉这次度假非常成功。我累得够呛,但是乔尼过了第一个晚上就再没发病。我们设法让他和另外两个孩子在海边过了一个非常愉快的假期,游览了一些很漂亮的城镇,看到大海狂野地拍打礁石,在小丘上放风筝,去法国市场买东西,还有好几次在外面吃饭。不过想到终于可以离开房车在真正的床上睡觉,我们也很高兴。我们照样去了预订的客舱,把东西放在里面,然后去甲板上看风景。我牵着乔尼的手,有一搭没一搭地听本和汉娜兴高采烈地聊着天。乔尼扭来扭去想挣脱我,有一会儿我也让他自己去玩了。他似乎在聚精会神地看大海,没打算跑掉或者乱爬。我看了汉娜一会儿,忽然我觉察到身后有什么东西被扔出去了。

"乔尼的鞋!"女儿喊了一声,我一转身就看到他的一只崭新的克拉克凉鞋消失在波涛中了。

我神经质地抓住他的另一只鞋子,以免他再扔出去。咳,保住了一只鞋!

"捡回来!捡回来!"乔尼说。

"我们捡不回来了,宝贝。"

"捡回来,捡回来!"声音越来越大。

这时鲍勃走过来。

"乔尼把鞋子扔进海里了!"孩子们异口同声地说。

"傻小子,乔尼。"本轻声说。

"嘘嘘,"我说,"别惹他了。"

"现在还不允许我们去车里。"鲍勃说,我也想起我另外给他带了衣服,却没有另外再带鞋子。

"可是他也不能穿着袜子到处走!"

乔尼对穿戴是否整齐的感觉十分敏锐,只要稍有偏差就会出麻烦。

"你去跟他们解释一下,求他们让你下去。"我对鲍勃说,一边转身带孩子们回到舱里等消息。我没抱多大希望,因为船上的工作人员一贯很严格,不允许乘客在航行期间到汽车甲板上去。我们似乎等了好久,时不时有"捡回来,捡回来!鞋子,鞋子"的喊声打破尴尬的沉默。

另外两个孩子面面相觑。这个兄弟可真是的!之前把海藻打到别人背上,现在又把新鞋子扔到大海里去了!忽然客舱的门开了,鲍勃进来,手里挥舞着乔尼的网球鞋。

"他们真是太好了,"他说,"我一解释,他们就陪我下去让我把这个拿上来了!"

有挺长一段时间我们不再带乔尼去欧洲大陆。虽然坐渡轮很不错,但坐飞机显然不行。几年后,我意识到本很快就要离开家了,于是在法国的普瓦图夏朗德租了一座假日别墅,打算全家最后一次一起去度假。因为本想带女朋友去,我们最终开了两辆车,到法国后要开四个小时才到目的地。乔尼十六岁了,乘渡船时和我们一起开心地坐在甲板上。我们这次没有订客舱,大家在一起玩扑克牌,吃法式油酥点心。

别墅在一个小村庄里,周围有一些漂亮的小镇,这个地区每年到这个时候天气都很晴朗。其他人都坐了大车,我开着另一辆车,乔尼坐在后排。我们黄昏时才到,进门停车的时候得知住在隔壁的是一位农民,也是别墅的主人,因为我们迟到而颇不放心。他不相信我这样一个女人竟能在国外开车走这么远的

距离。

别墅的起居室很大，按照粗犷的法国乡村风格装饰了一番，墙上挂了好多张兽皮。房子有三间卧室，从一个奇怪的阳台式夹层可以俯视起居室。厨房很宽敞，院子很大，有一个圆形游泳池，下面的斜坡延伸到远处的田野上。漂亮的露台上放好了多盆花，松树林底下有个罩篷，罩篷下是一张旧桌子，在斑驳的阳光下坐这里吃饭确实是件很诱人的事。

度假以前我照样把事情想了一遍又一遍。我很清楚如果我们能有自己的游泳池，乔尼一定会很开心的。没想到乔尼适应不了这样一个不加热的游泳池，只能时不时跳进去又爬上来。他无法理解虽然刚下水会觉得冷，但只要再等几分钟就适应的道理。他现在是青少年了，不像小时候对冷水那么不敏感。但温暖的阳光让他安静下来，一连几个小时坐在池边看我们其他人游泳、嬉戏、漂浮。多数时候我都躺在充气艇上，任它在水里漂浮，或者在池边看书。本的女朋友还在学游泳。她和本还有汉娜玩字谜游戏、编排舞蹈、骑自行车，欢声笑语不断。我们去了当地的市场，绕着村庄散步，在外面吃饭，假期过得很愉快。

这天早上我们准时起床。我把乔尼的床单、睡衣都洗好了晾在外面，由于阳光很足，我估计一个小时就能晒干。我们都挤进旅行车，我蜷缩在行李箱的位置，这样我们就不必开两辆车了。我们出发，开了两三个小时到达目的地——一个移动影像的主题公园，名叫"未来视界"。当时天气炎热，阳光灿烂，主题公园里有花园、银色大楼、桥梁、现代建筑，还有圆形露天剧场，最下面是一个"好莱坞碗"风格的大舞台。我向来讨厌在主题公园里浪费时间（当然我希望孩子们没有觉察到），这里却让我又惊又喜。我们领了几张公园的地图，在咖啡馆的露台上吃饭，四周都有潺湲的流水。吃完饭，鲍勃和我带着乔尼开始四处探索，其他人则去体验自己挑选的游戏。乔尼走得飞快，这是很少见的，而且他知道自己要去哪儿。他很开心，穿着百慕大短裤和蓝色T恤衫一路大步流星，时不时会停下来。这里好像是乔尼的天堂，而水就是永恒的主题。巨型现代主义建筑在阳光下闪闪发光，有水从上面直泻而下。

"乔尼心目中最理想的世界就是这个样子的。"我说，大家都笑了。

我们发现了一直在找的东西——一个重现电影中经典追车场面的模拟装置。过了几年我们带乔尼去巴黎迪斯尼公园的时候，由于我早作准备，拿着他的残疾人停车卡，就不用排队了。但现在我还不了解这种优惠政策，看到蛇形栅栏上的告示说我们还要排队等四十分钟，我非常担心乔尼会受不了。我知道乔尼喜欢模拟装置，他以前玩过，但排队就是另一回事了。但他的表现又一次出乎我们意料。

"我们必须排队。"我说，"必须在这里站一会儿，然后才能坐上去玩。"

他耐心地等着。终于轮到我们了，我们进了一间很大的屋子，里面有很多双人座位，前面是一个巨大的屏幕。我和乔尼找了一个位置坐上去，按照要求给他扣上带子。他毫无异议，这又大大出乎我的意料。

"乔尼，这是为了保持安全。奇妙的旅程就要开始了。"

占满一面墙的巨型屏幕忽然亮了，屋子则慢慢暗下来，我们发现自己坐在一辆旧雪铁龙车的前排座位上，车子向一条狭窄、由鹅卵石铺就的法国乡村街道俯冲。我们所在的座位也随之移动、急转、震颤、颠簸，和画面完全同步。我心里知道这都是模拟出来的，但这种真切的感官体验让人无法抗拒，我很快入戏了：超速行驶，急转弯，在千钧一发之际避开障碍物。尖叫声和兴奋的喊声在屋子里回荡，我不无担心地看了看乔尼，发现他正在笑呢，喜悦在他脸上荡漾开来。他一点都不怕，反倒乐不可支。

接下来我们带他体验了一部模拟山中蝴蝶的电影，而我们就是电影中的蝴蝶，飞落在花朵上，翩跹在微风中、在螺旋滑梯上、在湖面的船上。乔尼的手微微颤抖，他把手举起来放在头的两侧，觉得很惬意的时候他会扭扭头，一下，两下，三下。我们又和其他人会合，吃了点东西，然后去露天剧场，等着看每天的光影表演。节目还没开始，我们给另外三个人留了座位，他们去玩。我俩都累了，和乔尼坐在一起看巨型喷泉的水时起时落，每分钟都在变换颜色，确实十分惬意。眼看天色渐渐变暗，座位快坐满了，我开始着急，用目光四处搜寻他们三人的身影，忽然见他们都到了，高兴地挥着手。

"刚才真是太棒了！"他们异口同声地说。

"快坐下，"我说，"马上就开始了。"

喷泉又开始喷水，这一次色彩和影像都随着音乐变幻。忽然我们在水幕上看到了人像，看到有人跑过湖面。他们以十分轻快的动作跳起舞，不断变换形象。我知道这只是一种幻象，这些人像是光线投到水幕上形成的效果，但确实很奇妙。整个表演都是法语的，但不影响我们欣赏。图像的变幻引人入胜，这对任何国家的人来说都不例外。我瞥了一眼乔尼，害怕节目结束之前他就累了，但事实上完全不必担心。他手舞足蹈，摇头晃脑，还高兴得大叫起来，惊叹声淹没在其他人的喊叫声中。投在水幕上的最后一束光线消逝了，喷泉也沉寂下来，湖后面的夜幕中开始了十五分钟的焰火表演。眼看流光掠过天际，随着一声巨响，五颜六色的火焰在空中绽放，美若仙境。乔尼非常喜欢焰火，这次表演让他兴奋到极点。最后表演结束了，人们开始往外走，等他们走得差不多，我们也站起来了。开车回住所的时候乔尼和其他人都睡着了，我坐在汽车行李箱的位置上一路摇摇晃晃，疲惫不堪，却又欢欣鼓舞。

这一天我们带乔尼去了海边，其他人则懒洋洋地在游泳池边打发时间。我们游览了拉罗歇尔，在系泊的小船旁边闲逛，看看卖首饰和纪念品的货摊。我们一直待到天黑，海港旁华灯初上的时候，我们就在夜幕中挥着买来的几支荧光棒。我们在非洲人的摊位那里买了一些袋子和项链，听街边乐手和鼓手的演奏，坐在海塘上或木制人行道旁边的长凳上吃薄煎饼和炸薯条，还拾级而上看了城堡。玩了一天回到住所，乔尼与鲍勃和我同睡一屋。他很快平静下来，一觉睡到天亮。白天我四处找乔尼，却看不到他。我穿过花园，发现他躺在芙蓉和茉莉阴影下的一条长凳上。他不肯听劝告，天气再热也不愿脱下汗衫，于是找了这么一个安静的去处躺下乘凉。我们都在树下的桌子那里吃午饭。乔尼坐在那里很安静，吃得津津有味，朝他的哥哥、妹妹和哥哥的女朋友微笑。早上他会爬到床上来拥抱我。这算得上我们家最幸福的时光了。

此前在十一月一个寒冷但晴朗的星期天，我想到了一个绝佳的去处。这回本没有一起去，当时他正忙着考驾照、和其他乐队成员在音乐会上演奏、学习、参加俱乐部活动、和朋友们聚会，因为不久他们就要各奔东西，去工作或上大学。我们其余的人那天都开车去丹佛海边玩。天很冷，但我们带了野餐吃的东西和玩具，可以在布满鹅卵石的沙滩上玩，沙滩后面屹立着被红土覆盖的悬崖峭壁，周围是一个异常美丽的港湾。海滩上就我们几个，我们看着白色的巨浪汹涌而至，拍打散落在岸边的礁石。我们躲在一块特别大的礁石后面，汉娜在玩她的玩具小人，我拿出风筝让乔尼去放，把他的手连同他手中的塑料柄一起紧紧抓着。

"妈妈，我能不能吃块饼干？"

"先吃三明治吧。"我回答说，没理会汉娜不高兴的神情，给她了一小块火腿三明治。"还要点果汁吗？"

"是的，谢谢。"

她穿着一件旧的红色带帽夹克衫，是在教堂举办义卖活动时买的，长长的卷发被风吹到脸上。我从包里拿出一个头绳，给她把头发扎好。乔尼的带帽夹克衫是蓝色的。他对三明治没意见，正在大吃特吃，为了食物、海风和大海兴奋地拍手。我拿塑料杯给他俩倒上了饮料，乔尼一饮而尽，把杯子还给我。

"拿，走。"他说，留神注意我是否把杯子拿走，放进野餐袋并拉好拉链。

哪怕我们马上又要从袋子里拿蛋糕、烤薯片或饮料，我每次打开袋子都必须再整个拉上。我迅速吃完三明治，吃得有点着急，但总算有时间仔细打量一下四周，发现峭壁底下有一些小木屋。它们有些就坐落在海滩上，有些则在悬崖边缘或深入峭壁之中。所有屋子都带着长长的走廊，在屋里都能看到波澜壮阔的大海，没有什么挡住视线。我去商店里打听小木屋的情况。

"哦，是的，这些屋子是我们的。现在冬天都关着。从复活节到十月份我们会把它们租出去。屋里都有暖器，但过了十月份就太冷了。你想租的话就抓紧时间！这里每年都有人来住，他们临走前就预订了下一年租用的时间。"

这个妇女身材丰满，戴着羊毛帽子，还裹着围巾，两侧露出烫过的头发。我在想，商店此时开门营业能否赚回成本，尽管我能想象这间由煤库改建成的商店和饭馆到了夏天必定生意兴隆。天知道他们是如何在这么汹涌的大海边卸货的。这个地方也很适合一日游，海岸线的景色震撼人心，而且在这里打鱼也很容易。她给了我一本宣传册，我谢了她，她又转身给其他顾客拿糖果和咖啡去了。

"你看，"我对鲍勃说，"我觉得这里对我们和乔尼再合适不过了。这些屋子看起来很结实，装饰也很简洁，乔尼可以随时去海边玩，我们在里面也很容易看到他。试想每天早上打开窗看到的风景该有多美！"

几周以后我打电话订了房子，打算夏天去住一周。

后来我们就去度假了。我们一行四人从又窄又长的山谷蜿蜒而下，经过一个村庄和一座教堂，在那里看到一群鸽子从鸽棚里飞出来，在阳光下拍打着翅膀。又经过酒吧和铁匠铺，拐进一条更窄的小路，两边是高高的围栏。忽然我们看到了大海，异常兴奋。我们在汽车里塞了这一周要用的东西，包括衣服、毛巾、圆面包、书籍、一台电视，还有好多好多在沙滩上可以玩的玩具，比如充气橡皮艇和短桨。我们还带了床上用品，很多是给乔尼用的。我们在离这里几英里远的超市买了吃的东西，最后几分钟的路程颠簸得厉害，我们就想办法把这些吃的顶在头上。

　　我们驱车过了路障，停好车后去一个小办公室报到。不一会儿，一辆拖拉机倒着停在我们的私家车跟前。在司机的帮助下，我们把行李搬到拖拉机上，然后就跟着拖拉机在鹅卵石地上步行。一路上我们看到一艘底朝天的小船，看到一条小河汇进大海，看到一家一家的游客铺着席子坐在海边。我们的脚陷进石子里，走起来像灌了铅似的，最后终于到小木屋了。小屋坐落在一座青草丛生的小丘上，高出海滩约三英尺，要下去很容易。一周里乔尼经常翻过小屋走廊的栏杆跳到海滩上去。屋子的布置也恰到好处，墙是木头的，有浴缸而没有淋浴间，起居室的拐角处有一个小厨房，落地窗占了一整面墙，外面就是宽敞的走廊。屋子里有两个小卧室，一个带两张单人床，另一个带双人床；还有一个晾衣架、一张茶几、一把长椅，人多的时候可以当床用；此外还有暖器。墙壁很平很坚固，屋里没什么装饰品，不必担心会打碎什么东西。

　　窗外波光粼粼的海面和碧蓝的天空交相辉映，大海咆哮的声音在耳边回荡。白天里在鹅卵石上散步的人会好奇地往里看，偶尔还有人想进来瞧瞧。等到夜幕快要降临，天空布满一道道粉色和橘红色的火烧云，这时玩了一天的游客都离开了，给我们留下大海和天空，还有瑰丽的海滩在视线里绵延不绝。眼前的景色令人叹为观止。乔尼在海边玩石头和水，或是划橡皮艇，或是坐在那里看着大海。他洗澡的时候非常开心，往地上泼再多的水我也用不着担心。我们在走廊上吃早餐，晚上在这里还能看到月亮银色的光芒在水面摇曳。

　　这里的小木屋都一模一样，有一次乔尼跑到邻居家去了，于是我们想了一个办法，把他过生日时朋友送的一个彩色的风向袋绑在走廊上。风向袋随风飘动，孩子们一看就知道哪个是我们的屋子。

　　"该游泳了！"乔尼说，我帮他脱掉T恤衫和短裤，穿上游泳裤。

　　我自己也穿上泳衣，给他们的橡皮艇充气。我先把他、再把他妹妹拉上皮艇，这可把我累坏了。大多数时候都有巨浪拍打海岸，垒起高高的白色水墙。海床的坡很陡，和海滩上的地势变化如出一辙，孩子们经常在海滩上从上往下滑，或直接往下滚。他们可以在周围戏水、看巨浪拍岸,不去海边时就看电视、玩耍、去商店买冰激凌、放风筝或者扔球玩。不管夏天还是秋天,我们都时不时来这里度假。

我睡得很沉,忽然被一阵意料之外的响声吵醒。我女儿叫了一声,但声音不像是从她房间里传来的,听起来好像她就在我们卧室门外。我睡眼蒙眬地从床上爬起来,打开门往起居室看了一眼,发现孩子们的屋里透出了光线,房门开着。汉娜还不到五岁,她坐在地上眨巴着眼睛,底下是她的床垫。她刚从睡梦中被惊醒,茫然不知所措。她似乎刚才是连人带床垫一起被搬过来的,身边还有她的芭比娃娃和录音带,而且东西越来越多,包括她的玩具、衣服和羽绒被。

"乔尼。"我喊道,"你在干什么?快住手!"

他穿着蓝色睡衣一趟趟进出卧室,神色坚定地把汉娜所有东西一件一件搬到起居室地板上,汉娜身边的东西越堆越多。

"出,去。出,去。"他说。

"不能这样,乔尼,马上住手,马上!"我抓住他,从他手里夺过汉娜的一摞故事书,"马上回到床上去!马上!"

他好像吃了一惊,但站着没动。爸爸也出来了,汉娜这才放声痛哭。

"到底出了什么事情?这才半夜两点,汉娜为什么在起居室?"

"他肯定是在她睡着的时候把她搬到这里来的。"

这一点都不好笑,但我感觉自己在忍着笑。

"乔尼,马上回到床上去。我们现在在度假,你和汉娜住一个屋子。千万不能再这样了。过来吧,宝贝。"我把汉娜抱起来,"你能不能把她的铺盖搬回去?"我给睡眼惺忪的丈夫使了个眼色,他照办了。

他们俩还来不及作出反应就回自己床上去了。我放了磁带给他们听故事,在外面坐了一会儿,直到听见他们均匀的呼吸声。

早上汉娜问我:"我昨晚是不是做梦了?"

"不是做梦。"我说,"乔尼以为这个房间应该给他一个人住!"

"他还会这样做吗?"

"不会了,至少我这么认为。"我回答说,同时默默祈祷着。后来确实没有再发生这样的事。

尽管有这些不快,我们还是设法过得像其他"正常"家庭一样。我们去海边度假,坐了轮渡,带孩子们去游乐园,吃冰激凌,还去公园和游乐场,坐小船,玩游戏机。每样活动都有它独特的意义,尽管和绝大多数人经历过的大不相同,但我们显然和他们一样也在度假。我们还一起坐过一次飞机。那时候乔尼还很小,用婴儿安全带和我绑在一起。那时他也还没有确诊为自闭症,我们还是个普通的家庭。我们带着两个儿子去了伊比沙岛,那一周都沐浴在阳光里。乔尼当时还不会走路,每天都倚着东西坐在沙滩上,把沙铲起来装进桶里,或者坐在婴儿车上晃着胳膊和腿,看他哥哥游泳。但从那以后,我们再也没有一起坐过飞机。我怕他的耳膜一旦承受压力就会发病,所以不敢带他上飞机。再说坐飞机去度假我们也负担不起,所以就年复一年去丹佛的一两个地方,宣称这是属于我们的度假胜地。

还有一次在丹佛北部我们每年都会租的一所房子里,我们早上醒来发现外面有些薄雾,便决定去一处我们最喜欢的景点。好一会儿我们才吃完早餐上车,这时候太阳躲起来了,天空布满了乌云。但我们还是在车里放了童话故事的磁带,按计划出发了。三个孩子坐在后排吃饼干,乔尼把头贴在窗玻璃上,拍打着他的玩具船。我们开车上了一条快车道,两边是农场,远处可以看到小山。半小时后我们到了农场的停车处,这个农场是我们每年都要来的。车停下来以后,我下来打开后门,因为上面有童锁,以防孩子半路把门打开。我们很喜欢这个地方,对我们来说这里既是农场,又是冒险的乐园。汉娜和本从后座上冲出来。

"快点快点，我们能看到绵羊吗？"

"是的，"我回答说，"我们去看看什么时候可以喂食。快点，乔尼。"

他的脸还贴着车窗玻璃，上面已经蒙了一层水蒸气，而他的思绪好像飘到了千里之外。我轻轻打开车门，这时他好像从昏睡中被唤醒了。那两个已经在四处跑了，可是乔尼今天早上反应很慢。我给他解开安全带，把他轻轻地抱了出来。

"我们到了，宝贝。咱们去看小羊羔好不好？"

他让我牵着他的一只手，另一只手拍着玩具船。鲍勃又回来了，刚才我只管看着乔尼，没注意到他走开了。

"走吧，他们去给小羊羔喂奶了。"

那两个一溜烟跑了，乔尼也把手从我手里抽了回去。他穿着田径运动裤和米白色T恤衫。他现在八岁，仍然很喜欢动物。后来他开始怕狗，甚至对他钟爱的马也犯怵了。但现在他对动物还是喜欢的，因为他既不必跟他们讲话，也不用担心会有沟通障碍，这种无声的交流对他最合适不过了。他虽然把手抽走了，却还是和我一起走到羊圈。在高高的瓦楞铁屋顶的下面，孩子们坐在一圈干草垛上，激动地等着。有人提着一个桶走过来了，把里面喂奶用的瓶子发给孩子们。我和乔尼坐在一起，这时有人把小羊羔带进来了。汉娜第一个给小羊羔喂奶。小羊羔拉扯着瓶子，逗得她好开心，一边和它抢瓶子一边笑。她的卷发落到脸上，我赶紧从包里拿出头绳，越过乔尼给她把头发扎好。乔尼斜着眼睛观察这有趣的一幕。他面无表情，但拍打玩具船的节奏却越来越快。

下一个轮到本，然后是乔尼，我和他坐在一起，小羊羔被带到跟前，它一靠近，乔尼就闪开了。饲养员不解地看着我。

"他能行吗？"

"能行。他需要一分钟时间适应一下。他以前也喂过小羊羔。"我把瓶子塞到乔尼手里，我的手握着他的手。他没有反对，却一直看着别处。"宝贝，

看着小羊羔。"我温柔地说,"你看小羊羔,它想吃奶。"

我扶着他的手把奶瓶送进小羊羔嘴里,忽然乔尼开始对着它看了,虽然还是斜着眼睛,但已经很专注了。他推开我的手,自己很熟练地给小羊羔喂奶,喂了一会儿。接着他又把奶瓶扔到地上,我一边安慰他,一边看下面轮到哪个孩子。

我们去咖啡馆吃蛋糕,喝了点东西。

"刚才真是太棒了。是不是,本?"汉娜说,"小羊羔把瓶里的奶都喝光了。"

"是的,汉娜。"

他们吃了蛋糕,问我:"我们找得到秋千绳吗?"

"是啊,找得到吗?"

我不无疑虑地看了看窗外,天色更加阴沉了。"现在就赶紧去找,"我说,"一会儿就下雨了。"

秋千绳绑在一棵树上,孩子们可以荡到一道沟的对面去。秋千在一条荒野小道上,去那里要穿过几亩田。我检查了装着他们雨衣的袋子,不过现在还没下雨。本第一个找到秋千,在上面荡来荡去,后来我跟乔尼也到了。

"该我了,该我了。"汉娜说,她爸爸把她抱起来。

"准备好了?"他说。

"好了,放手,放手!"她大声叫着荡起来,勇气十足,兴高采烈。

"现在轮到乔尼了。"我说。他站在那里嘟囔、拍手,但就是不往绳子跟前跑。"快点,乔尼。抓住绳子。"我把他抱起来,从他手里把玩具船拿走,让他两只手握着绳子,"你必须抓紧了,不能松手。"

"他能行吗?"本像往常一样,对弟弟的安全不放心。

"是的,他能行。"其实我并不像自己说的那么有把握,但我不想让乔尼错过这种经历,何况以前他是可以的。他顺利地荡过去又返回来,尖声大叫,匆匆地松开手。我及时抓住绳子,免得他掉进沟里去。

第七章 带乔尼一起去度假

我们刚刚往回走，雨滴就落下来了。

"蹦床，蹦床。"汉娜唱了起来。

"已经开始下雨了，"我有些犹豫不决地说，"太滑了。"

"不用担心，我们没事的。"

他俩在圆形蓝色蹦床上蹦蹦跳跳，手拉着手，"哈哈"大笑，又匆匆爬下来，头发湿淋淋地贴在头上。我觉得应该回去了，但乔尼坚决地爬上了蹦床。我给他脱掉鞋袜，他跳起来了，沉浸在欢乐中，上上下下蹦个不停。他的玩具船就挂在身上，随之上下拍打。他完全意识不到天在下雨。

第二天天气变好了，我们越过自然保护区的拦牛木栅，后面就是当年乔尼走丢的海滩。一英里沙地以外鹅卵石堆成了垄状，我们从中取了一大块石头，把防风墙的撑杆打进地里，又用卵石把这些撑杆固定好，然后在墙里面坐下来。雨停了，但风还在吹。白云在天空中追逐，海滩上不断有沙子被风卷起、翻腾。过一会儿风小一点了，阳光则愈加灿烂。本和汉娜在地上筑了城堡，划橡皮艇，吃了三明治，然后踢球、聊天。我们在这里待了四个多小时，只在中间花了几分钟去吃香肠和面包卷。乔尼坐在离我们不远的一个小水塘旁边，把一块一块的石子往水里扔。

"乔尼没事吧，妈妈？"

"是的，他没事。他现在就想扔石子。"

"乔尼从来不想去玩！"她说。

"他现在就在玩啊。"我回答说，"他在观察石子落下时溅起的水花。"

每隔半小时，我都坐到乔尼旁边去，轻声问他："乔尼，你想不想去海里玩，想不想和妈妈去看大浪？"

他完全不理会我说的话，继续做他想做的事情——捡起一块石子，高高举上几秒钟，使劲丢进水里，观察溅起的大水花，再反复同样的动作。他全神贯注，从头到尾头也不抬一下。我时不时挤一些防晒霜，尽可能抹到他背上、肚子上和胳膊上，而他总是试图把我推开。一下午过去了，我开始收拾东西，让那两个孩子穿好衣服并且把他们的东西收好。临走前我一直提醒乔尼，我们再过十分钟、五分钟、一分钟就要走了。然后我把他从水塘边拉走，脱掉他的游泳衣，给他穿上短裤、T恤衫还有凉鞋，牵着他的手准备上车。给他穿衣服的时候我才发现，他的一只胳膊下面、一边脸上、还有半边肚子都晒得发红了，而另一侧还是白白的。

第八章
乔尼的强迫行为

乔尼的强迫症还得从"堵车"说起——这也是乔尼现在还会说的少数词汇之一。日复一日,乔尼都在玩玩具汽车、公交车、火车,推着它们在轨道上走,或是从车库的斜坡滑下来,"呼呼呼"开到地板上。忽然有一天,本上学以后,我们回到家开始洗洗刷刷,后来我从厨房水槽那里转过身,看见一队玩具汽车和卡车近乎完美地在地板上蜿蜒排列。记不清是那一天还是后来的某一天,我不小心把车队碰歪了,结果乔尼勃然大怒,胖乎乎的身体气得发抖。他从什么时候开始不再像其他人一样玩这些车子,而是强迫性地把它们排成一队?这个让人难以察觉的变化过程是何时开始的?是不是从那时起,我们也不再互相偎依在帆布椅上读书了?又是从什么时候开始,他总是把书翻到有食物或挖掘机、拖拉机的页面,别人碰都不许碰?蹒跚学步的孩子堆积木本是正常不过的事,对乔尼来说却是为了贯彻一套严格的程序,即事情必须以一成不变的方式不断重复,而他对这套程序也投注了很深的感情,对此我能说什么呢?

后来,我把他的强迫行为按照功能大致分成几类。有些强迫行为企图通过刻板的秩序和重复动作来驾驭这个杂乱无章的世界，因为在这个世界中你不知道下一刻会发生什么；有些强迫行为是为了过滤感官反应、屏蔽引发恐惧或难以驾驭的感官刺激；有些强迫行为是为了制造愉悦的感官反应，使之取代被屏蔽的刺激；还有一些强迫行为是为了结束正在进行的活动，以便安全进入下一个环节。所有强迫行为都是为了将这个不可预测、令人恐惧的世界变得安全一些。

"堵车"会带来秩序，因为所有车辆都在控制之下，井然有序，看起来也很顺眼。我们送本去上学后一回到家，乔尼就躺在地板上一盆玩具车旁边，乐此不疲地履行职责，这样度过了一个又一个早晨。我见他摆动一头金色的卷发在那里忙碌，就在一旁静静地观察。他那双胖乎乎的小手利索而从容地摆着车子，蓝眼睛十分专注。他完全沉浸在他的操作中。一旦大功告成，所有车都首尾相连排成一条线，他就茫然地坐在那里，好像陷入了沉思。排好的车队必须一直保持原样，直到他上床睡觉，否则这个年龄的他一旦发火，就不那么容易消停了。他似乎并不在意每天早上都重复同样的事情。事实上，多年的情况清楚表明，这种可以不断重复的活动本身就蕴含着某种价值，带给人安全感。

乔尼排列的车队可能给人造成麻烦，一来显得很奇怪，二来也给人带来不便，比如有客人串门的时候，他们的孩子可能会从中拿起一辆车来玩，导致乔尼怒气发作。乔尼的一些强迫行为确实让人不快，比如每次吃完饭他都会作呕，如果去不了卫生间，就吐在地板或凳子上。但总的来说，这些强迫行为不会从根本上影响我们的生活。有些自闭症孩子只吃某一特定颜色的食物，还有的每天必须按特定顺序穿特定颜色的衣服，稍有改变就必须重来一遍。当然，有时我们也要适应乔尼的强迫行为，只要它们不妨碍我们正常过日子并享受生活。

这是三月里的一天，天气变化无常，我们坐火车去丹佛拜访一位朋友，中途必须换两趟火车，其中一趟车会经过海边。我特地让乔尼坐靠窗的位置，这样他就可以看见海浪。海浪快拍打到铁路上的时候，他和汉娜都激动万分，这也是我的初衷。到站后我们下了火车，闻到了带咸味的空气。我们的朋友在站台上等着，汉娜抱着一个玩具兔子向她跑去。我们迁就乔尼的速度，慢悠悠穿过小城，时不时在沿途的小公园里坐一会儿，看天鹅在河里游来游去，小河穿过公园流向大海。

"到家了！"我们的朋友骄傲地宣布，把我们领进她新买的漂亮小村舍。

我们用普西各葡萄酒和橘子汁为新房干了一杯，这时乔尼静静地坐在一旁拍打玩具船。午饭后我们抽出时间在院子里坐了一会儿。乔尼更愿意坐在屋子里，我则像往常一样，跟朋友在一起的时候一定要不停检查周围环境，确保不出意外。我时不时往屋里看一眼，乔尼似乎一切正常，一直非常安静。这一天过得特别顺利，他没有尿裤子，也没有发脾气。后来我看了看表说："我们该走了。乔尼走路很慢，我们得早点去赶火车。"

于是大家都进了屋。我朋友为客厅定制了一张沙发和几把扶手椅，外观是波斯风格的红色花纹，非常气派华丽，它们很随意地围成半圆形，用来搭配房间的简装格局以及周围的书籍和植物。现在这些家具都靠墙排成一条直线。我屏住了呼吸，看着八岁大的儿子把这些家具推来推去，还越来越气愤，因为这面墙容不下所有家具。为了在这个"杂乱无章"又很可笑的房间里贯彻他至高无上的秩序，乔尼把所有窗帘都拉上了。我赶紧把家具推回原处，乔尼一下子气坏了。但我们还是把东西大致归了位，然后出了屋子。

我们第二次来的时候乔尼二十多岁了，我们主要从公路开车到丹佛。到了那里我告诉朋友，我的婚姻濒临破裂。她哭了，显然更多地是为她自己难过，而不是为我们落泪。刚才我们赶走了在花园露台上肆无忌惮抢我们食物的海鸥，这时乔尼从那里悄悄溜进屋子，在我朋友漂亮的沙发上呕吐起来。我趁人家不注意，赶紧把秽物清理干净。此后我们就再也不好意思去她家了。

在家里，乔尼的卧室没有什么零零碎碎的摆设，尽管里面也根据他的喜好挂满了照片，有的装在有机玻璃框里，不怕摔，有的就用图钉固定在招贴板上，但除此之外几乎什么装饰都没有。他的书都整整齐齐地排成一列，完全与墙壁平行。有时乔尼会花几分钟把书推来推去，重新整理、排序，而且越忙活就越恼火，好像现实中的秩序无论如何满足不了他心目中的黄金准则。他的录音机紧贴墙壁放着，与橱柜的边沿平行。每次用完，不管时间多晚，都必须拔掉插头，放在架子上的旅行包里。他挂浴袍的时候只能挂领子那一端，而不能用浴袍上专门为挂钩设计的挂环。什么时候开灯关灯，什么时候拉开或拉上窗帘，都必须严格按照某种程序进行，而到底是怎样的程序，我至今百思不得其解。

乔尼十九岁那年住进了他现在的家。我们第一次去接他时整整等了二十分钟。当时有几个同住的人坐在一个大客厅里看电视。屋里的家具都很结实，带坚固木头框架的皮沙发统统靠墙放着。电视很大，放在一个结实的木橱里，窗台上是卷轴的帘子和印花窗帘。乔尼和大伙儿坐在一起，他看见我们进门没有任何反应。过了一小会儿他站起来了。

"乔尼，"我说，"我们可以走了吗？"

他犹豫起来。

"走吧，我们开车出去。"我哄着他说，"可以听音乐，还有糖果吃。"

他还在犹豫，忽然他冲到窗边拉下卷轴的帘子。我还没来得及拦住他，他又猛地把窗帘拉上了。

"乔尼！"我抗议道，"其他人怎么办？"。

他把长沙发推得靠墙更近，关掉电视，把电视柜的门也关上了。接着他又走到门口关掉电灯。虽然屋里其他人忽然间看不成电视节目了，但他们都面无表情，对乔尼的所作所为毫无反应。最后乔尼"砰"地一声关上门，站在走廊里，脸上焦虑的表情不见了，几乎是跑到了大门口。他最主要的看护抬头看了看天花板。

"乔纳森，"他说，"离开了住所！"

在手里不停转动或拍打东西会损坏它们,却也可以有效屏蔽或过滤各种感官刺激,如声音、身体接触、光线以及其他一般情况下令他费解的活动。用手指堵住耳朵对他也大有帮助,他做任何事的时候都可能是这种姿势。他有时通过拍手鼓掌表达快乐的心情,这也是一道有效的屏障,一种自我刺激的方式。乔尼经常拍手鼓掌。用来制造愉悦感的强迫行为还包括拉伸"机灵鬼"玩具,让它在手里晃荡,所以我们要大量储备这种带塑料和金属弹簧的东西,一旦玩具的弹簧绞得不像样子就随时给他换一个。我们还给他准备了其他可以摇晃、旋转或拍打的东西,如荧光棒、儿童"乐器"、有关节的玩具蛇、长条旗、装泡泡水的塑料罐、彩色的风向袋、气球等等。

烟花对乔尼来说是绝妙的东西,爆炸声也不会让他难受;迪斯科彩灯也一样,配上和谐的流行音乐更是无与伦比;坐在开动的汽车、火车及轮船里都会让他异常激动;水总是深得他的喜爱,只要看着它流动、泼洒或喷涌就让他心满意足,自己倒水当然更有趣了。

这是二月中旬,凌晨四点钟。我睡眼惺忪地下了楼,穿上一件大衣,打开后门,过了一会儿我的眼睛才慢慢适应院子里漆黑的环境。只有卫生间透出一点灯光,夜空很晴朗,星星闪着冰冷的光芒,地上结的霜也亮晶晶的。天气冷得好像呵一口气都要结冰,家里其他人都在睡梦之中。

我在地上找到了冻得硬邦邦的枕头和鸭绒被,从窗户扔出来的床单、枕套和睡衣都挂在下面的灌木丛上,而法兰绒布、碟子和杯子我打算明天再找。我把床上用品都拿进屋挂在楼梯扶手上,打算早上再晾到散热器上吹干,这样明天晚上就能用了。然后我疲惫不堪地回卧室。乔尼十五岁了,现在学校放假回家,每天夜里都无一例外地要将床上用品清洗一番,这样我俩都睡不了安稳觉。他要是半夜醒来就会尿床,然后掀开被子,扯下床单,给自己洗个澡,又把其他床上用品和睡衣都洗一遍,湿漉漉地扔到窗外去。他洗澡、洗衣服的时候我就赶紧给他重新铺好床，最要紧的是给塑料床单喷上消毒液并擦干净。想到他走完这套程序可以回来接着睡，我也就心满意足了。

他也会经常把其他东西洗了扔出窗外，这一举动标志着某件事已经告一段落，他可以进行下一项活动。就在这个假期，有一次他从暂托中心回来，神色坚定地径直走进厨房，看起来很清楚他要做什么。只见他脱下汗衫，放到水龙头下面浇湿，然后打开窗户扔出去，又把鞋子脱了下来。我赶紧从他手里抢过鞋子。他露出恼怒的神色，但还是允许我把鞋子拿走，放进柜子里。有几个晚上他肯定又背着我悄悄把鞋子拿出来了，因为早上我打开鞋柜的时候发现鞋子是湿的。他又跑上楼，于是我看见淌着水的牛仔裤、T恤衫、短衬裤和袜子一件一件飞过窗户落到地上。我觉得他该洗的东西都洗完了，于是马上出去把东西捡回来放进洗衣机。

本坐在钢琴旁边，显然被惹恼了。"你怎么能受得了？"他说，"你就不能拦住他吗？"

"不。"我说，"他做下一件事之前必须给自己一个标记，这是他自我管理的方式。只要我做得到，就不会让他把外套或鞋子弄湿。但我也要有所妥协，如果他什么都做不了，就该发病了。再说这些东西总归是要放进洗衣机洗的，也不算什么大问题。"

他耸耸肩，继续弹他的爵士乐。

后来，全家人都围坐在桌子旁吃晚饭。乔尼先是狼吞虎咽，然后开始洗碗，把他的碟子、杯子和所有餐具都用水胡乱一冲，就放进柜子和抽屉里了。有时也许可以劝他把这些东西放进洗碗机，但通常情况下不走完整个程序，最后把碟子收好，他就一直很恼火。他回学校以后我们发现柜子里有的盘子粘了食物残渣，放在那里好几个礼拜了。乔尼总是小心翼翼地把他"洗"过的盘子放在一叠餐具的最底下。和他一起吃饭我们也必须加快速度。如果是在饭馆，他一吃完我们就要把他的杯子和盘子都拿走，否则他就会越来越恼火。

第八章 乔尼的强迫行为

乔尼总是要把事情做到极致，这其实并不难理解。如果你觉得这个世界就是一团糟，所有事情都不受控制，那这样做就是再自然不过的。做事应该有头有尾，结尾应当有清楚的标记，生活应该安排得井井有条，这就是乔尼的思维，为此我们必须有齐备的工具来疏通水槽和厕所马桶。乔尼放假回家以前我们都必须做好准备，把卫生间里所有香皂、洗发水、毛巾、法兰绒擦洗布和卫生纸统统拿走。卫生间看上去空无一物，所有要用的东西都藏在楼梯口一个柜子里面。去卫生间之前我们都要去柜子里拿自己需要的东西。或者我们把要用的东西都锁进卫生间墙角特制的柜子里，前提是我们得记得去楼梯口的柜子里拿钥匙，不然等上厕所需要卫生纸时才想起来就太晚了。谁胆敢把半卷卫生纸留在厕所里，他就该倒霉了。如果乔尼把所有卫生纸冲进马桶造成堵塞，这个人就要对此负责。乔尼不喜欢没用完的卫生纸，它们看起来不够整洁，会让他心烦意乱。所有没用完的东西他都要清理：洗发水可以倒进水槽，空瓶扔出窗外；毛巾要洗，照样湿漉漉地扔出去；香皂可以扔进马桶，化妆棉和棉棒也可以如法炮制。在一个公共假日，我们的马桶堵了，打电话叫来的水暖工竟然从里面掏出一个大苹果。

还有一次，马上就到圣诞节了，乔尼有一会儿出奇安静地待在厨房里，我进去时却发现他把圣诞节要喝的饮料全部倒进水槽里了。只有葡萄酒幸免于难，因为酒瓶子他打不开。同时有一排空瓶子整整齐齐地摆在工作台上，地板上还淌着雪利酒和柠檬汽水，黏糊糊的。

还有一个圣诞节，学校给我们写了张道歉条，就夹在乔尼从学校带回来的登记簿里，内容如下："乔尼给你们做了好几个花盆作为圣诞礼物，可惜做好以后就从窗户扔出去摔坏了。非常遗憾，那些花盆真是太漂亮了！"

乔尼夜里起来往往动静很大、很突然。我们卧室的门会"砰"地一声被打开,电灯忽然间亮了。我经常在想,效力于极端政权的秘密警察肯定是这么工作的——忽然闯进来,把灯光打在你脸上。等我完全醒过来,他又跑出去了。但有一次,他很快又跑回来,怀里抱着一台很重的电脑,往我床上一扔就出去了。我非常担心,因为现在我在家里工作,我所在的慈善机构为我配备了电脑、显示器、电话和打印机。以前乔尼也认为这个办公室用不着他操心,可今晚他忽然觉得那个房间应该好好清理一下,而电脑不应该放在那里。电脑上的连接线被他拔下来了,在后面拖着。第二天早上我好不容易把线接好,看它可以正常工作,我终于松了一口气。

一个晴朗的下午,有人敲了我家的门。一位上了年纪的邻居站在门口,手里拿着一件正在滴水的汗衫。

"我想这应该是你们家的。"他说。

"哦,是的,多谢了!这是我们家乔尼的。"我回答说。

还好今天他只是扔了一件套头衫。有时候他会扔大件的玩具,甚至是修理花园的工具。我一直担心有一天他会把花瓶扔出去,砸到正坐着晒太阳的人头上。

"跟我再说一遍,"我的现任丈夫威尔说,"我得确保不能出错。"

这天乔尼在我们家住,我们计划通过具体活动加深乔尼对继父的信任,方法就是早晨我多睡会儿,由他来处理各种事情。

"塑料盆必须放在他的房间门口。他醒来后会在床上躺很长时间,等他起床了你会听见的。"

这是真的,因为他会关掉录音机、拔掉插头再放进旅行包,然后扯掉床上的铺盖,发出时轻时重的响声。

"接下来他会把门打开,把尿湿的铺盖放进洗衣盆里,但不会脱掉尿湿的睡衣。扯下铺盖以后他就要去卫生间洗澡了。在此之前你必须把他的塑料瓶和

洗浴巾放到浴室里去，并往浴缸里放水。"

威尔点了点头，又问："我要不要把盆里的床单放进洗衣机？"

"暂时不用，可以等他把淌着水的睡衣还有塑料杯子和碗递给你。他进卫生间后会越过挂浴帘的杆子把塑料瓶扔进澡盆，然后自己也穿着睡衣坐进去再出来，再把睡衣脱下来递给你。这时你就可以把东西放进洗衣机了。"

乔尼会在浴室待一个小时，用瓶子舀水倒水，把龙头打开关上，时不时可以听见他在里面高兴地又笑又喊。

"你要隔三岔五地敲敲门，看浴缸里的水是不是溢出来了。他出来以前你要把衣服放在他的卧室里。如果他不想穿这些衣服就会自己去柜子里拿。他从浴室出来会穿上浴袍，你得把毛巾递给他，并把他的瓶子收好。他会检查的，所以不要只是把瓶子藏到背后。等他进了卧室你就可以吃早饭了。"

等乔尼穿好衣服，和继父一起坐在楼下，我就去了卫生间，见浴缸里空空如也，不过地上全是水。马桶刷被推到墙角，马桶旁边的横轴上也没有卫生纸。他回家以前我们特地留了一些快要用完的卷纸。他还冲洗了里面的卡纸板，把它撕碎并扔进垃圾桶。我又听见他们正在楼下吃早餐，当然这也要按固定的程序进行。乔尼要求吃他最喜欢的麦片，威尔把麦片连同一罐牛奶、一个碟子和一把勺子放在桌上。我知道乔尼肯定会把桌上的垫子在边缘排成一行，杯垫紧紧挨着稍大的垫子。乔尼把麦片和牛奶倒进碗里，我听见威尔分别在他倒麦片、倒牛奶时说了他："拿好，乔尼。你洒到桌子上了。"

倒完牛奶和麦片必须把盒子拿走，尽管我们知道过一会儿还有人要吃。很快它们又被端进来，然后又拿走，接着有人把面包和果酱也端进来了。过了一会儿我听见抽屉接连几次被"砰"地一声关上。我知道，一旦威尔把桌子上的盘子、碟子和刀叉都收走，乔尼就会跟他要一块湿布，把里面的水拧出来撒在每一个桌垫上，然后再擦一下放进抽屉里，"砰"地一声关上。我也很清楚接下来会发生什么。乔尼肯定会去厨房检查是不是所有东西都按照正确的方式洗好、擦干并收起来。他和继父一起做这些事的时候总是其乐融融。即使在天气最冷的时候,乔尼也会把黄油放进冰箱。他会在厨房里徘徊,要么不高兴地盯着没放好的东西,要么自己把东西收起来,直到他对我们的工作都满意了为止。一旦确定所有东西都正确归位,他就可以放松下来看电视。

水是世界上最妙的东西之一,可以看,可以倒,可以泼,还可以让人泡在里面。在走完一套程序之后、进入下一个环节之前,跟水有关的活动都是绝佳的标记。

"我们到了,宝贝。回家了。"

我停好车,给乔尼打开车门。他下车后踩到一个小水坑里,然后抓着我的手朝大门走去。

"洗,洗,"他说,"洗手。"

"好的,"我回答说,"你可以给我洗手。"

天已经黑了,这一天里我们开心地又乘火车又坐船,还在附近一家饭馆吃了牛排土豆条,现在才把乔尼送回住所。我们按了门铃,门开了。乔尼脸色严肃,神情专注。在这些程序上我们是马虎不得的。

"洗。"

"好的。"

"你们今天过得好吗?"上夜班的工作人员笑着问我们。

"特别好。他还喝了茶,一直都很高兴。"

乔尼有些不耐烦了:"洗手,洗手。"

他推开卫生间的门,把我拉进去,把水龙头开到最大。水"哗啦啦"地溅到我的衣服上,于是我把水龙头关小一点。乔尼把我的手拽到龙头下面。

"走,吧,"他说,"再见。"

"再见,亲爱的。"我把脸凑到他跟前,他象征性地吻了一下。

"走,吧。"

第八章 乔尼的强迫行为

"我走了。"我说,"再见。"

最开心的时候他会把继父也拉进卫生间洗手。回到车里,威尔吻了吻我,笑得很灿烂。

我们开车走了很长的路,回去也得走很久。但我打定主意,一定要让乔尼参加他姥姥、姥爷八十岁生日的惊喜派对。如果住宾馆,夜里换床单会很麻烦,所以我咬咬牙,决定当晚开车带他回我们家住,这样乔尼会比较有安全感。我和我兄弟以及他们的家人筹划这个派对有好几个月了。我们打算在院子里搭一个大帐篷,用拼贴画和老照片布置起来,还要挂气球,贴招贴画,装上舞池和迪斯科彩灯,摆好桌椅,再做许多别的装饰。我还做了两个大蛋糕,放在汽车的后备箱中,用大衣、毛巾和气泡布包起来以确保安全。

为了让乔尼有思想准备,我们像往常一样,提前把"照片故事"送到他的住处,让看护反复读给他听。乔尼的主要看护周五晚上开车送他过来,他似乎很高兴。可是我们在下午茶的时候一吃完烤面,他就坐在沙发上反复念叨着"五分钟,五分钟"。这个字眼是万能的,可以理解为"让我一个人待一会儿"。我最怕听到他在朋友家的卫生间,或者在公共厕所里这么说,因为这意味着我还要等很久。最后乔尼周六凌晨两点才上床睡觉,之前他念叨"五分钟"念叨了四个小时。我被他弄得筋疲力尽,觉得不太可能让他准时起床,坐我们的车去参加派对了。

万万没想到他早上准时起床了,吃完早饭就上了车。我们提前赶到他舅舅家里,蛋糕也完好无损。乔尼从没来过这里,我们一到他又开始反复说"五分钟",不肯下车。我和我的兄弟、外甥、外甥女还有甥孙女一起进屋,等八十岁生日惊喜派对开始,乔尼的继父则陪他在车里坐着。

他俩在车里坐了两个小时。惊喜派对很成功,时不时有人开心得尖叫,我们聊天、说笑、看照片。我给威尔他们送了饮料,他坐在车里玩字谜游戏,而

乔尼还在反复念着咒语。等到上菜的时候,我毅然决然地走过去打开车门,说:"乔尼,下来吧,去参加派对。"心里并不抱多大希望。但他居然下车了!

我们进屋走到楼梯口,眼看要上楼去卫生间,我赶紧在儿子之前冲进厕所,把马桶边上一卷卫生纸拿走,只扯下几片放在盒子里。乔尼进去后把门锁上了,我在外面祈祷他千万别一待就是两个小时。但他很快就出来了,进了院子里的帐篷,坐在薯条和饮料跟前,忽然笑了起来。总算大功告成!他的表现让我无比自豪。

我最小的弟弟过来拥抱我,家人看到乔尼都很高兴。他和姥姥、姥爷、舅舅、舅妈以及表兄弟姐妹们坐在一起,互相握手,有时会轻轻吻一下别人,笑得很灿烂。他的哥哥和妹妹之前说好了不能来,他似乎并未对他俩的缺席感到不安。后来光线渐渐变暗,音乐响起来了,都是格林·米勒和弗兰克·辛纳屈的老曲目,也有披头士和其他适合跳舞的流行音乐,迪斯科彩灯的光芒也随之摇曳。这样的环境,再加上一盘意大利面和几块面包,对乔尼来说就是天堂。当我和三个兄弟把音乐关掉,准备说几句的时候,乔尼忽然大喊:"音,乐,音,乐。"逗得大家哈哈大笑。

回到家我瘫在椅子上,喝了一大杯红酒。乔尼爬上床和衣而卧,连鞋子也没脱就"呼呼"大睡。我们都很高兴,充满了成功的喜悦。我们作任何计划都要考虑乔尼的强迫行为,有时这些行为是可以被引导的。我们必须找出一个折中的方案,有时这也是有可能的,这样我们就可以适应他作为自闭症患者的需求。一旦做到这一点,我们就可以水到渠成地和他一起参与各种活动,投入家庭生活,体验爱与被爱,享受生命乐趣,还有最重要的——感受音乐的美妙。

# 第九章
身为妈妈的难言之痛

"你这样我受不了,"他说,"你没必要难过得好像乔尼已经死了一样。"

我是不是从那时起开始怀疑,第一次婚姻破裂之后开始的这段感情其实是错的,他怎能如此麻木不仁?除他以外,我还从未对任何人吐露乔尼带给我的悲痛,别人也不会允许我为一个还活着的人如此哀伤。从某种程度上讲这种看法没什么不对。但如果你的孩子患了自闭症,无论你多么爱他们,你都会在某些时候为他们也为自己哀痛。

我那有一双蓝色大眼睛和一头卷发的漂亮儿子永远不能跟我交谈,不能交女朋友,不能结婚生子,不能上大学、找工作、和朋友住在公寓里,不能去俱乐部喝得酩酊大醉,不能读书、上网、写信。他将永远依赖别人生活,而且如果哪天我不在人世了,他该如何面对生活中的坎坎坷坷,谁能保证一定有人好好照顾他?孩子们都是脆弱的,这是父母最难以接受的事实。他们一上学我们就开始担心,因为我们不能跟着去,不能确信他们不会出意外。想到自己无从保护他们不受欺负、不生病,我们就心如刀绞。而自闭症患者不管是否成年,

都比其他人更不堪一击。他们在任何时候都很容易受到伤害。

总有一些别的事情会触发我的哀伤，比如跟人吵了一架，或是有什么让我深感失望，或是其他的伤心事。这种哀伤太过浓烈，我自己也难以理解。它总是以排山倒海之势降临，让我饮泣不止。另外两个孩子要是看到了会很反感，过后他们会责怪我情绪太反复无常，让他们也受影响。我无从辩解，因为跟理解的人不需要解释，跟不理解的人解释了也没用。这种深沉的悲伤难以言喻，且注定要伴我度过余生。也许上一分钟我正对丈夫大喊大叫，或者听别人在工作中对我横加指责，或者看到电影中有人离世，而下一刻我就沉溺在悲痛的海洋中不能自拔，也无处可逃。我不可能摆脱这种感觉，只能容忍它。终其一生，这种不可捉摸的感觉都会潜藏在我内心的伤痕中，伺机而动。它与我的纠缠永无止境。

悲痛总要有渠道可以发泄。如果一味压抑，它就会成为你生命的毒素，让你在其他方面深受其害。如果你有一个残疾的孩子，这种悲痛就会和你如影随形，不失时机地吞噬你的心灵。你必须学会与它和平共处。这并不代表你爱孩子爱得不够深——哪怕你希望他不要活在世上，也不代表你不爱他；哪怕你宁可结束自己生命，你对孩子的爱也仍然有增无减。如果你想活下去，就必须接受这个阴影。悲痛就像自闭症一样，注定要成为你的一部分。

我的家庭顾问给过我最中肯的建议。可以毫不夸张地说，有好几次她救了我的命。

我告诉她我很容易哭，她问我："这会妨碍你正常生活吗？"

"除非我憋着不哭。但我的丈夫和孩子都不喜欢看到我哭，我婆婆说整天哭和疯子没什么两样。"

"如果你顺其自然呢？"

"我会哭得很厉害，但哭过以后感觉就好多了，好像洗过澡一样。我想这

就是所谓的净化?"

"是的。这正是你自己处理痛苦的方式。既然它对你有效,你就继续这么做好了,只要不妨碍正常生活。我认为你应该这样。一旦你开始觉得悲痛,只要你可以独处,就赶紧放上洗澡水,关上门,在里面哭个痛快。如果你手头有事,就尽快做完然后把自己关起来。你有权悲伤,也有权通过发泄悲伤宽慰自己。"

我很想像乔尼一样,用手指头堵住耳朵;我想把报纸揉成一团扔进火中;我想把鞋子砸到电视机上,因为那个可恶的男人又出现在屏幕上,或者因为报纸上又刊登了对他的专访。就算我尽量不去理会他,也会有朋友问我对他有何看法,我必须很礼貌、很理性地作答。但在心里我真想大喊:

"有何看法?我真想杀了他!他想没想过他对我们造成了多大伤害?他的论调让我们心都碎了!年复一年我们彻夜难眠,绞尽脑汁思索到底是什么引发了自闭症,我们到底做错了什么,到底是哪个糟糕透顶的举动导致我们可爱的宝贝遭受这般苦难?但凡有责任感的父母都会让小孩接种疫苗,难道正因为我们尽了这份责任,反而引发这一连串的不幸?"

当然,在现实生活中我是冷静而理性的。

"我并不认为乔尼的自闭症是接种麻腮风三联疫苗所致。"说完我就岔开话题。后来有很多小孩患了严重的麻疹或腮腺炎,有的死了,有的视力或听力受到影响。如我所料,这些观点都被证明是胡说八道。当然,科学家和大夫们还要继续研究。他们必须检验出是什么因素,或者更确切地说,是哪些根本原因和哪些直接原因导致一个孩子生来就有自闭症。但有的人却不负责任地绕过科学实验方法,利用孩子的苦难为自己的事业铺路。每回报纸和电视鼓吹这种学说,我们都深受打击,就是上乘的文章和节目也让我们的血液几乎凝固,因为我们已成了惊弓之鸟。我们被迫一遍又一遍回顾那段受难的历程,从受孕、怀胎、分娩到孩子早期的成长;我们在家谱中寻找蛛丝马迹,回想以前吃过的食品，做过的事情，有时候甚至开始反省自己的所思所想，企图找到问题的答案，但这个问题是无解的。为什么会这样？为什么是我？为什么是这个孩子？这一切到底是如何发生的？

神奇疗法带来的伤害与之不相上下。没有人愿意承认生病或残疾是一种随机现象，也没有人能接受孩子患了不治之症。我们总是紧紧抓住一线希望。但是自闭症是无法治愈的，无论是把孩子隔离起来、让他节食、通过养狗和唱歌、服用奇怪的药物，还是违背他的意愿去拥抱他都没有用。受到冷遇、被当成替罪羊、幼年心灵受创都不是自闭症的病因。接受一个简单化的答案等于害了我们的孩子。也许有一天人们可以治愈自闭症，或者至少发现有效的预防措施。但只是也许。有的人会默默地工作到那一天，帮助我们理解或者教育患病的孩子，他们不会为了获得短暂的名声而走捷径，而是兢兢业业地钻研这种病症，力图找出最佳途径去关怀受其影响的人。他们的意见才值得我们去听。

乔尼的情绪变化有自己的周期。他尖叫、大打出手、咬人、撞头，他把他最有耐心的核心看护的T恤衫扯烂，他打碎了灯泡或者窗玻璃，在墙上砸出一个洞，或者将窗帘扯下来；一旦这些极端暴力的行为结束了，他就开始悔恨，试图收拾残局。

"对不起，罪过，罪过。"他不安地说，我的回答可不能出错。

"没事的，乔尼。没事的。"

有时候他会说上几个小时，也许中间还会说"完了"，同时比划出抹脖子自杀的动作。

这是他的另一套习惯性行为，但他是真的后悔了。他对自己无从控制的暴力行为到底有何感受？他对自己与众不同的原因又知道多少？我敢肯定他意识到了自己和别人不一样，有时这会让他伤心，特别是看到哥哥妹妹互相开玩笑，坐在一起看电影直到深夜的时候。千万不要相信那些有关自闭症的谎言，说什么自闭症患者没有痛苦和悲伤，不能爱也不能恨，不会尊重一些人而看不起另一些人。

我挺过了最初的几年，不再相信自闭症可以被根除，也不再把孩子的病归咎于自己。这时我下定决心要理解我的儿子，让他尽可能过上最好的生活。我知道，他有权过自己的生活，有权享受家庭的温馨，有权被倾听、被爱。多年来，我为了让他过上这样的生活一直不遗余力。

这个礼拜天是复活节，天不亮我就起来了，去院子里藏复活节彩蛋。我们家的院子很大，所以我有很多地方可以藏。院子里空气很清新，让人神清气爽。这是一年中十分美妙的时节，院子里长满了水仙花，天气渐暖，大地焕发出勃勃生机。藏完蛋我就回屋里喝咖啡。在乔尼起床穿好衣服、吃完早餐之前，我不会让他的哥哥妹妹去找彩蛋的。他们可以穿睡衣出去找彩蛋，但这对乔尼来说是不可想象的。最后大家都准备好了，一起进了院子。本东奔西跑，拿了一个又一个蛋。汉娜开始抱怨："妈妈，妈妈，蛋都被本拿走了，我和乔尼上哪儿去找啊？"

我的全副心思都在自闭症儿子身上，带着他到处去找。我对大儿子说："本，你慢点，而且找到六个就不要找了。你们每个人都有六个彩蛋。"

我给鲍勃使了个眼色，他负责帮女儿找。最后，我们把所有彩蛋都放到院子里的桌子上。乔尼也很高兴，他有巧克力吃了，有些蛋还是他自己找到的。

记得三个月前，院子里还盖着一层雪，孩子们围在屋里的圣诞树旁边，撕开礼物的包装纸，不时高兴得尖叫。我们等着乔尼起床吃早饭。除了他我们都穿着睡衣。乔尼似乎并不在意别人怎么做，除非有人拉链没拉上，或者扣子没扣好。他的大多数强迫行为只适用于自己，不会推而广之去要求别人；除非我们翘起二郎腿、手不干净、眼镜或者手套没戴好，他才会过来纠正。他给别人

的开衫拉拉链时很唐突，卡到皮肤会很疼，所以在见到他之前千万不要吝惜时间，一定要把自己收拾好。

"乔尼，这是给你的。"本说。

我的情绪跌到谷底，一阵惶惑不安袭上心头，因为一见礼物，乔尼就扭过头去了。他对这种活动深感厌烦。我试图用气球、泡泡、会旋转或"嗡嗡"发响的东西，当然也用糖果激发他对礼物的兴趣，毕竟这都是他喜欢的东西。可他始终死气沉沉，大煞风景。礼物对他来说是一种折磨。

"他不喜欢我的礼物，妈妈。"本垂头丧气地说，"这是为什么？"

"宝贝，他很喜欢，他只是累了。"

"不对，他就是不喜欢，一点也不喜欢。"

我意识到本期待我能让乔尼更通情达理，起码表现出对礼物应有的感激之情。但我对此无能为力。乔尼对礼物不感兴趣，这一点我们迟早要习以为常的。后来我至少让乔尼先拿着哥哥送的礼物，并在他打算扔掉以前赶紧拍照。我竭尽全力让他们和谐相处。

一个暖和的夜晚，我们开车去小镇里我前夫工作过的一个剧院，我的新伴侣也和我一起去了。他并不适合我，但我那时还不知道。他尽很大努力去理解乔尼，效果也有目共睹。乔尼很喜欢他，他也很喜欢乔尼。我们停好车走进剧院。我默默祈祷乔尼能好好表现。我想他一定会的。过去我也带他去剧院看过几场演出。这次的表演者是一支阿巴翻唱乐队，我们坐到座位上等演出开始。看到不少人带着学障患者散坐在舞台装打扮、蓝色眼影、穿紧身连衫裤的歌迷中间，我如释重负。这些观众里肯定没有人会吹胡子瞪眼。我们不会有事的。

接着光线渐渐变暗，音乐声响起来了，美妙的光影表演拉开了序幕。紧接着干冰从舞台上"簌簌"落下，一曲高亢的《滑铁卢》唱响了。干冰渐渐止住了，演员们开始惟妙惟肖地模仿阿巴乐队。我们身后患唐氏综合征的青年人跟着他们一路唱到底。他母亲一直示意他不要作声，但他的热情极富感染力。幕间休息的时候，乔尼吃了一个冰激凌。他整个晚上都乐不可支，兴奋得一直颤抖，有时咧着嘴笑，有时"哈哈"大笑，完全陶醉在表演中。有时看到他如此开心，我也抑制不住内心的喜悦。

有一次，乔尼紧挨着我坐在沙发上，我很紧张，因为他很粗鲁地抓住我的手，拉到他的小腿上。他的裤腿是卷着的，他想让我抚摸他的小腿。每到这种时候我都不知如何是好，常常有两种声音在脑海里相持不下。"每个人都需要被爱抚。"我想，"我无法想象如果他一生中得不到任何疼爱会怎么样。患自闭症的儿子居然也想跟人有身体接触，我们应该庆幸才是。"这只是一个方面。另一方面我也清楚地知道，我一抚摸乔尼的腿，他就会勃起。于是我开始担心这么做是错的，会激发他的性欲，让他坐立不安，开始摆弄他的裤子。值得庆幸的是，乔尼并不像很多自闭症患者那样，他们性欲一上来哪怕是在公众场合也会把裤子脱掉，或者让它自动脱落。乔尼似乎有那么一点点意识，知道性兴奋是一件很私密的事情。

有一次在给乔尼做年终总结时发生了一件事，让我觉得又尴尬又棘手。我们谈到乔尼不管在不在暂托中心，早上起床以前都要磨蹭很长很长的时间。他的核心看护——一个年轻男子一脸不自然，想跟我解释却什么都没解释明白，反而让我越发担心会听到什么坏消息。忽然我一下子明白过来，他拐弯抹角的话是什么意思，反倒如释重负。

"你是说他在自慰？"

"是的，是的。我就是这个意思。他就是为了这个在床上磨蹭……然后会变得不耐烦，也很沮丧。"

"我认为这很正常。我的意思是，我们应该庆幸他知道这件事只能在私底下做。你说对吧？"

他很紧张地笑了笑，氛围终于缓和下来。

乔尼像大多数年轻男子一样会在每天起床之前自慰，有时则是在晚上睡觉前。如果被打断或不顺利他就很沮丧。结束后他会把床弄湿，然后扯下床单。这和他平常尿床不一样，但同样可以给事情画上句号。也许他也分不清这和尿床有何不同吧？我不知道他是怎么想的。要承认并探讨这些事情很不容易，但总比讳莫如深要好。

还有一次，我和乔尼坐在游泳池的边上，这时波浪器启动了，他看着翻腾的波浪激动异常。水里其他人兴奋的尖叫声似乎对他毫无影响。波浪器停止运转以后，很多人都回瀑布和激流那边去了，游泳池恢复了平静。我一边看书，一边留神看着乔尼。他抓起我的手放到他光光的腿上，沿着他的小腿上下磨蹭。像平常一样，我不知如何是好。我不想激怒他，让他在这种人多的场合大发雷霆，但也不想激起他的性欲。对乔尼来说，游泳裤和短裤是截然不同的。我从来没办法说服他在游泳池和其他人一样穿短裤。要是在法国就好办了，因为短裤在法国的游泳馆是被禁止的。可在这里，他穿游泳裤就显得与众不同，而且性欲一上来也很难掩饰。我一发现他真的兴奋了，就试着把手抽回来。忽然他跑过去跳进水里，有片刻时间我如释重负。只见他躺在浅水区长长的底部台阶上，这时我发现水的颜色变了。原来他在水里撒尿。如果他是三岁小孩倒也无伤大雅，但一个二十五岁的成人显然不能这么干。他做的正是他性欲上来以后会做的事，不过是在公共场所，在游泳池里。

乔尼有很多让人很讨厌的习惯。大多数时候他吃完饭就会作呕，用手抹口水，把食物吐出来以致粘到墙上和家具上，用勺子舀下水道的水喝，在马桶里洗东西，把嘴里吃的东西掏出来给我，有时候甚至把嚼了一半的东西直接塞到我嘴里！这些状况如果发生在公众场合，我就很难妥善处理。

第九章 身为妈妈的难言之痛

给乔尼拍照的时候他总是扭过头去，让人大为扫兴。他特别喜欢看自己和家人的照片和录像，但给他拍照或录像的时候他却尽可能搞破坏。后来我们坐下来看录制的影片，他又看得十分着迷。有时我们坐在一起看以前的家庭录像。现在我也正在看。这是过去一个夏天里拍的片子，当时我们坐在第一栋房子的院子里。乔尼只有六岁，手里拿着玩具船，上面挂着一条蓝色的塑料小鱼，一遍一遍爬上院子里的长凳又跳下来。他神色特别专注，还发出奇怪的声音，声调很高。暮色中另外两个孩子则在斜坡草地上玩。

镜头忽然切换到第二天。这是一个晴朗的星期天下午，全家人都在院子里。本在给奶奶读一首有趣的诗歌。乔尼和汉娜坐在充气水池中，乔尼一遍又一遍从一个塑料壶中把水倒出来再灌满。汉娜穿着游泳衣，戴着一顶老式阔边太阳帽，想让乔尼和她一起玩，但他丝毫不为所动，而且一有水溅到身上他就生气。忽然我的背影出现了，我试图安抚他们。我当时穿了一件从牛津救援会买的沙滩裙。我的声音很温柔，但我能清楚记得自己当时仍惊魂未定，设想我转身稍晚一点，才蹒跚学步的女儿就可能被他打伤。

镜头又切换了，现在乔尼在苹果树下荡秋千。他刚从池子里出来，头发还是湿的，穿着一条亮灰色短裤和黄色T恤衫。他既想抓住秋千的绳子，又不肯放开玩具船。本和我都在旁边转悠，我想让乔尼数数，本也尖声鼓励他。现在看到这段录像让我很羞愧，好像我压根儿就不能让孩子自己轻轻松松地待着。老师和大夫跟我说过乔尼没有学习的能力，而我当时总想证明他们是错的。

"1。"我说。他不说话。"1，2……"

乔尼生气地喊了一声。

"乔尼，你说呀，"本说，"1，2……"

"3……"乔尼说着，坐在秋千上生气地使劲往后一荡。

"很好，"我说，"1，2，3……"

"4，5……"他说着把我推开了。

我走出房间，留下乔尼看着自己小时候被妈妈惹火的样子。

乔尼住所的工作人员告诉我，有时他会要求别人给他放这些和家人有关的片子，但往往看着看着就伤心地哭起来，或是忽然生气了。我不知道他们是否在暗示我不要再拍这些片子了。他们还说乔尼看相册时候也会这样。可是乔尼常常要求我们给他看照片和录像。我很想知道他看的时候到底做何感想。他是否会把现在的自己和屏幕上、旧照片上的人联系起来？无论如何他就是想看。我猜他可能是离开家后想我们了，所以有时看到这些东西会伤感。有谁看到过去的照片不觉得心酸失落呢？这些照片和录像把我们和乔尼紧紧联结在一起，给了他强烈的感情体验，这不也是好事吗？我说不好。

不过照片和录像确实可以帮助乔尼发现对他来说很重要的东西,也将"未来"置于某种秩序之中,好让他自如地面对。它们可以帮助他把过去和现在联结起来，而他原来是难以理解这一点的。"相册"是他能说清楚的少数几个词语之一。悲痛、性爱、记忆，这些东西对每个人来说都很复杂，对乔尼则更是如此。

看这些录像和照片的时候，我觉察到自己一直背负沉重的负罪感和责任感陪乔尼走过了整个童年。在问题面前如果有更艰难的解决方式可供选择，我就很少走捷径。有时这样也是值得的。我含辛茹苦地"教"会乔尼在超市、咖啡馆、游泳池、公园和剧院等地方应该怎么表现；我教会他在商店里挑选自己需要的东西，等收银员给他找钱；我教会他玩转马、乘公交车的时候要排队；教会他坐火车时怎么换车；教会他在交通繁忙的马路上要抓住别人的胳膊。有时我借助照片和录像缓解他的压力和恐惧，减少未来带给他的惶恐不安。无论何时我都努力让他活得精彩。也许有时我在用这种努力惩罚自己，有些事或许也给其他家人带来很多麻烦。尽管如此，或许我的努力还是让患自闭症的乔尼获得更多机会，让他能够在这个世界上好好生活并占有一席之地。

第十章
换一种方式爱乔尼

"他在这里很开心。"

工作人员一边说一边敲了敲休息室的门。这是乔尼最喜欢去的地方,基本上只有他一个人在用。角落里的架子上放着一盒一盒的游戏、拼图和书,这都是乔尼要用的。透过房间里的凸窗可以看到由果园改建成的漂亮花园。乔尼正坐在长沙发上。

"我去给他拿鞋子和上衣。"她说。

乔尼没有穿鞋袜,否则可能会把它们脱下来并拿去洗。他穿着灯芯绒裤子和条纹毛衣,看上去漂亮极了。他的头发很短,只是微微卷着。他拍了拍手——一下,两下,这表明他见到我们很高兴。我们没有说话,站在那里等了一会儿。乔尼笑了,不是冲着我们,但显然是在笑。我们又等了一会儿。

"嗨,宝贝,"我轻声说,"很高兴见到你。你看起来很棒!"

他扭过头去,脸上又掠过一丝笑容,手又拍了一下,接着屋里恢复了沉寂。这时门开了。

"我们来了。"她轻声说，把鞋袜递给他。

他穿上袜子，我帮他把袜子的后跟转到正确位置。今天我不想让他因为衣服没穿好而觉得不舒服。穿鞋的时候他停下来好几次，但笑得比刚才还多，甚至还斜着眼睛看我们。接着他穿上外套，把拉链一直拉到脖子上，把领子竖起来。忽然他迅速站起来走到电视机跟前，从上面探过身去，把地板上的插头拔掉，又接上，接着又拔掉。他把卷轴帘子放下来，把窗帘拉上，又看了看说："窗，帘。"

"好的，你拉开吧。"我说。

他把窗帘拉开，又"啪"地打开房门，大步走了出去，然后"砰"的一声把门关上，把我们关在里面。我们打开门，他把我们拉出去，然后从外面锁门。

"灯。"

"关吧。"

他把灯关掉，迅速走到院门口，打开门大步走出去。看到门口放着一把塑料椅子，他停下来把椅子扶正，然后走开，又折回来，再把椅子扶正。下坡的时候他在下水道旁边的小水坑跟前弯下腰，把手伸进水里，捧起水把脸和头发弄湿，又站起身来，笑得很灿烂。

"坐车，过会儿。"

"是的，坐车。"我说，"我们的车停在那边。"

上车前乔尼又踩了一下水坑。他的继父和我也上了车，我递给他一袋薯条。

"安全带，安全带。"他已经系好了。

"是的，安全带。我们马上就系好了。"

我们系好安全带，我说："宝贝，我们先开车去新港，还要坐火车，在外面野餐，去坐船，然后坐火车回来，去酒吧吃牛排、薯条，然后回家。好吗？"

乔尼花了片刻消化这些内容，接着说："音乐，音乐。坐车，过会儿。"

我打开播放器，里面传来"金发美女"乐队的《原子》。我发动车子，一天的行程开始了。乔尼坐在后排，面无表情。当我们的车进入单行道的时候，他听着音乐，头歪向一边，把手指举到眼睛跟前打了个响指，笑了。威尔捏了捏我的手。乔尼很高兴，我们也一样。

屋子里有十个人：居住服务中心的新任领导、乔尼上一任和现任的核心看护、他在日托中心的核心看护、鲍勃和他的伴侣、威尔和我、效力于地方政府的社会工作者，她负责观察记录乔尼在区外定居的状况。每年我们都会做这样的总结。开始的几年里我一直很担心地方政府会撤回拨款，以致乔尼失去他的住处。但随着时间的推移，这种担心越来越显得多余了。刚开始我们没有让乔尼参与总结，我也看不出有什么必要让他来。尽管我们谈到很多关于他的很正面的事情，但我以为对他来说都难以理解。他可能会觉得整个过程很无聊，甚至难受起来。其实不然。乔尼现在是第二年全程参加围绕他展开的年度总结，事情也进行得非常顺利。墙上挂满了他参加各种活动的照片，有些照片里他还和哥哥妹妹在一起——那是他们第一次到他的住处看望他。这让我很意外，因为我对这次探访还一无所知。

"本和汉娜是不是来看过乔尼？"我问。

"是的。"鲍勃的伴侣答道。她向来习惯长篇大论，所以这么简洁的回答反而让我感到意外。

乔尼到之前，我们问了一些医疗方面的问题，又有人报告了一些他的过激行为引发的"事故"。他进来后扫了我们一眼，没有去年那么惊讶。他的核心看护很小声、很简短地跟他说了一句，示意他坐在什么地方，于是他很平静地坐下来了。他盯着桌上吃的东西——薯条、饼干和水果。我们告诉他他可以吃。

"把吃的递过来，乔尼。"我对他说，"也给其他人吃。"

他沉默片刻，摘下一颗葡萄，放进威尔的嘴里。工作人员、威尔和我说话声音都很轻，时不时停下来。乔尼起身去水槽里洗了几个盘子，然后又扫了大家一眼。

"你可以把它们放到橱柜里去,乔尼。"他在日托中心的看护说,声音轻得几乎听不见。

乔尼放好东西又坐下来了。过了一会儿,那位社会工作者说:"你们都太安静了。"

"我们要降低对他的刺激。"核心看护答道,然后屋里又安静了。

"哦,"社会工作者说,"我明白了。我竟然没有想到。"

我觉得我对孩子还是比较了解的,总是自然而然地和他们处得很融洽。我很喜欢他们的小模样、他们眼中热切的神情,喜欢他们不像大人那样愤世嫉俗,喜欢他们对所看见、所参与的事情都满怀激情。我有三个弟弟,从小我就要照顾小孩子,十几岁的时候还去做了志愿者,帮一些孩子制订假期计划。我还利用课余时间领导一个青年俱乐部,试图为霍恩西那些不受管束的孩子们组织有益的休闲活动,后来又照样服务剑桥远郊贫民区一些有类似问题的孩子。我尽我所能以最快的速度取得教师资格并开始教书,后来又为一家志愿机构工作,机构专门为幼儿园和育儿保姆提供多元文化玩具图书馆和反种族主义培训。

我非常喜欢儿童读物和优质的儿童电视节目,喜欢儿童艺术和儿童音乐,并就此为关注儿童成长的出版机构写过稿。我一结婚就有了自己的孩子。我觉得对跟孩子有关的事情并不乏了解。你要给他们毫无保留的爱、关怀与肯定,还要让他们过得有乐趣。你要读书给他们听、跟他们讲话,让他们一生下来就在语言的熏陶中成长;你要亲吻他们,拥抱他们,让他们知道他们很漂亮,做的事情很棒,又聪明又善良;你要尽可能让他们所处的环境饶有趣味,让他们的世界充满色彩和触觉体验;如果他们摔倒了,你要马上过去把他们抱起来并亲一亲他们;如果他们郁郁不乐,你要轻声跟他们说话,仔细倾听并安慰他们;你要教会他们说话,让他们可以描述这个世界并独立思考,你要教会他们解决

困难的方法。但如果他们是自闭症患者,你对儿童的所有认识都会被彻底颠覆。

你要花很长时间去学习,忘掉你知道的一切,重新倾听,重新观察,重新学习,重新思考。因为这是另一个世界,或者至少是经历同一个世界的另一种方式。如果你要求患自闭症的孩子变成正常人,就只会伤害他们,这是我亲身经历过的。我就是到老到死,也会对乔尼第一次上学的事深感内疚。每个人都想保护自己的孩子,可是我却让我亲爱的儿子,也是三个孩子中最脆弱的一个大失所望。现在我们对残障现象有了更多了解。残障人士为自己争取平等权益的过程让我们了解到,把他们婴儿化,或者把他们的残障描述成某种可怕的灾难,都是让人难以接受的。我们都是人,我们都有权享受社会提供的资源并为之尽一份责任。如果我们能换位思考并从残疾人身上学到东西,这个世界就会变得更好。为了维护乔尼的权利我们已经走了很长的路,也还有很长的路要走。

这些年来,那些真正喜欢我儿子的人帮助我放弃了惩罚性的教育方式,不再强迫他成为他不可能成为的人,转而去理解他的世界,给他真正需要的东西,让他尽可能过最好的生活。我了解到乔尼很难理解语言传递的信息,过多的语言会让他非常难受;我了解到他需要时间和安静的环境去弄明白正在发生的事情;我了解到他接收到的感官刺激总是强烈而独特,他需要被关爱,但是在他不愿意的时候强行接触他的身体,对他来说是很残忍的;我了解到拥抱他、跟他说话不会减轻他的痛苦,相反,保持安静、认真倾听并给他必要的空间才能让他的世界恢复正常。

孩子们的朋友来找他们玩了。今天这里一共有六个小孩,其中五个又吵又闹,另外一个很安静地坐着,用手指头堵住耳朵。乔尼这时七岁大。正是夏天里天气晴朗的时候,孩子们迫不及待要到我家的大院子里去。乔尼看到他们很高兴。一般人也许不会注意客人不出声的微笑,不会发现他们在某些瞬间悄悄地观察其他人。但我注意到了。他们大概会发现有个漂亮却略显古怪的孩子坐在角落里,

手里握着旧塑料船的一端，一门心思摇着系在船上的塑料小鱼，对周围的一切不闻不问。如果他们不仔细观察，可能会认为这个孩子封闭在自己的世界里。只有我知道，他其实非常清楚身边发生了什么。我想他只是以这种方式屏蔽外界的感官信息，否则信息太多他就处理不了了。我觉得这对他来说是一种很聪明的办法。

五个孩子跑到花园里，直奔攀爬架。

"快来快来，我是第一个！"

我朝外面一看，发现个大一点的孩子都在关照小的，抱着他们够到把手，推着他们荡秋千。这让我很欣慰。

乔尼一个人在院子里的时候很喜欢玩攀缘架，有时候和哥哥、妹妹在一起也会玩。现在他却一直坐在长沙发上拍打玩具船。我观察了一会，确信他还挺高兴的，就去拿果汁和饼干。在我们漂亮房子前面的露台上有一张塑料桌，周围有四把椅子。我把托盘放在桌子上，上面是四个玻璃杯、一壶橘子汁和一盘饼干。

"要喝饮料、吃饼干的就过来拿。"我的声音要盖过他们兴高采烈的喊叫声。

"好的，妈妈。"本喊道，他正倒挂在攀爬架上，"谢谢妈妈。"

他身后的几棵树几乎和前门一样高，正在微风中摇曳。汉娜和艾米丽两个小女孩已经跑进攀爬架旁边的游戏房里去了。这是一间带斜顶的小木屋，我们在前面的窗台上种了一些三色紫罗兰。我沿点缀着雏菊的草坪走过去。她们让门开着，我往里看了一眼，发现她俩挤在梯子底下、桌子旁边的红色塑料凳子上，几个洋娃娃和泰迪熊也和她坐在一起，桌子上则摆着一套陶瓷茶具。梯子很小，只有体形很小的人才能沿着它爬到屋顶。

"你们想不想来点真的饼干和饮料？"

"想。"她们几乎头也不抬。

我往她们的茶具里倒上果汁，把饼干也一起递给她们。她们看上去都挺高兴的。

我回到屋里,里面的光线很暗,刚开始我几乎看不见东西。适应了光线以后的第一件事就是看看乔尼坐的长沙发,却发现他不在这里。我心里一阵恐慌,虽然我早就应该习惯了。我好像没有觉察到他什么时候离开了,这一点让我最为担心。他一定是神不知鬼不觉地溜走的。我把家里的房间都找了个遍,却没有发现他,楼上也没有他的踪影。透过卧室的窗户我看见大门还锁得好好的。我又到屋子后面去,忽然听到他不经意间发出的声音和小塑料鱼拍着船舷的响声。原来他正站在这里一堵矮墙上,快速拍打着船上的小鱼,身体往前倾,等到几乎要掉下来的时候就纵身跳下。有一瞬间他迅速拍打着船,然后又爬上去,跳下来,一遍又一遍。我想,肯定是因为家里来了客人他太兴奋了,因为他一兴奋就会做一些重复动作。他只要抬起头,利用眼睛的余光就可以看见其他人。这一点虽然看不出来,但我觉得是这样的。他也需要有人陪伴,但必须通过他能接受的方式,即保持适当距离,把自己半隐蔽起来,这样喧闹声也会小得多。

"你要饮料和饼干吗?"我小声问他,避免跟他直视。目光直视也会让他不安,也许是刺激强度太大了吧。他继续爬上跳下,喊声也越来越大。我等了几秒钟,又重复问了一遍。

"东西都在前面的桌子上。你想要的话就过来拿吧。"一般人会认为他什么也没听到,但我说完就回露台坐在桌子旁边,耳边继续传来他爬上跳下、拍打玩具和喊叫的声音。忽然他出现在我身边。

"饮料饼干。"

"好的,给你。"

他坐在凳子上,把壶里的果汁倒出来,还聚精会神地盯着它看,眼看杯子快满了,可他仍然没有停下来的意思。

"乔尼好了,别倒了。"我说,但为时已晚。他继续着迷地看着液体从桌子上淌到地上。我拿来抹布把桌子擦干净。

所以这是一种不同的方式：首先要颠覆自己对儿童的了解。尽可能少说话。减少对他的刺激。除非你确定他已经平静下来，不要和他有目光接触。在他生气或者要发作的时候，不能试图通过身体接触、感情、声音或眼神去安抚他，因为这样只会火上浇油。你能做的只有等，再等，一直等。你要知道，他的心正因为恐惧而急剧跳动，这时身体带来的感官冲击会超过他的负荷，而直视他就是对他的侵犯。你要知道这是一个让他困惑不解、充满危险的世界，你要对他好就保持安静，给他足够的时间，哪怕是好几个小时，好让他的世界回到正轨。要记住我们可以用不同的方式体验世界，用不同的方式思考、感觉，会因为不同的原因受到惊吓，也可以用不同的方式表达爱。

第十一章
乔尼的第一次拥抱

这里地方很大，乔尼独自站在中央，四围的高墙一直上升到屋顶的高度。前后两面墙最上面是尖尖的倒 V 形，正像一座大教堂顶部的三角墙。从废墟中部向两侧展开的侧翼使建筑形成一个不成比例的"十"字。他穿着蓝色牛仔裤和一件羊毛外套，卷发很短，眼睛很蓝很蓝。他站在那里仰望矗立的高墙，沉浸在其恢宏的气势中，感觉其乐无穷。

"升高，升高升高！"他喊道，"升高，升高升高！"

他兴奋得摇头晃脑，高举双手。头顶上的白云正在蓝天里追逐。他的脚下一片泥泞。雨已经下了好几天了，但今天水坑里映着蓝天白云的倒影，他兴高采烈地跑来跑去，把倒影踩得粉碎。他把鞋子弄湿了，而我看着他，微笑不知不觉浮上面庞。要知道我已经几个星期不曾笑过了。

褐色的威河蜿蜒行进，缓缓流过深谷，形成一个河湾，河面很宽。四面都是陡峭的山坡，山上绿树繁茂。这里几乎与世隔绝，冬天里一定很可怕。我们开车先穿过林间公路盘旋而上，然后一路下坡，丁登修道院的废墟就坐落在这里，残破而不失庄严，气势恢宏，像一个被征服的巨人。它是我们的老朋友。严冬里雪花纷飞的时候，我们俩曾经躲在这里的断壁残垣下，在原先厨房和天窗的位置。夏天里我们看一车一车的游客从大巴上下来，他们第一次看到高墙当空矗立，直指蓝天与耀眼的太阳，不禁为之深深折服。今天我们又来了，这是四月里一个周六，游客不多。我们四处溜达，从地面的水洼里可以看到白云在阳光的照耀下随风飘荡。

来这里的路我们走了一遍又一遍，今天刚上路的时候我却心神不宁。我的个人生活出了问题，以致我对今天会发生什么也忧心忡忡。我和丈夫性生活不和谐的问题被压抑已久，它的爆发终于导致我们二十七年的婚姻破裂了。接下来的一段感情被无情地击碎，留下我伤痕累累，整日借酒浇愁。我以为至少还算忠实的男人一天晚上竟弃我而去，我无法再像以前那样习惯性地自责并原谅对方，而是果断地结束了这段感情。我该如何跟儿子解释，我怎么能让一个负心的人介入他的生活？我让自己忙得不可开交，收拾行李准备搬家，孤独无依、恐惧伤感、难以入眠。我不停地装箱子，装了一个又一个，把那段生活的残留物封存起来并贴上标签，几乎不能停下来吃饭和睡觉。搬家公司的人都怕我会累垮，担心我能否完成如此艰巨的搬家任务。他过段时间就到我家来给我一些空纸箱，然后站上几分钟，看着我打完包的东西越来越多，地板上的空间越来越小。我上下阁楼梯子搬旧电视和坏掉的椅子，旧伤未愈又添新伤。有些东西我卖掉了，有些送了人，旧的架子床和书架被丢到垃圾场。我打乱了家庭生活，沉浸在回忆中不能自拔，又饱受悲痛的折磨。我本来应该带乔尼出去，但让我停下手头的事去消遣，我实在没那个时间。

我们曾经计划要买一栋新房子，这些计划都和我的伴侣一起在一夜之间消失得无影无踪。我现在知道它们都是骗人的，而我原先竟然被这样的幻想吸引。现在我又变卖东西又搬家，美好幻想与残酷现实之间的冲突最终演变成一场大爆发。我不得不从头开始收拾，而且要在短时间内找到一所价格低廉的房子。

但女儿和我总算找到房子了，面积小了点，但光线充足，视野也很美，现在我要把所有家当都搬进来。时间这么仓促，我又十分害怕在这么有限的时间里搬不完，以致精神高度紧张，心烦意乱。我担心会把这种情绪传染给乔尼，导致他也情绪失控。

到了他的住处，我推开"嘎吱"作响的大门，穿过院子，按了门铃并把门推开。我跟工作人员打了招呼，其他同住的人用自己的方式跟我问好，我也一一回答。他们把手里的袜子拍得更响，跳上跳下，说我是乔尼的妈妈。我穿过过道去小休息室，乔尼就在这里等我。他穿得很整齐，这时正在看电视。他看见我就开心地笑了，虽然不是冲着我。他又按照习惯关掉电视，打开电视，再关掉电视，拔掉插头，拉上窗帘，关好窗，关灯，关门，把椅子摆好，在水沟里弄点水洒在头发上，踩一下水坑，然后我们一起上了车。

"安全，带，安全，带。"

我系上了安全带。

"音乐，音乐。"

"好的，乔尼。"

我放了张唱片进去，然后发动汽车。我们首先上了单行道，然后穿过小镇，又上了高速公路，再穿过切普斯托到了我们最喜欢的修道院。我给车熄火，和乔尼一起坐在车里。

"乔尼，"我转过去看着他，"乔尼，我今天是一个人来的。汤姆离开我了。他不再和我一起住了。以后还是我跟你一起出门。"

他笑了，这是唯一的反应，而且笑得很开心，因为我今天完全属于他了！我给他打开车门，我们穿过入口处的商店，进了荒废的修道院。他挽着我的胳膊，根本不在意有一段时间曾经有别人和我们在一起，那个人现在又离开了。妈妈来看他，带他出门，他很高兴和妈妈在一起。不管发生什么，妈妈都会定期来看他，只要她答应过。

现在他举起双手站在废墟上,任凭大风呼啸,沐浴在喜悦中。

"我们上台阶去好不好?"我问他,他对白云追逐的蓝天无限向往,但还是不情愿地跟我走了。

我中了邪似的向前疾走。我们在台阶顶端环顾四周,看到背后的山丘上树木繁茂,一片绿意盎然。乔尼一动不动地看着。

"走吧。"我说。我根本平静不下来。

再回到残垣断壁处,太阳已经西移,我的大脑依然很亢奋。我们跨过一些矮墙,坐在我们常坐的长凳上。这时阳光更明媚了,鸟儿婉转啼鸣,大自然用它的手温柔抚摸着我们。乔尼坐在那里像周围的石头一样一动不动,你很难想象他能安静到什么程度。他就像一台收音机,一会儿开一会儿关,眨眼之间就能从出奇安静变得极端活跃。太阳暖洋洋地照在脸上,感觉就像在苦寒、战乱、车祸之后,一切忽然又恢复了柔和与宁静。

"我们要不要走,乔尼,要不要去野餐?"

通常都是乔尼催促我们一刻不停地做事,直到完成所有安排。现在他却不说话。我又问了一遍,好像这样匆匆忙忙地就可以让时间过得快一点。

"我们要不要现在就去野餐?"

"待在这里。"他口齿清晰地说,"待在这里。"

于是我们留下来坐在一起,这一天是一份特别的礼物,阳光如此柔和、温暖、明亮,仿佛战乱之后的和平时光,我们沐浴在上天的恩泽之中。

我们不慌不忙地开车到西蒙兹亚特,在挂满花蕾的树下野餐,两人很有默契地都不说话。吃完饭我们把野餐袋放回车里,然后上坡过了木桥。乔尼驻足片刻,看着桥下的马路,忽然转过身,跑过崎岖不平的小路登上岩石。岩石顶上树林被分开了,我们站的石头墩上有一堵墙保护游客不至于从悬崖掉到河岸上。我们在墙跟前站了一会儿,用手托着下巴,眺望巍巍群山一直绵延到地平

线上，令人叹为观止。极目下探，只见长河映着天色，在群山之间蜿蜒。更远处是颜色鲜明的建筑物，那是罗斯镇，边上更远的地方是海镇。站在这里的人都陶醉在美景中，而观鸟者们则借助皇家鸟类保护协会的望远镜看巢穴中的鹰。

后来我们在明媚的阳光中开车穿过赫里福德郡的果园，在一家餐馆吃了东西，然后在道路拐弯处的一条长凳上坐下来。路的下方有一条河流经罗斯镇。在暮色中我们静静陪着对方。世界上我最爱的人中有一个就坐在我身边，再次和我一起陶醉在威河的风光中。我想起自己还要回家，那里除了棕色的箱子和对过去的记忆几乎空无一物。我意识到在我失落的时候有宝贝儿子的陪伴是多么弥足珍贵。

"乔尼，给妈妈一个拥抱。"我半开玩笑地说，因为我知道这个再简单不过的要求对乔尼来说是极其艰巨而危险的，也是根本不可能的事。他有生以来我从未这么要求过他，也不相信他做得到，因为拥抱会让他不堪重负甚至窒息，会唤起泰山压顶般的恐惧，以致他无法忍受；因为身体接触是他无法控制的，所产生的情感体验又是他不能理解的。可是现在他转过身来，面朝着我，温柔而小心翼翼地把一只手放到我背上。我呆住了，屏着呼吸，生怕我一呼吸这奇迹般的一幕就会消失。他小心地把另一只手也放到我肩膀上，好像在极其精细地按指导手册操作。他靠过来，他的脸贴着我的脸，有两秒钟的时间。就这样，在路边一条可以看见威河的长凳上，平生第一次，他把自己的妈妈抱在怀里。

后　记

我们到了丁登修道院，迈克尔把车停好，我们都下了车。一路上一直细雨绵绵，这里的景色也好似蒙上了一层薄雾，但丝毫不减其慷慨悲凉的风格。刚才我坐在副驾上给司机带路，现在下了车并打开乔尼旁边门上的儿童锁。下车后他抬头看着天空。威尔和他儿子也下了车，关好门。乔尼在入口处犹豫了一下，斜着眼睛看了看司机。司机从他的侧面上大概没有注意到他转瞬即逝的微笑，但我看到了。然后他大步朝入口走去，这里他很熟悉，也非常喜欢。我们都快步跟上他。我们买完票从售票处出来时雨停了，云也散了，宏伟的修道院遗迹沐浴在阳光中，尽管还有下雨的征兆。

迈克尔是一名考古学家，所以我希望能把今天的旅程安排得足够有趣，以此答谢他的热情帮助。他驻足在一些年久失修的大型雕塑跟前，雕塑上面都贴着标签，陈列在帆布篷子底下。乔尼坐在附近一条长凳上，时不时微微笑着扫一眼迈克尔。这是他继兄弟，他的新朋友。刚才他在汽车后座上就快速瞥了迈克尔很多次。我们提前告诉过他，迈克尔今天要和威尔以及妈妈一起来，到时他会认识这个人。他最后一次看到他的继兄弟是在妈妈和威尔的结婚照片上，所以他知道今天要来的是谁。他穿着牛仔裤和皮夹克看起来很精神，也笑得很满足。他有了一个新朋友，这个人很安静，开车带着他和妈妈、继父一起四处兜风，车里还播放着他专门为乔尼灌制的斯卡曲风的音乐光盘。生活真美好！

我现在得了一种很折磨人的慢性病，不能连续几个小时开车。有时我们带乔尼去坐火车，他过去对火车的迷恋很快复苏了。然而当我为了离婚和新的生活历尽艰难甚至筋疲力尽的时候，我的另外两个孩子离开了我，不愿意成为新家庭的一员。也许这种错综复杂的关系让人难以接受，也许有一天一切都会好起来？但今天我可以暂时放下他们离开我的悲伤，为新的家人身上出人意料的善良，为爱的错综曲折而由衷发出赞叹。

我们都坐在长凳上，当年正是在这里乔尼不让我起身。一些中国游客从旁边走过。来自英国北部的一家人正放声大笑，他们的孩子从古老的围墙上跳下来，玩抓人游戏。我想起了华兹华斯的一首诗，写的正是从这里的遗迹极目四望的感受。诗中用"崇高思想的快乐，一种超脱之感" 来表达这种情怀。在这里，感觉和思想与大海、蓝天还有落日融为一体，包罗万象。而就在这个激发诗人灵感的地方，我在儿子、继子和丈夫的陪伴下体会到了这种情怀。它超越了欢乐，超越了爱，是一种将我们联结在一起的崇高体验，无论我们是谁，无论我们在哪儿，这种情怀都将在宇宙间长存不衰。

译者的话

翻译是一种乐趣,因为有时候在替作者说话的同时,你忽然发现,作者也在替你说话。那些深刻而高尚的思想、自然而富有哲理的表述,与你的观念不谋而合,而最终的译稿本身也是你的语言。你感觉到自己的睿智和理性、超脱和善言。你充分体验到,思考和表述,原来是如此美妙!

谢娜·巴顿的书终于译完了。译稿审阅的过程中,编辑提出一些质疑,促使译者再行修改。除了指出的九处问题以外,大大小小的修改达一百多处。虽说译文无定稿,总有完善的余地,但此番修改启发了译者的思考。编辑何尝不是一般读者的代表,而修改的过程对翻译来说总有规律性的反映。

翻译中间译者会面对许许多多的选择。有时候是一个词语,也许你已经完全理解了,可是你不知道在汉语中应该选择哪个词语来对应,或者恰当地解释原文中的词语。有时候是个句子,明明你已经理解了作者想要表达的意思,可是你很难找到一个合适的汉语句子来清楚、自然地表达原文句子的所有信息。有时候,你还会碰到全局性的叙事性选择,你感觉作者的表述有一个清楚的脉络,但如果照样子叙述出来的话，汉语读者却迷惑了，感觉你的表达牛头不对马嘴。当然，还有其他的情况，你理解了作者的意思，但是你甚至不知道是不是有一个对应的汉语说法来表达原作的意思。翻译中的这几种情况，如果要用一个统一的视角来解释，"连贯"也许是一个最容易找到的概念。

连贯从语言学的角度讲，是指语篇整体上的语义联系和语义一致性。语篇的这种特性有时候表现为一个词语的选择，比如作者在描述水流冲刷过后，沙地表面形成的地表形状，用的是"肋骨"这个比喻。想象一下，人体胸部两侧的部位、或者动物肚子两边肋骨的形状，你会感觉原文将一幅沙地画面真切地呈现在你的脑海里。大凡在干涸的河床沙地上散过步的人都会有这样的印象。但是，你如果写出了这样的翻译句子：

原文：Then Jonny sits himself on the ribbed sand by a little pool left by the receding tide⋯

译文："乔尼在肋骨一样的沙地上坐了下来，旁边是退潮时形成的一个小水洼。"

一般的汉语读者就会质疑，"肋骨"二字是否正确？翻译是否有毛病？你只好放弃原文的比喻，乖乖地顺着读者的阅读习惯，把原来的翻译改为"表面呈波纹状的沙地"。在这里，词语的选择涉及读者的语言感觉是否顺畅。肋骨与沙地的隐喻性联想在汉语中没有常态化，造成读者的阅读障碍，破坏了词语搭配的连贯性。

有时候词语的选择似乎根本就没有办法满足读者的阅读习惯，因为你压根就找不到一个对应成分。比如，"拖航道""耶尔锁"一旦出现在翻译中，读者就会问，这样的词语是不是译者书写中的错别字？抑或是一个让读者不知所云的概念，如此等等。这让你不得不考虑在译文中加上一些很难看的注解。译者在这里采取了一个折中的办法，直接在译文中添加一些解释的成分，比如，

Yale，由原来的耶尔锁改为耶鲁电子锁，读者有兴趣的话，就可以在网上查到，这原来是锁业最负盛名的品牌之一。同样的，孩子们在火车站看的"Paddington Bear"由原来的帕丁顿熊改为帕丁顿小熊铜像。

连贯是语言使用中极其重要的观念，涉及语言系统的方方面面。翻译中的语言转换意味着一个语言系统对另一个语言系统的替代，因此译文的连贯需要在译语系统中重新建构。如果套用原文的表达方式就会限制了译文连贯的建立。本书翻译中，译者的选择到底值不值得提倡？同行可以批判，但每个译者都有自己的翻译观念，最终要看读者的接受程度如何。

本书翻译中，译者的研究生李卫清也参与了第二、三章的翻译，在此表示感谢。